Stb

Ingeborg Eisenmann-Stock

Kosmische Gesetze im Spiegel der Seele

Stufen zur spirituellen Entfaltung

Originalausgabe
© 2011 Schirner Verlag, Darmstadt

ISBN 978-3-8434-3006-7

1. Auflage 2011

Umschlaggestaltung: Murat Karaçay, Schirner,
unter Verwendung von #3620886
(Christopher Ursitti), www.fotolia.de
Redaktion: Barbara Rave, Schirner
Satz: Nancy Korm, Schirner
Printed by: CPI – Clausen & Bosse, Leck, Germany
www.schirner.com

Inhalt

Vorwort – Mein Werdegang

Ich lebe mein Leben in wachsenden Ringen,
die sich über die Dinge ziehn.
Ich werde den letzten vielleicht nicht vollbringen,
aber versuchen will ich ihn.

Ich kreise um Gott, um den uralten Turm,
und ich kreise Jahrtausende lang;
und ich weiß noch nicht, bin ich ein Falke, ein Sturm
oder ein großer Gesang.

Rainer Maria Rilke

Wenn man wie ich mit einem Löwe-Aszendenten, einer Waage-Sonne und einem Widder-MC (Medium Coeli = Himmelsmitte) geboren wurde, spürte man schon sehr früh im Leben, dass man durch subjektive Erfahrungen und das Erleben der Welt (Aszendenten) mit dieser in Beziehung treten muss (Waage-Sonne), um in ihr neue Impulse zu setzen (Widder-MC).

Aufgrund meiner Erfahrungen durch ein umfassendes Studium in Biologie, der Religionsphilosophie und der Medizin und durch meine 30 Jahre dauernde Tätigkeit als Ärztin wurde ich immer wieder gebeten, Vorträge und Seminare abzuhalten. Lange habe ich mich gesträubt, davon etwas niederzuschreiben, doch jetzt in der dritten Phase meines Lebens halte ich es für meine Pflicht, mein Wissen und meine Erfahrungen weiterzuvermitteln und Denkanstöße für eine kommende

Zeit zu geben. Wer den Weg der Individualentwicklung beschreitet, findet im philosophischen Teil des Buches sicherlich manch gute Anregung. Ich hoffe, dem Lernenden und Suchenden aus meiner eigenen Erfahrung dazu Impulse geben zu können.

Sie werden in diesem Buche häufig auf die Begriffe »höchstes göttliches Sein« oder »Gott« stoßen. Um jegliche Missverständnisse zu vermeiden, ist es mir ein großes Anliegen, gleich zu Beginn zu erklären, wie diese Begriffe gemeint sind. Ich bezeichne mit Gott einen Zustand und keine Person, die über den Menschen thront. Dieser Zustand ist für den begrenzten menschlichen Verstand, mag er noch so ausgebildet sein, derart unermesslich und unbegreiflich, dass er nur wie im Hinduismus metaphorisch beschrieben werden kann. Er ist die Gesamtheit allen Seins, der alle Möglichkeiten der geoffenbarten Welt als Idee latent in sich trägt und aus dem diese dann irgendwann hervorgegangen sind. Der Prozess dieser Sichtbarmachung wird im Hinduismus als das Aus- und Einatmen Gottes bezeichnet. Jedes Mal, wenn ich »höchstes göttliches Sein« oder »Gott« verwende, sind diese Wörter ein Synonym für die unser Fassungsvermögen übersteigende Unermesslichkeit.

Ich hoffe, Ihnen im medizinischen Teil Aussagen bieten zu können, die Ihnen im täglichen Leben von großem Nutzen sein können. Es ist wichtig, die Ursachen und Hintergründe von Erkrankungen zu begreifen, damit man sich selbst und die Mitmenschen besser verstehen kann.

Aus Dankbarkeit widme ich dieses Buch all jenen Menschen, die mir im Laufe meines Lebens Lehrer und Wegbegleiter waren: Ich danke meiner Familie, die mir oft mit positiver Kritik zur Seite stand. Ich danke Herrn Günter Klein, der mir den Impuls zu diesem Buch gab und mir Mut zusprach, mich an diese Arbeit heranzuwagen. Ich danke Frau Ika, bei der ich das Wissen über das kosmische Denken erlernen durfte. Ich danke Marcel O. Hinze, von dem ich viel über die indische Philosophie erfuhr, und ich gedenke Swami Muktanandas, bei dem ich in Indien viele praktische Erfahrungen sammeln durfte und manchen Bewusstwerdungsprozess gemacht habe. Weiterhin danke ich Thorwald Dethlefsen, der mir in den Jahren 1972–1985 ein Lehrer auf dem Gebiet der seelischen Ursachen von Erkrankungen war und bei dem ich über dieses Thema ein großes Wissen erwerben konnte. Ich danke meinen beiden Freunden Gerhard und Otto Göker, die mir 25 Jahre lang an unseren wöchentlichen Diskussionsabenden Gesprächspartner waren und die viel zur Klarheit meiner Gedanken und zur Beantwortung philosophischer Fragen beigetragen haben. Zuletzt danke ich Friedhelm, der mir Wegbereiter für wichtige Schritte und Lehrer in meinen vergangenen Lebensjahren war, um den Weg zurück in die Einheit des höchsten göttlichen Seins bewusster zu gehen. Ich danke weiterhin all jenen Menschen, die mich immer wieder ein Stück meines Weges begleitet haben – eines Weges, dessen einziges Ziel es war, die Rückbindung ins höchste göttliche Sein zu finden.

An dieser Stelle möchte ich Ihnen eine Art Gebrauchs-anweisung für das vorliegende Buch empfehlen. Sollten Sie auf Gedanken stoßen, die Ihnen fremd sind, bitte ich Sie, das Neue nicht sofort abzulehnen, sondern dieses einfach einmal auf sich wirken zu lassen. Auf der an-deren Seite fordere ich Sie dazu auf, alles, was ich sage, sehr genau zu prüfen und nur das anzunehmen, zu dem Sie selbst Ja sagen können. Behalten Sie immer Ih-ren kritischen Verstand, prüfen Sie für sich selbst nach, was Sie annehmen können und was nicht. Bleiben Sie dabei aber offen, lehnen Sie Neues nicht sofort ab, sondern lassen Sie es einfach stehen. Wenn Sie irgend-wann einmal mit ähnlichen Ideen konfrontiert werden, erinnern Sie sich vielleicht daran, und auf einmal wird Ihnen etwas klar, was Sie dann ohne Einschränkung annehmen oder ablehnen können.

Seit 50 Jahren beschäftige ich mich mit vergleichender Religionsphilosophie, und obwohl ich bei hervorra-genden Lehrern studierte, blieb ich mein Leben lang sehr vorsichtig. Ich hinterfragte immer zuerst einmal alles und betrachtete es so lange kritisch, bis ich von der Wahrheit und Stimmigkeit der Aussagen selbst überzeugt war. Dazu möchte ich Ihnen ein Beispiel er-zählen:

Ich war mehrmals längere Zeit in Indien und erlebte dort Dinge, die für einen Europäer so unglaublich wa-ren, dass ich nur kopfschüttelnd dastehen und staunen konnte. In Mysore besuchte ich das Ashram[1] des in Südindien sehr bekannten und verehrten Swami Gana-

---

1   Ashram: indisches Kloster, das von einem spirituellen Lehrer (Swa-mi) geleitet wird

pathie Sachchidananda, der in Mysore und Umgebung als »Feuer-Swami« bekannt war.

Während der Feierlichkeiten eines wichtigen Hindu-festes, der Nacht von Shiva, sollte der »Feuer-Swami« ein Feuerritual durchführen. Ich hatte davon schon gehört und war natürlich sehr gespannt, was ich dort erleben würde. Man erwartete zum Fest eine große Schar von Anhängern. Wir westlichen Besucher durften in einer großen Halle Quartier beziehen. Die Nacht von Shiva kam, und das große Fest sollte beginnen. Es waren in der Zwischenzeit aus allen Teilen Indiens ca. 1 000 Anhänger mit Bussen eingetroffen. Trotz der vielen Menschen verlief alles geordnet und diszipliniert. Am Nachmittag saßen alle Besucher in einer großen offenen Halle, und der Swami sang mit schöner Baritonstimme immer wieder den Lobgesang auf Shiva: »Om namah Shivaya«. Er sang vor, und die Besucher sangen ihm im Chor nach. Zuerst begann dieser Gesang ganz langsam, steigerte sich dann auch im Tempo zu einem Höhepunkt und brach dann ab, um dann wieder ganz langsam anzufangen. Dieses Singen war ein unglaubliches Erlebnis, das, meiner Meinung nach, Körper, Seele und Geist des Menschen harmonisierte. Endlich kam der Abend und der Höhepunkt der Feierlichkeiten rückte näher. Einige Priester waren emsig damit beschäftigt, die Vorbereitungen und Rituale, die für die Feier vorgeschrieben waren, durchzuführen. In der Mitte des Tempelvorplatzes wurde eine quadratische, ca. 80 Zentimeter tiefe Grube ausgehoben, die ausgeschachtete Erde als Wall um die Grube geschichtet und die Wände der

Grube mit Ziegelsteinen abgestützt. In der Zwischenzeit brachte man trockenes Holz, füllte damit die Vertiefung auf und zündete es an. Es war ein besonderes Holz, das sehr lange brannte. Die Priester heizten das Feuer zusätzlich noch mit Butterschmalz an. Einer von ihnen trat ans Mikrofon und bat die Menge um äußerste Ruhe, damit der Swami die nun folgende schwierige Zeremonie in tiefer Konzentration durchführen konnte. Die Spannung stieg ins Unermessliche, und es war kein Laut mehr zu hören.

Der »Feuer-Swami«, in strahlendes Weiß gekleidet, kam und schritt langsam auf die Grube, in der das Feuer brannte, zu. Er befand sich im Zustand tiefer Konzentration, murmelte einige Mantras[2], sprang dann plötzlich mitten in die heiße Glut und wurde sofort von weißen Rauchschwaden umhüllt. Während er in dieser Glut stand, setzte er die Opferungen mit den am Rande der Grube bereitgestellten Opfergaben fort. Nach einiger Zeit beugte er sich plötzlich ganz in die Vertiefung hinein. Ich nehme an, er kniete sich mitten in das Feuer und senkte den Kopf bis zur feurigen Glut hinab, um Shiva die Ehre zu erweisen.

Die Menge, die sich versammelt hatte, war still vor Ehrfurcht. Der Swami stand vollkommen regungslos in sich versunken, während wir Zuschauer bereits in vier Metern Entfernung die Hitze fast nicht mehr aushielten. Als er nach einer Stunde aufstand und aus dieser heißen Feuergrube kam, befand sich weder ein Rußfleck auf seiner blütenweißen Kleidung noch an irgendeiner

---

2 Mantra: heiliger Spruch, dessen häufige Wiederholung magische Wirkung hat

Stelle seiner Haut. Mit einem fast verklärt wirkenden Lächeln im Antlitz ging er an den Gläubigen vorbei und segnete sie. Auch ich erhielt seinen Segen, und ich muss gestehen, dass ich mich noch lange Zeit danach in einer wunderbaren inneren Harmonie befand. Die Stelle auf meinem Kopf, die er berührt hatte, fühlte sich so leicht an, dass ich mehrmals nach oben griff, weil ich das Gefühl hatte, mein Kopf sei nach oben geöffnet worden und mir fehle der ganze Schädelknochen.

Ich war nicht unvorbereitet zu diesem Fest gekommen, denn die Berichte über dieses Ereignis waren mir so unglaubwürdig erschienen, dass ich diese Zeremonie unbedingt mit eigenen Augen sehen wollte. Der »Feuer-Swami« schien einer der wenigen noch in Indien lebenden Heiligen zu sein, die in der Lage waren, dieses Ritual durchzuführen und die sich kraft ihres Geistes stundenlang im Feuer aufhalten konnten.

Aber warum habe ich Ihnen nun diese Geschichte erzählt?

Hier möchte ich ganz einfach darstellen, dass nach dem Erleben eines solchen Ereignisses zweierlei geschehen kann:

Der eine sagt sich, dass es so etwas nicht geben kann und vermutet einen Trick hinter dem Ganzen. Er wird vielleicht verärgert nach Hause zurückkehren und weiterhin alles ablehnen, was er mit seinem rationalen Verstand nicht erfassen kann, denn was nicht sein kann, kann es auch nicht geben. Damit blockiert er sich jedoch gegen jegliche Bewusstseinserweiterung.

Der andere, und dazu zähle ich auch mich, staunt, kann das Geschehen zwar nicht erklären, aber lehnt es auch nicht ab, sondern lässt es im Raum stehen und sagt sich:»Ich kann es im Augenblick mit meinem beschränkten Bewusstsein noch nicht verstehen, will aber aufmerksam bleiben, um solche oft an Wunder grenzenden Begebenheiten irgendwann vielleicht erklären zu können.« Wie viele Dinge gibt es zwischen Himmel und Erde, die wir noch nicht verstehen können, nur weil uns das Wissen dazu fehlt – aber deshalb sind sie trotzdem existent.

Wenn man eines Tages seine vergangenen Lebensjahre betrachtet und zurückschaut, dann könnte man auch sagen, dass man sein Leben mitten in einem Puzzlespiel beginnt. Am Anfang hat man nur einige Teilchen, und es gibt noch keine Zusammenhänge. Von Jahr zu Jahr findet man mehr zusammenpassende Puzzleteilchen, aus denen sich nach und nach ein Ganzes bilden lässt. Aber dies kann nie geschehen, wenn man ein Teilchen gleich wegwirft, nur weil man noch nicht weiß, wo es eingebaut werden soll. Ich denke und hoffe, dass Sie verstehen, was ich mit diesem Beispiel gern ausdrücken möchte. Lassen Sie neue oder fremde Gedanken einfach zu, und irgendwann kommt die Zeit, in der Sie dann sagen können:»Ja, der Gedanke war in Ordnung« oder »Der Gedanke war falsch«. Bewahren Sie sich diese Toleranz, denn dann blockieren Sie nie Ihren Entwicklungsweg.

Wenn wir uns einmal bewusst machen, wie wichtig diese Offenheit ist, erkennen wir auch, dass uns jeder Tag einen neuen Lernschritt schenkt. Dadurch werden wir nie zum Dogmatiker oder zum Sektierer, denn beide haben sich festgefahren und sind erstarrt. Darum halte ich es gern mit der alten Weisheit, die den Rat gibt: »Glaube dem, der die Wahrheit sucht, und zweifle an jenem, der sie gefunden hat.«

Zum Verständnis des kosmischen und menschlichen Evolutionsprozesses sind weiterhin noch folgende Grundvoraussetzungen erforderlich:

1. ein geschultes Denken
2. beherrschte Fantasie
3. ein unbefangener Wille
4. Das Wissen des Kopfes muss mit dem Wissen des Herzens Hand in Hand gehen.

Wenn so das Wissen mit der Liebe,
das Wissen vom Guten mit der Ausübung des Guten,
das Wissen mit der Tugend sich zu vereinigen sucht,
dann gibt es für den Lernenden und Suchenden keine Gefahr mehr.
So beschreiten wir den Weg durch die Selbstbeherrschung, um uns und
unsere Fähigkeiten in Harmonie mit dem Unendlichen zu bringen.

I. Eisenmann-Stock
Im Oktober 1999
Winnenden

Was ist Wahrheit?
Die Frage nach dem Sinn des Lebens

Tief im Inneren der Seele des Menschen
gibt es eine Sehnsucht,
die den Menschen vom Sichtbaren zum
Unsichtbaren treibt:
zur Philosophie und zum Göttlichen.

Alte Weisheit

Was ist Schicksal?

Gleich zu Beginn möchte ich zunächst einmal die Frage nach dem Sinn des Lebens stellen, denn diese ist eng mit der Frage nach dem Schicksal eines Menschen verknüpft. Die Suche nach der Antwort führt uns dazu, dass wir uns mit dem Leben, dem Menschsein, der Schöpfung und mit Gott beschäftigen.

Was verstehen wir also unter dem Begriff »Schicksal«? Man kann Schicksal als jenen Lebensumstand bezeichnen, in den wir hineingeboren werden. Wir erfahren im Leben Situationen, die in uns Glück oder Leid erzeugen. Meistens neigen wir jedoch dazu, nur die Missstände und das Leid in unserem Leben als Schicksal anzusehen, was natürlich nicht richtig ist, denn auch das Erleben von Glück und Liebe ist Schicksal. Wenn wir das

Thema Schicksal tiefer gehend betrachten, ragt ein Ereignis aus den Wechselfällen des Lebens heraus, etwas was früher oder später jeden Menschen ereilt – der Tod. Wie unser Leben auch verlaufen ist, ob es ein lebenswertes Leben oder das Gegenteil war, ob große Taten unseren Weg unter den Menschen auszeichneten oder ob Gesundheit, Krankheit oder Leid unser Los waren, einmal kommt der Augenblick, in dem wir ganz allein vor der Pforte des Todes stehen und gezwungen sind, den Sprung ins Ungewisse zu wagen. Der Gedanke an diesen Sprung und an den Ort, zu dem er uns bringt, muss sich unweigerlich jedem denkenden Menschen aufdrängen.

In den Jahren der Jugend und der ungebrochenen Kraft, wenn uns alles schön und glänzend erscheint, weisen wir die Gedanken an den Tod weit zurück. Aber sicherlich wird im Leben jedes denkenden Menschen ein Zeitpunkt eintreten, an dem sich die Thematik von Leben und Tod dem Geist unabweisbar nähert und sich nicht länger beiseiteschieben lässt. Einfach eine beliebig angebotene Lösung in blindem Vertrauen anzunehmen, hilft dann auch nichts. Hier handelt es sich um ein grundlegendes Problem, das jeder für sich selbst lösen muss. Hat ein Mensch in seinem Bemühen aber einmal eine Lösung gefunden, dann erkennt er, dass es in Wirklichkeit keinen Tod gibt, der eine totale Auflösung mit sich bringt und der das Ende von allem ist. Im Grund genommen ist das, was uns als Tod erscheint, nur ein Wechsel von einem Seinszustand in einen anderen. Wir können uns z. B. vorstellen, dass wir einen ähnlichen

Vorgang erleben, wenn wir uns abends schlafen legen und uns dann im Traum auf einer anderen Bewusstseinsebene aufhalten, von der wir am Morgen wieder zurückkehren. So vollzieht sich auch der Wechsel zwischen Tod und Geburt. Wenn der Mensch die Lösung dieses Lebensrätsels gefunden hat, existiert die Vorstellung vom Tod als das Ende für ihn nicht länger. Um dieses bedeutendste Rätsel des Daseins zu lösen, wurden natürlich im Laufe der Geschichte zahlreiche Theorien entwickelt. Wir können diese in zwei Klassen einteilen:

a) die monistische Theorie, die alle Tatsachen des Lebens aus ihren Beziehungen zu der von uns bewohnten sichtbaren Welt erklärt und

b) die dualistische Theorie, die einen Teil des Lebensphänomens in Beziehung zu einer anderen, jetzt noch für uns unsichtbaren Welt setzt.

Raffael hat in seinem berühmten Bild »Die Schule von Athen« sehr treffend diese beiden Geisteshaltungen gegenübergestellt. Wir sehen auf diesem herrlichen Gemälde eine griechische Halle, wie sie die Philosophen zu ihren Zusammenkünften aufsuchten. Auf den verschiedenen Treppenstufen, die in das Gebäude führen, sind Gruppen von Männern in eifrige Unterhaltung vertieft. Im Mittelpunkt jedoch, auf dem höchsten Treppenabsatz stehen zwei Gestalten, offenbar Platon und Aristoteles; der eine weist aufwärts, der andere zur Erde. Beide schauen einander stumm ins Antlitz, aber mit tiefem willensstarkem Gesichtsausdruck. Einer sucht den anderen zu überzeugen, dass seine Anschauung die richtige ist, trägt doch jeder die felsenfeste Überzeugung von seiner Theorie im Herzen. Der eine lehrt, dass er von der Erde stammt, dass er vom Staube gekommen ist, und wieder zum Staube zurückkehren wird, der andere ist des festen Glaubens, dass es ein höheres Etwas gibt, das von jeher existierte und fortdauern wird, ohne Rücksicht auf den Körper, in dem er sich jetzt aufhält.

Die Frage, wer im Recht ist, ist für die Mehrzahl der Menschen noch ungelöst. Diese Frage wird aber immer für alle offenbleiben, die das Rätsel nicht für sich selbst gelöst haben.

Es ist ein grundsätzliches Problem, ein Teil der Lebensaufgabe eines jeden menschlichen Wesens, dieser Frage auf den Grund zu gehen. Deshalb kann uns niemand eine fertige Lösung geben, die wir ohne Weiteres annehmen können. Alles, was von jenen Menschen, die für sich die Antwort gefunden haben, übermittelt werden kann, ist, den anderen die Richtlinien zu geben, durch die sie selbst auf die Lösung gekommen sind. Sie können somit dem Suchenden den Weg weisen, auf dem sie selbst zur Gewissheit gelangen konnten.

Ich möchte nun drei bemerkenswerte Theorien vorstellen, die man zur Lösung des Daseinsproblems aufgestellt hat. Sie können sich dann selbst aussuchen, zu welcher Theorie Sie sich hingezogen fühlen.

Ganz kurz soll hier dargelegt werden, was sie beinhalten, und ich möchte einige Gründe anführen, die mich veranlassen, die Lehre von der Wiedergeburt als die Methode zu empfehlen, die das Wachstum der Seele und die höchste Vervollkommnung besonders begünstigt, die also, meiner Meinung nach, die beste Erklärung für den Sinn des Lebens bietet.

Raffael »Die Schule von Athen«

Drei philosophische Theorien

Die materialistische Theorie

Diese Theorie besagt, dass das Leben nur eine kurze Reise von der Wiege bis zum Grabe ist und dass es im Universum keine höhere Intelligenz als den Menschen gibt. Sein Geist ist aus bestimmten Stoffverbindungen hervorgegangen, und daher beendet der Tod durch die Auflösung des Körpers sein Dasein. Das Schicksal entsteht also durch die zufälligen Auswirkungen des Kräftespiels der Naturgewalten.

Es gab eine Zeit, in der die Beweisführung der materialistischen Philosophie überzeugend erschien, aber mit dem Fortschritt der Wissenschaft, besonders der Physik, erkannte man immer klarer, dass es auch eine geistige Seite des Universums geben muss. Leben und Bewusstsein können vorhanden sein, ohne die Möglichkeit zu haben, uns ein Zeichen zu geben. Diese Tatsache wurde zur Genüge bewiesen, z. B. durch Berichte von Personen, die nach einem Unfall bereits für tot erklärt oder die tagelang bewusstlos waren und die nach dem Aufwachen genau berichten konnten, was sich während dieser Zeit in ihrer Umgebung abspielte.

Stefan v. Jankovich, der nach seinem schweren Autounfall zwanzig Minuten lang klinisch tot war und dessen Herz nach einer Reanimation wieder zu schlagen begann, hat nach diesem für ihn so wichtigen Erlebnis seine Erfahrungen in seinem Buch »Ich war klinisch tot« zusammengefasst. Ein anderes Beispiel dafür sind jene Erfahrungen, die man in der Rückführungstherapie machen kann. Durch das erneute Durchleben der Geburt und eines noch früheren Daseins mit all seinen Beschwerden und Fehlern kann uns manche Verhaltensstruktur im Hier und Jetzt verständlicher werden. Dem Menschen kann auf diese Weise das Bewusstsein übermittelt werden, dass der Tod nur die Tür zu einem anderen Daseinsbereich ist, in dem wir eine Zwischenstation zwischen zwei Leben einlegen. Es handelt sich dabei um einen feinstofflichen Daseinsbereich, in dem wir einen längeren oder kürzeren Zeitraum verbringen, je nach dem, wie stark wir in der Materie verhaftet sind. Sterbe ich mit vielen Wünschen und Begierden, dann wird es mich nicht sehr lange in der Feinstoffwelt halten. Derartige Bedürfnisse kann ich nur in einem materiellen Körper befriedigen. So wird der Wunsch, wieder inkarniert zu werden, groß und mächtig, und die Seele versucht, so rasch wie möglich wieder in einen menschlichen Körper zu gelangen.

Gelehrte von höchster Intelligenz und wissenschaftlicher Bedeutung haben unumwunden als Ergebnis ihrer Forschungsarbeiten festgestellt, dass die geistige Wesenheit, die den Menschen ausmacht, den Tod des Körpers überdauert, unabhängig davon, ob wir sie sehen oder nicht. Diese Behauptungen stimmen auch mit den so fest begründeten Naturgesetzen von der Erhaltung des Stoffes und der Erhaltung der Energie überein. Geist ist eine Art von Energie, die nicht, wie die Materialisten behaupten, der Vernichtung unterliegt.

Deshalb sehe ich die materialistische Theorie als unhaltbar und unlogisch an, denn sie verstößt gegen die Naturgesetze und gegen fest begründete Tatsachen.

Die Theorie der Theologie

Diese Theorie beinhaltet, dass unmittelbar vor jeder Geburt eine Seele von Gott erschaffen wird, die in die materielle Welt eintritt. Dort lebt sie eine bestimmte Zeitspanne lang, die zwischen einigen Minuten und einer Reihe von Jahrzehnten schwankt. Am Ende dieser Zeit kehrt sie durch die Pforte des Todes in das unsichtbare Jenseits zurück, wo sie ewig in einem Zustand der Glückseligkeit oder der Verdammnis verbleibt, je nach den Taten, die sie hier während der wenigen Lebensjahre im Körper vollbracht hat.

Diese Theorie hat mir als christlich erzogenem Menschen bereits in meiner Jugend sehr zu denken gegeben. Wenn man die verschiedenen Lebensbedingungen der Menschen anschaut, erkennt man, dass manche Menschen Güte und Liebe ausstrahlen, obwohl sie gerade ein schweres Los zu tragen haben. Andere wiederum leben in den Tag hinein oder wurden reich geboren, sind aber charakterlich schlecht und böse. Hiermit hatte ich die größten Schwierigkeiten, denn dann hätte ich ja einen ungerechten Gott annehmen müssen. Mit dem Gedanken an Gnade und der Vorstellung, dass es mir im Himmel einmal besser gehen sollte, konnte ich mich nicht abfinden.

In den Jahren meines Studiums überhäufte ich meinen Studentenpfarrer mit Fragen dazu und teilte ihm meine Zweifel mit. Eine befriedigende Antwort konnte er mir allerdings nie geben. Darum fing ich an, selbst nach der Lösung der Lebensrätsel zu suchen.

Es gibt einen Ausspruch in der Bibel, der klar und deutlich formuliert: »Wenn der Silberfaden einmal gelöst ist, dann soll der Staub zur Erde, der er war, zurückkehren, und der Geist soll zu Gott zurückkehren, der ihn gegeben hat.« So lehrt selbst die Bibel, dass der Körper aus Staub gemacht wurde und wieder zu Staub, also zu einem Teil der materiellen Welt wird und weiterhin, dass der Geist den Tod überdauert und ewig lebt. Daher ist die Vorstellung von einer »verlorenen Seele« nicht vereinbar mit der Bibellehre, denn der Geist ist, einmal aus dem Göttlichen erschaffen, ewig göttlich. Daher kann die orthodoxe Theorie nicht richtig sein, weil der unsterbliche Geist des Menschen oder sein höchstes göttliches Sein, wie wir es ebenfalls nennen können, natürlich nur einmal entstanden oder einmal erschaffen worden ist. Aber genau dieses höchste Sein benötigt auf der Erde immer wieder neue Körper, um neue Möglichkeiten zu finden, sich in seiner Evolution zur Vollkommenheit weiterzuentwickeln.

Daher komme ich jetzt zur dritten Theorie:

Die Theorie der Wiedergeburt

In dieser Theorie wird gelehrt, dass jede unsterbliche Seele ein wesentlicher Teil Gottes ist und dass sie alle göttlichen Möglichkeiten in sich trägt, so wie das Samenkorn bereits die Idee der ganzen Pflanze beinhaltet. Mithilfe vieler Leben kann sich ein materieller Körper langsam und allmählich verfeinern, weil er durch seine ständig wachsende Erfahrung das Bewusstsein erweitert. Das wirkt sich auf sein Denken aus und so reichert er seine Gedanken und Gefühle mit feineren Energien an. Der Mensch kann auf diese Weise seine verborgenen Kräfte langsam entfalten und seine dynamischen Energien wirksam werden lassen. So kann keine unsterbliche Seele verloren gehen, sondern jede erreicht schließlich höchste Vollendung und die erneute Vereinigung mit Gott. Auf diese Weise bringt jede höhere Menschenseele die angesammelte Erfahrung ihrer Pilgerfahrt durch die Materie mit.

Wir können dies mit einem konkreten Beispiel vergleichen: Unsere verschiedenen Leben gleichen der Zeit des Lernens in der Schule. Wir beginnen als einfach strukturierte und primitive Menschen in der untersten Grundschulklasse. In dieser leben wir noch ganz unsere Begierden aus und lassen unseren Emotionen rücksichtslos freien Lauf. Nach dem Tod bleibt die Erfahrung dieses Lebens wie ein Samenkorn im unsterblichen Bereich erhalten und bei einem erneuten Hereintreten in einen stofflichen Körper ziehen wir, dank dem Resonanzgesetz[3], jene Schwingungen an, die aus der Erfahrung des letzten Lebens entstanden sind. Die bereits gemachten Erfahrungen lassen uns in einem neuen Leben die nächste Schulklasse erreichen. So durchlaufen wir Klasse um Klasse, bis wir eines Tages die Reife erlangen und aus der Schule entlassen werden. Mit anderen Worten: Wir verlassen das Rad der Wiedergeburt und finden wieder zurück in das göttliche Sein.

Darin liegt die Antwort auf die Frage des Schicksals. Die Schwingung, die ich durch eine gute Tat in einem früheren Leben initiiert habe, verschafft mir heute manche Erleichterung. Wenn wir in unserem jetzigen Dasein etwas besonders Schönes erfahren, fragen wir uns doch manchmal: »Womit haben wir das verdient?« Wir haben es tatsächlich verdient und darum sollten wir immer bereit sein, Gutes wie Schlechtes dankbar anzunehmen. Genau wie mit den positiven Schwingungen verhält es sich natürlich auch mit den negativen. Jede verwerfliche Handlung setzt disharmonische Kräfte in Bewegung, und diese werden im nächsten Leben Leid erzeugende Situationen auslösen. Wir können also folgern, dass es bei unserem Gang durch unsere Lebensschule, angefangen in der Grundschule bis zum Abitur und weiter noch bis zum Hochschulabschluss, sprich Vollkommenheit, allein an uns liegt, wie rasch wir die Hürden nehmen und wie schnell wir lernen und unsere Kenntnisse erweitern. Nur wir allein sind verantwortlich für Schicksal, Krankheit und Leiden.

Das Gesetz der Wiedergeburt in Verbindung mit seinem

---

3   Siehe auch Karmagesetz

Schwestergesetz, dem Gesetz der Kausalität (= Ausgleich), oder wie wir auch sagen können, dem Karmagesetz, gibt uns die Erklärung dafür. Wenn wir nach einem vollendeten Leben sterben, kehren wir Jahre später zur Erde zurück. Wir finden nun die Verhältnisse vor, wie sie durch unser Tun und Lassen, durch unsere Wünsche und Begierden in den früheren Leben bestimmt worden sind. Der ehemalige Spieler wird zu Spielsälen und Rennbahnen hingezogen, um mit Gleichgesinnten zu verkehren. Der frühere Musiker wird von Konzertsälen und Musikschulen angezogen. So bringt das wiederkehrende Ego oder das unsterbliche Sein seine Neigungen und Abneigungen mit sich zurück, und diese veranlassen es nun, sich auch die Eltern auszusuchen, zu denen momentan die größte Anziehungskraft besteht. Das können Menschen sein, zu denen eine ganz starke Verbindung im letzten oder in den letzten Leben aufgebaut wurde. Daher sucht sich das unsterbliche Ego jene Eltern, bei denen der bestmögliche Lernprozess für die Seele gewährleistet ist. Der unsterbliche Wesenskeim muss in jene irdische Verbindung, die durch große Liebe oder starken Hass entstanden ist, zurückkehren, um in einer erneuten Beziehung einen Ausgleich der im Vorleben übersteigert aufgebauten Gefühle erreichen zu können. Es gibt aber auch Fälle, in denen wir Menschen ganz entgegengesetzter Geisteshaltungen sehen, die ein qualvolles Dasein führen, weil sie in derselben Familie zusammengekettet sind, und damit durch die Umstände gezwungen werden, gegen ihren Willen dort zu bleiben.

Dies widerspricht jedoch keineswegs dem Karmagesetz. In jedem Leben erwachsen uns Verpflichtungen, die wir zu erfüllen haben. Vielleicht sind wir aber bestimmten Pflichten, wie z. B. der Pflege eines kranken Verwandten, aus dem Weg gegangen und wir sind gestorben, ehe wir unsere Unterlassung eingesehen haben. Jener Verwandte hat möglicherweise durch unsere Lieblosigkeit schwer gelitten und eine große Bitterkeit gegen uns gehegt, ehe der Tod ihn von seinen Leiden erlöste. Der Tod und der damit verknüpfte Übergang in andere Regionen gleicht unsere aus diesem Leben stammende Schuld nicht aus, ebenso wenig wie der Fortzug aus einer Stadt in eine andere uns nicht von den Schulden befreit, die wir dort vor unserem Umzug gemacht haben. Es ist daher wohl möglich, dass sich zwei Menschen, die einander in der oben erwähnten Weise Leid zugefügt haben, in ein und derselben Familie wiederfinden, ob sie sich des vergangenen Zwistes und Grolles erinnern oder nicht. Die alte Abneigung ist dann bestimmt vorhanden und wird so lange neuen gegenseitigen Hass erzeugen, bis die daraus entstehenden Verhaltensweisen die beiden zwingen, eine erträgliche Beziehung zueinander aufzubauen. Vielleicht tritt sogar mit der Zeit an die Stelle des früheren Hasses Liebe.

Ich möchte an dieser Stelle ein Beispiel einer solchen Situation schildern, die ich mithilfe meiner eigenen intuitiven Wahrnehmung erkannt habe. Ich muss vielleicht vorausschicken, dass ich in meinem Leben immer wieder Ereignisse aus früheren Existenzen sehen konnte und mir dadurch verwickelte Zusammenhänge klar wurden.

Ich konnte das Wissen über frühere Inkarnationen aber nicht abrufen, manchmal war es einfach ohne mein Dazutun plötzlich da. Diese Beobachtungen bestätigten sich später als Tatsachen: zum einen durch eine Rückführungstherapie und zum anderen durch Reisen, die mich im Laufe meines Lebens an jene Orte führten, an denen ich früher gelebt hatte. Dort erlangte ich die Gewissheit, nicht zum ersten Male dort zu sein. Aus diesem Grund ist die Frage nach der Wiedergeburt für mich keine leere Theorie mehr, sondern sie wurde zur Gewissheit. In meiner langjährigen Tätigkeit als Ärztin habe ich im Gespräch mit Patienten häufig eine Bestätigung dafür bekommen. In diesem Zusammenhang möchte ich jetzt, wie bereits erwähnt, das Beispiel einer Patientin erzählen: Die Patientin litt stark unter dem ständigen hasserfüllten Misstrauen ihres Sohnes. Jedes liebevolle Verhalten ihrerseits wurde von dem Sohn in einer gehässigen Art abgetan. Trotzdem verhielt sie sich weiterhin liebenswürdig und verzieh ihm immer wieder. Wir wurden Freunde, und so habe ich die ganze Familie kennengelernt und wurde eines Tages zu einer Familienfeier eingeladen. Auf diese Weise traf ich auch die Eltern meiner Patientin. Als nun die ganze Familie gemütlich beim Kaffee zusammensaß, konnte ich plötzlich in eine ferne Zeit zurückblicken und erkannte die unsichtbaren Fäden, die diese Familie zusammenhielten.

Meine Patientin lebte als Mann ca. 450 Jahre vor Christi und war in der damaligen Zeit ein bekannter Olympiakämpfer, der jahrelang durch geistige Schulung in einer Einweihungsschule in Milet gelernt hatte, seinen Körper so zu kontrollieren, dass er ständig als Sieger aus den Wettkämpfen hervorging. Er war ein starker Athlet, hatte sich aber durch magische Handlungen in der geistigen Welt verstrickt und aus dieser Hilfe erhalten, die ihm zu seinen Siegen verhalf. Das kann man sich so vorstellen: Man befiehlt durch magische Anrufungen einer astralen Wesenheit[4] das zu tun, was man verlangt. Damit bindet man sich allerdings an diesen Geist oder das Astralwesen und muss nach dem eigenen Tod in der Astralwelt den Preis dafür bezahlen. Es ist eine sehr gefährliche Praktik, und mancher Magier[5] ist dadurch schon sehr tief gefallen. Denn auch hier heißt es: »Die ich rief, die Geister werd ich nun nicht los.«

Im Laufe der Zeit wurde der Athlet 36 Jahre alt und war somit für die Wettkämpfe schon fast zu alt. Er trat bei einer weiteren Olympiade trotzdem noch einmal an, wusste allerdings, dass diesmal zwei Brüder bei dem Wettstreit mitmachen würden, die in absoluter Hochform waren. Ihm war also klar, dass er auf sehr starke Gegner treffen würde. Um sich den Sieg zu sichern, führte er ein schwarzmagisches Ritual gegen seine Gegner durch. Er wollte sie nur am Sieg hindern, aber einen

---

4   Siehe auch Astralebene im fünften und Astralkörper im sechsten Kapitel. Astralwesen sind Bewohner der Astralebene, das sind Menschen und Tiere im Schlaf und in der ersten Zeit nach dem leiblichen Tod, ferner abgelegte Astralkörper und Gedankenformen; niedere Wesenheiten, nicht materielos, sondern behaftet mit »Astralmaterie«, auch als Elementale, Dämonen und niedere Engel bezeichnet.

5   Magier: ein Mensch der sich der feinstofflichen Kräfte bewusst ist und mit diesen arbeitet. Schwarzmagisch: Gebrauch der feinstofflichen Energie allein zu egoistischen Zwecken

von ihnen ereilte durch diese Machenschaften der Tod. Der Bruder des Getöteten fühlte instinktiv, dass etwas nicht in Ordnung war, und ebenso spürte er, dass der andere Olympiakämpfer etwas damit zu tun hatte, vermochte es aber nicht zu beweisen. Der Olympiakämpfer zog sich nach seinem erwarteten Sieg reuevoll zurück. Er schwor sich damals, nie wieder Sport zu treiben. Seine Reue und das Wissen, falsch gehandelt zu haben, stürzten ihn in eine schwere Depression, sodass er mit 42 Jahren in geistiger Umnachtung starb.

Nun zur Erklärung der Zusammenhänge: Der Vater meiner Patientin und ihr Sohn waren in jener alten Zeit die beiden Brüder, die zum Wettstreit antraten. Der Vater war der Kämpfer, der ums Leben kam. Nun war es interessant festzustellen, dass für den Vater im heutigen Leben nur jemand etwas galt, der bei olympischen Spielen gewann oder zumindest sportlich Hervorragendes leistete. Er zwang seine Kinder schon von klein an, sportliche Disziplinen auszuüben. Der ältere Bruder meiner Patientin wurde ein hervorragender Skifahrer, galt beim Vater aber trotzdem nichts, weil er keine olympische Qualifikation erlangt hatte. Der Junge konnte machen was er wollte, er wurde vom Vater, der selbst ein hervorragender Sportler war, nicht akzeptiert und litt unsagbar unter dieser Missachtung. Noch schlimmer war es bei meiner Patientin, die sich immer weigerte, Sport zu treiben und die nun vom Vater als Schwächling, als feige, als Nichtskönnerin usw. bezeichnet wurde, und sie wurde ständig mit den Worten abgefertigt, dass sie nichts tauge. Beide Kinder litten mit der Zeit an so starken Minderwertigkeitskomplexen, dass sich keiner mehr etwas zutraute.

Wenn man das Leben dieser Familie in der heutigen Zeit weiterbetrachtet, wird es wieder sehr interessant: Der Vater, der damals nicht zu jenen olympischen Ehren gekommen war, die er sich erträumt hatte, wurde in der Gegenwart von dem Verlangen zu siegen angetrieben. Nun erfuhr dieser Mann einen ihn verändernden Schicksalsschlag, denn er hatte seinen sportlichen Ehrgeiz derart überzogen, dass ein Regulativ eingriff und er durch einen Unfall den linken Arm verlor, sodass er von diesem Augenblick an keinen Leistungssport mehr treiben konnte. Er wurde durch dieses Erleben gezwungen, zu erkennen, dass es auch außer dem Sport noch lebenswerte Dinge gab, und er fing an, sein Leben neu auszurichten.

Der Enkel liebte seinen Großvater über alles, aber seine Mutter griff er ständig mit einem unerklärlichen Misstrauen heftig an. Die Mutter litt natürlich sehr darunter, verzieh ihm aber immer wieder jedes unhöfliche Verhalten. Der Sohn meiner Patientin, der damals in Olympia der Bruder des getöteten Kämpfers war und ein großes Misstrauen aufgebaut hatte, brachte dieses Misstrauen in sein jetziges Leben mit.

In den folgenden Wochen sprach ich viel mit den einzelnen Personen und ganz langsam konnte ich sie darauf vorbereiten, diese Geschichte zu hören. Jeder der Beteiligten konnte sich ohne Weiteres in meiner Erzählung wiederfinden, und vielleicht zum ersten Mal saß die Familie zusammen und besprach ruhig und ohne Gehässigkeit ihre Situation. Jeder konnte sich plötzlich in die Handlungsweise des anderen einfühlen und durch diese Erkenntnis entstand zuerst ein Verstehen, dann ein Verzeihen und heute herrscht Liebe in dieser Familie.

Hier wurde eine Familie durch Hass zusammengeschweißt, und alle haben sich lange Jahre viel Leid zugefügt, aber, einmal Erkenntnis erlangt und sich dessen bewusst geworden, konnten sie den Hass in Liebe umwandeln. In den drei Menschen entstand eine tiefe Reife und so wurde durch Erkenntnis und Liebe ein schweres Schicksal gelöst.

H. K. Iranschähr hat über das Schicksal eine sehr schöne Zusammenfassung geschrieben, die ich hier gern erwähnen möchte. Er sagt, dass das Schicksal weder eine blind wirkende Macht sei, noch als böswillige launische Wesenheit betrachtet werden könne, noch sei es ein blinder Zufall. Für Iranschähr ist Schicksal ein Synonym für die Gesetzmäßigkeit des Kosmos, daher ist es nicht das Produkt eines rachsüchtigen Gottes, sondern, ganz im Gegenteil, die Offenbarung der ausgleichenden Allgerechtigkeit eines vollkommenen Weltenschöpfers.

Er hat sieben Aussagen über das Schicksal getroffen und damit versucht, es aufzugliedern und begreiflich zu machen.

So betrachtet er es einmal als Vollstrecker der kosmischen Gesetze, dessen Vorgehen auf einer ethischen Grundlage basiert und auf die Erlösung des Menschen hinzielt. Weiterhin gliedert er es in eine dynamische Impulskraft, die so die Kreativität des Menschen erweckt. Auch wird es als Strukturgeber und Balancefunktion der kosmischen Ordnung betrachtet. Ebenso ist es Ausdruck jeder menschlichen Entwicklungsphase und kann als Istzustand der Seele betrachtet werden, in dem sich das, was war und ist, spiegelt.

Ich werde noch öfter auf das Schicksal zu sprechen kommen, denn es handelt sich hierbei um ein zentrales Thema des Menschen. Eng verwoben mit dem Schicksal ist das Karmagesetz, das der Gegenstand meiner nächsten Betrachtung sein soll.

Das Karmagesetz

1. Jede Handlung, die wir ausführen, verbindet uns mit Menschen und Gegenständen. Die Stärke dieser Verbindungen entspricht der Stärke der Energie, die wir in die Handlung eingebracht haben. Durch Hass oder Liebe entstehen die stärksten Bindungen untereinander, die oft über viele Leben hinweg bestehen bleiben.

2. Alle Menschen, mit denen wir im jetzigen Leben zu tun haben, kennen wir bereits aus früheren Zeiten. Wir sind durch 1 000 Fäden verknüpft, und wir müssen versuchen, alle Verknüpfungen und alle Verbindungen irgendwann wieder zu lösen. Mit der Liebe haben wir die größte Möglichkeit, freiwillig unser Schicksal in die Hand zu nehmen und Dinge wieder ins Lot zu bringen, die wir in früheren Leben aus der Ordnung gebracht haben.

Durch Leid werden wir gezwungen, unser Schicksal zu tragen und so lange zu lernen, bis wir letztlich ebenfalls alle Bindungen auflösen können und wir dadurch die Harmonie wiederherstellen, die wir früher einmal gestört haben. Dies sind die Lern- und Reifeprozesse in unserem Leben.

Über jeden bösen Nachbarn, mit dem wir konfrontiert werden, sollten wir uns freuen, denn an seiner Handlung erkennen wir, wie wir nicht handeln sollten. Stellen wir nun jeder negativen Aktion des Nachbarn eine positive gegenüber, kann es vielleicht geschehen, dass der Nachbar bald auszieht oder sein Verhalten ändert. Wir haben in diesem Fall unsere Lektion gelernt und wieder etwas Wichtiges erfahren, und die bestehende Bindung wurde gelöst. Hätten wir nun Hass gegen Hass gesetzt, wäre die Bindung immer stärker geworden und wir wären vielleicht in vielen nachfolgenden Leben immer wieder mit gehässigen Menschen konfrontiert worden. An dieser Stelle können wir uns auch an die Christusworte erinnern: »Liebe deinen Nächsten wie dich selbst, und liebet eure Feinde.«

Jetzt müssen wir uns eine ganz wichtige Frage stellen: Warum wissen wir nichts über unsere früheren Leben? Wäre es denn nicht viel einfacher, wenn wir uns erinnern könnten? Im Grund können wir dafür dankbar sein, denn wir dürfen nicht glauben, dass wir früher Engel waren. Ich möchte sogar so weit gehen zu behaupten: Wenn wir heute beispielsweise nicht mehr das Verlangen haben, jemanden zu töten, haben wir die Erfahrung des Tötens längst hinter uns gebracht.

Man braucht sich nur einmal vorzustellen, dass man in einem früheren Leben als einfacher Hirte am Rande einer Wüste geboren wurde. Das Leben war arm und karg. Man hatte eine Familie, Frau und Kinder, die man beschützen und ernähren musste. Man besaß eine Kuh, die wenigstens etwas Milch für Frau und Kinder gab. Eines Nachts hörte man Geräusche und entdeckte, dass ein Dieb die Kuh stehlen wollte. Vielleicht war dieser Dieb in derselben Lage, eine Familie ernähren zu müssen, oder vielleicht war sein Kind krank und in seiner Verzweiflung wollte er die Kuh des Nachbarn stehlen. Natürlich wehrte sich der Besitzer der Kuh dagegen, es kam zum Kampf und er erschlug den Dieb. Dieser Mann fühlte sich nun absolut im Recht und fand diesen Totschlag in Ordnung. Trotzdem ist natürlich diese Tat ein Ereignis, das aus der kosmischen Harmonie fällt und das irgendwann einmal ausgeglichen werden muss. Es gab in der Geschichte viele Kriege, wer weiß, ob nicht in einem späteren Leben dieser damals erschlagene Dieb während eines Krieges seinen früheren Nachbarn auf der Seite der Gegner wiederfand und er dann seinerseits diesen Mann erschoss. Die beiden Handlungen wären jetzt ausgeglichen, aber hier entstand sicherlich ein starker Hass, und genau dieses Gefühl würde erneut zu ganz engen Bindungen führen. Man kann daher ganz sicher sein, dass die Menschen aus diesem Beispiel sich noch oft in verschiedenen Leben begegnen und sich genauso häufig Leid zufügen werden, bis sie eines Tages gelernt haben werden, zu verzeihen und in Liebe miteinander auszukommen.

Eine weitere wichtige Sinnfrage zum Thema Schicksal steht immer wieder im Raum: Was geschieht mit einem Kind, das kurz nach der Geburt stirbt? Was hat das für einen Sinn?

In diesem Fall hat das Kind als einzigen Lernprozess, die Geburt zu erleben. Die Seele des Kindes ist noch nicht stark mit dem Körper verankert, und es darf rasch wieder in eine feinstofflichere Welt zurückkehren. Anders ist es bei den Eltern. Sie müssen einen wichtigen Lernprozess durchlaufen, der das Problem des Loslassens betrifft. Die Eltern erleben einen tiefen Kummer und erfahren dadurch sicherlich einen großen Lernschritt in ihrem jetzigen Leben. Schmerz, Trauer und Sorgen bringen uns in unserer Entwicklung immer enorm weiter. Wenn wir also lernen, Schmerz und Leid auf diese Weise zu betrachten und nicht anfangen, mit dem Schicksal zu hadern, lernen wir bald, die Botschaft zu erkennen, die uns zu den höchsten Erkenntnissen führen kann.

Eine andere wichtige Frage, die mir immer wieder gestellt wurde, ist die, warum hirngeschädigte Kinder überhaupt geboren werden – Kinder, die keinerlei Körperfunktionen kontrollieren können und ihr ganzes Leben lang auf fremde Hilfe angewiesen sind? Hier möchte ich aus meiner eigenen intuitiven Erfahrung berichten, die ich im Laufe meiner Arbeit mit vielen behinderten Kindern und deren Eltern gewonnen habe.

In diesen schwerbehinderten Körperchen steckt meist eine wundervolle lichte Seele, und diese Seele verbreitet in ihrer Umwelt eine enorme Liebe. Sie hat sich eine sogenannte »Ausruhinkarnation« verdient, d. h., sie muss sich nicht selbst in den Lebenskampf stürzen, sondern es wird für sie gesorgt, und sie hat lediglich die Aufgabe übernommen, mit ihrer Liebe ihre ganze Umwelt zu bereichern. Wenn ich Eltern betrachte, die ein behindertes Kind versorgen und die mit einer aufopfernden Liebe alles für dieses Kind tun, empfinde ich stets tiefe Ehrfurcht vor ihnen. Sie lernen durch dieses Leid, selbstlose Liebe zu praktizieren, und ihr Bewusstsein erfährt eine sehr hohe Stufe des Menschseins. Natürlich ist ein solcher Weg enorm schwer, aber der unsterbliche Erfolg ist das Wesentliche.

Wenn man einmal vermag, nicht nur das eine, jetzige Leben zu betrachten, sondern in großen Zeiträumen zu denken versteht, dann begreift man auch, dass wir selbst es sind, die mit den Fäden des Schicksals weben. Ausschließlich wir sind unseres Glückes Schmied. Nicht andere Menschen oder fremde Mächte sind schuld an einem Unglück, das einem widerfahren ist. Solange man das noch nicht gelernt hat, macht man Gott und die Welt für alles verantwortlich. Aber dadurch verpasst man wichtige Lernprozesse.

Auch mein Weg hat einmal so begonnen. Es war in den Kriegsjahren, als ich als junges Mädchen innerhalb von drei Monaten zwei mir sehr nahestehende liebe Menschen verlor. Damals machte ich auch Gott und die Welt für alles verantwortlich. Ich kam sogar in solch große Zweifel, dass ich eine Zeit lang Gott und das Leben völlig ablehnte. Aber genau diese Situation brachte mich zum Nachdenken und Hinterfragen, und wenn ich heute zurückschaue, danke ich Gott, dass ich all das

Schwere, aber auch all das Schöne erleben durfte. Für mich ist das Schicksal jetzt kein drohendes Gespenst mehr, keine unheilbringende Macht, der der Mensch hilflos und machtlos gegenübersteht oder der er ohnmächtig ausgeliefert ist. Vielmehr wurde es für mich zu einer freundlichen Instanz, die es nur gut mit mir und mit jedem Menschen meint.

Natürlich müssen wir uns darüber im Klaren sein, dass das Schicksal eng mit uns selbst verbunden ist. Es ist also nicht etwas, was grundlos an uns herangetragen wird, sondern es ist etwas, was wir in uns selbst schaffen. Es kommt nie von außen, sondern ruht, wie Schiller sagt, in unserer eigenen Brust. Haben wir das einmal verstanden, müssen wir versuchen, es als Ausdruck unseres Innersten zu bejahen. Wenn wir uns nun bewusst machen, dass das Wort Schicksal althochdeutsch sinngemäß »geschicktes Heil« bedeutet, also ein Heil, das von innen kommt, dann können wir besser verstehen, dass sich der Schicksalslenker in uns selbst als unser höchstes Sein und als unser göttlicher Funke befindet. Wenn wir diese Tatsache im Herzen begriffen haben und somit unser Schicksal bejahen können, werden wir immer deutlicher erkennen, dass alles, was wir erfahren, nur zu unserem Besten ist und unserer Weiterentwicklung dient. Alles, was uns trifft, macht uns stärker, tüchtiger und bewusster.

Seneca stellte einmal die Frage: »Warum denn tritt dem Weisen das Schicksal selten in den Weg?« Hier müssen wir erst einmal fragen, was man unter einem Weisen versteht. Ein Weiser ist ein Mensch, der gelernt hat, richtig zu denken und adäquat zu handeln. Er verhält sich dem Willen des Lebens gemäß und löst somit keine Gegenkräfte aus. Er aktiviert keine Widerstände, die der Unwissende als »Schicksalsschläge« empfindet, die in Wirklichkeit aber Ausgleichsbewegungen der Kräfte sind. Der Weise verhält sich neutral, und er erkennt in allem die Polarität, also Gut und Böse, Schwarz und Weiß, und so wird ihm der Sinn offenbart. Daher akzeptiert er beides mit offenem Herzen, aber bleibt selbst in seiner Mitte, und so neutralisiert er Gut und Böse, denn beide Kräfte gehören demselben Prinzip an. Er erkennt also den höheren Schicksalslenker in sich an und erhebt dessen Willen zu seinem eigenen. Er wird so zum bewussten Vollzieher seines Schicksals.

Wenn wir diesen Weg gehen, wird schließlich aus der Schicksalsbejahung eine Schicksalsharmonie, und das bedeutet, Einverständnis und Einssein mit dem Allwillen. Haben wir dies im ganzen Ausmaß begriffen, hat das Schicksal seinen Schrecken verloren. Wir wissen, dass die Schicksalsenergien aus uns selbst fließen, sie sind nie unser Feind, sondern entstehen immer aus unserer eigenen Tat. So entsteht in uns Harmonie mit uns selbst, mit der Umwelt und mit dem Unendlichen.

Für mich konnte ich also die Frage nach dem Sinn des Lebens und nach dem Sinn des Schicksals positiv beantworten. Wenn ich alles, was ich erlebe, mit offenen Augen betrachte und wenn ich dann hinterfrage, was mir das Erlebte sagen soll, und ich mich um Erkenntnis bemühe, dann lerne ich, mich auch im Leben richtig zu verhalten. Ich sehe und erkenne den Weg und das Ziel der Höherentwicklung. Diesen Weg muss jeder Mensch allein gehen. Das ist sicher – und zwar Schritt für Schritt. Aber wenn ich ihn bewusst beschreite, gebe ich einem vermeintlich zuschlagenden Schicksal keine Chance.

In diesem Kapitel habe ich nun versucht, das Wirken und Weben des Schicksals oder, anders ausgedrückt, das Wirken des Karmagesetzes zu erklären. Es schwirren immer viele falsche Vorstellungen in den Köpfen der Lernenden herum, wenn man auf das Karmagesetz zu sprechen kommt. Karma sagt nie aus, dass wir für etwas bestraft werden, genauso wenig, wie wir durch das Schicksal bestraft werden. Karma ist das Gesetz des Ausgleichs. In ganz einfachen Worten kann man sagen, jeden Stein, den ich einmal von seiner Stelle gerückt habe, muss ich irgendwann wieder an seine Stelle zurücklegen. Anders ausgedrückt: Überall dort, wo durch mein Verhalten Disharmonie erzeugt wurde, muss ich wieder Harmonie herstellen. Hier kann von Strafe niemals die Rede sein. Wenn ich in meinem Haus Unordnung gemacht habe, dann muss ich diese wieder beseitigen. Wenn ich nun die Aufräumarbeit als Strafe empfinde, dann ist das allein mein eigenes Problem.

Ich hoffe nun von ganzem Herzen, dass Sie aus diesem Kapitel die Erkenntnis gewonnen haben, dass Leid und Freude nur zum Besten des Menschen gegeben werden und dass der Mensch nur wenn er sein Schicksal anerkennt und annimmt, wichtige Lernschritte machen und seine Weiterentwicklung voranführen kann. Wenn wir uns dieser Wahrheit einmal wirklich bewusst geworden sind, werden wir mit unseren Lebensproblemen besser und leichter fertig, aber unser Leben als solches wird deshalb nicht leichter. Wir erkennen bald, dass nach Lösung einer Lebensaufgabe die nächste bereits vor der Tür steht. Trotzdem aber möchte ich noch hinzufügen, dass wir durch die schnellere Bearbeitung unserer Lebensprobleme zwar keine große Erleichterung in unserem jetzigen Leben erhalten, aber unsere neue Sichtweise lässt uns unser jetziges Leben leichter bewältigen, mobilisiert ungeahnte Kräfte, und der Reifeprozess unserer Seele geht um vieles schneller voran. Genau diese Höherentwicklung sollte der eigentliche Sinn unseres Lebens sein.

Vom siebenfachen Leiden

Kein Problem im Leben eines jeden Menschen ist zentraler als das des Leidens, denn es schließt bereits all das in sich ein, was allgemein als Sünde bezeichnet wird, den Ursprung des Bösen, vom Schicksal und von Krankheit. Aber es beinhaltet auch Gnade und Vorsehung. Trotzdem finden wir weder in der Theologie noch in der Wissenschaft oder in der Philosophie eine erklärende Antwort dazu. H. K. Iranschähr[6], ein Philosoph und Mystiker aus dem vergangenen Jahrhundert, sagte einmal über dieses Problem in seinem Buch »Das Mysterium der Seele«:

»Also sprach der Meister zu seinem Jünger: Über die Begriffe ›Leid und Schicksal‹ sind, o Wanderer auf dem Pfade der Wahrheit, manche falsche Ideen und Vorstellungen unter den Menschen verbreitet, die ihnen die Lebensfreude rauben, ihre schöpferischen Energien lähmen und ihr Herz bedrücken. Diese beiden hohen Begriffe sind ihnen als etwas Erschreckendes und Grausames vorgestellt worden, während sie in Wirklichkeit zwei gütige Lehrer und liebevolle Führer und Befreier

---

6 Hossein Kazemzadeh Iranschähr: persischer Dichter und Philosoph, Dichter und Mystiker, 1884 in Täbris (Iran) als Sohn eines Arztes geboren. Studium der Staats- und Sozialwissenschaft, Recht, Geschichte, Philologie, Journalistik, Moral und Soziologie. Schriftstellerische Tätigkeit in Deutschland und der Schweiz und in England. Gestorben am 18.3.1962 in der Schweiz.

der Menschenseele sind. Leid und Schicksal sind der Ausdruck göttlicher Gesetze, die auf Gottes Liebe, Weisheit und Gerechtigkeit beruhen. Nur die Unkenntnis über ihre Entstehung und ihre Wirksamkeit lässt sie vor den Augen der Unwissenden grausam und ungerecht erscheinen. In Wahrheit ist aber ihre Wirkung heilsam, befreiend und erlösend. Darum preist der Weise ihre läuternde Kraft, huldigt ihnen und verlangt sogar oft nach ihrem Segen.

Erkenne nun, dass alle Leiden der Menschen entweder aus selbst geschaffenen oder nicht selbst geschaffenen Ursachen entstehen. Danach teilt sich das Leid in verdientes, d. h. in selbst verschuldetes, und in unverdientes, nicht selbst verschuldetes Leid ein. Alle Leiden, welche Ursachen sie auch haben mögen, sollen der Veredelung des Menschen, der Läuterung, Befreiung und Emporhebung der Seele dienen. Oft reinigt das Leid von den Schlacken der Laster, erweckt die schlummernden Kräfte der Seele, fördert ihr Wachstum und dient zu ihrer Erlösung. Dadurch haben die Leiden eine göttliche Mission zu erfüllen und eine heilvolle Wirkung auszuüben. Sie müssen daher mit Gleichmut, voller Einsicht und Tapferkeit ertragen, beseitigt und umgewandelt werden.«

Hierher würden auch die Bibelworte passen: »Selig sind, die mühselig und beladen sind!« Wie erstaunlich müssen diese Worte vor 60 oder 70 Jahren aufgenommen worden sein, in einer Zeit des extremen Materialismus, in der man glaubte, dass außer der Materie nichts existierte und alles, was man als Leid und Glück am eigenen Körper erlebte, nur auf den mechanischen Gesetzen der Materie beruhte und dem Zufall unterstellt war. Welches Chaos und welche Ungerechtigkeit wären doch in diesem Fall das Leid und das Schicksal für den Menschen. Wäre das Leben dann nicht sinnlos?

Heute blicken wir bereits auf einen großen Erfahrungsschatz zurück, der die seelischen Ursachen von Krankheit, Leid und Schicksal beinhaltet, und wir erkennen immer mehr den Sinn und den Lernschritt des Menschen, der durch Krankheit und Leid ausgelöst wird. Leider ist dieses Wissen, vor allem in der Schulmedizin, noch kein Allgemeingut. Aber ich bin sicher, dass sich auch hier diese Erkenntnis in den nächsten Jahrzehnten immer mehr durchsetzen wird. Diese Gedanken sind keineswegs neu; denn schon vor 500 Jahren wies bereits Paracelsus auf die Ursachen und den Sinn des Leidens hin. Und ich nehme an, dass diese Gedanken auch bereits im Altertum bekannt waren.

Nach dem zweiten Weltkrieg wurden sie auch bei uns wiederentdeckt und haben uns, besonders wenn es darum ging, die seelischen Ursachen der Erkrankung zu erkennen und diese neu zu bewerten, bereits weitergebracht. Eine echte Heilung kann immer erst dann geschehen, wenn uns der Lernschritt, der hinter dem Problem der Krankheit oder des Leidens steht, klar wird. Meine Praxiserfahrung hat mir diese inneren Zusammenhänge immer wieder bestätigt. Die Erkenntnis des Lernschritts hängt allerdings auch mit der Eigenverantwortlichkeit des Menschen zusammen und mit der Überzeugung, dass wir ein göttliches Wesen in einem menschlichen Körper sind. Nicht wir haben uns erschaffen, sondern ein erhabener, allweiser Gott. Wir leben in ihm, wie er auch in uns lebt, weil er alles durchdringt und umfasst.

Wir müssen wieder lernen und erkennen, dass wir im Grund unseres Wesens eins mit dem wahren göttlichen Selbst sind und uns dessen schöpferischer, heiliger Wille belebt und beseelt. Wir müssen wieder lernen, in uns diesen heiligen Geist Gottes zu offenbaren und somit sein göttliches Wissen und seine göttliche Macht in uns und durch uns zu entfalten. D. h. aber mit anderen Worten, wir müssen wachsen, um mündig zu werden und um dieses göttliche Erbgut der Weisheit in Besitz zu nehmen.

Die Entwicklung der Menschheit[7] ist jetzt so weit vorangeschritten, dass diese befähigt und berechtigt ist, auf alle Fragen des Lebens eine richtige Antwort zu verlangen. Auf ihrem Entwicklungsweg kommt für jede Seele die Zeit, in der sie anfängt, aus eigener Kraft den Schutt der Illusionen zu beseitigen und die Hülle der Unwissenheit zu sprengen, um das Licht der Wahrheit zu empfangen. In diesem Zustand befinden sich jetzt die »reiferen Seelen«[8] , und keine Macht der Welt kann

---

7   Genauso wie der Mensch als Individuum einem Entwicklungsprozess unterworfen ist, gilt dieser Weg zur Vervollkommnung für den Gesamtorganismus Menschheit.

8   Menschen, die in ihrer Entwicklung fortgeschrittener als der Durchschnitt der Menschheit sind

sie länger unter den Hüllen der dogmatischen und materialistischen Lehren und Weltanschauungen halten, denn dieses wäre gegen das Gesetz der Entwicklung. Die heutige Entwicklung verlangt eine Neuorientierung. Kirchen, Wissenschaft und Philosophie fangen bereits ganz langsam an, sich umzustrukturieren – allen voran vielleicht die Physik. Die Menschen suchen und forschen zwar nach der Wahrheit, stellen allerdings fest, dass sie noch keine ausreichenden Antworten erhalten, was wiederum zu einem erhöhten Zulauf zu Sekten auf der einen Seite und Gottlosigkeit auf der anderen Seite führt. Beides sind unglückliche Wege für die Suche nach der Wahrheit.

Eine der größten Fragen einer reifen Seele ist sicherlich die Frage, warum es so viel Leid auf dieser Welt gibt. Aus diesem Grund möchte ich auf dieses Thema ausführlich eingehen, da auch ich mich jahrelang bemüht habe, auf diese Frage eine Antwort zu finden. Ich möchte daher versuchen, Sie an den bisher gefundenen Antworten teilhaben zu lassen, sodass all diejenigen, die Leidende sind, Erkenntnis und Kraft daraus ziehen können, weil sie durch das Erkennen der Ursachen ihre Leiden, ihre Schmerzen und ihren Kummer besser ertragen können. Die Erkenntnis der Ursache einer Lebenskrise ist der erste Schritt zur Befreiung aus ihr. Je bewusster der menschliche Geist wird, desto eher wird er fähig sein, in die Tiefen der Geheimnisse und Gesetze des geistigen Lebens einzudringen. Die Wahrheit kennt keine Grenzen und lässt sich niemals durch bestimmte Formen und Zeiten beschränken. Sie ist allumfassend und zeitlos und kann an ihrer Offenbarung nie gehindert werden. Sie offenbart sich auch nicht durch die Religionen allein, sondern durch alle Gebiete des Wissens. Bevor wir uns nun näher mit dem Leiden befassen, drängt sich uns gleich wieder eine Frage auf – und zwar die nach dem Ursprung des Bösen. Wenn wir davon ausgehen, dass wir in einer polaren Welt leben, müssen wir auch alle polaren Eigenschaften bejahen. Positive und negative Energie oder aktive und passive Energie entstanden nach dem Willen des Schöpfers. Könnten wir den Tag erkennen, wenn es die Nacht nicht gäbe? Könnten wir das Männliche erkennen, wenn es das Weibliche nicht gäbe und könnten wir das Böse erkennen, wenn es das Gute nicht gäbe? Mit diesen Fragen nähern wir uns unserem zu bearbeitenden Problem. Der Mensch nimmt im Allgemeinen sein eigenes Leben als Maßstab aller Dinge. Er nennt all das böse oder übel, was sich seinem persönlichen Leben in den Weg stellt, ihn in seiner Behaglichkeit stört oder gegen seinen Willen und seinen Wunsch geschieht. Nun ist aber in der Welt der Erscheinung[9] alles relativ und individuell. Das Erkranken eines tyrannischen Diktators ist z. B. vom Standpunkt eines Günstlings aus betrachtet ein Leid oder Übel, während es für viele andere Menschen eine Hoffnung auf Rettung bedeuten, ja, sogar das Einwirken der göttlichen Gnade sein kann. Wir müssen also zwischen dem Bösen an sich und dem von Menschen

---

9 Der Kosmos setzt sich aus mehreren Daseinsbereichen zusammen, in denen unsere physische Welt nur eine von vielen darstellt. In ihr treten als Resultat der feinstofflichen Ebene die Dinge in Erscheinung und sind der Polarität unterworfen.

erschaffenen Bösen unterscheiden. Was man in der Welt als Böses oder Übel bezeichnet, ist der negative Pol der Schöpfung, der notwendig und nützlich ist, um das Erschaffene sichtbar zu machen. Das vom Menschen hervorgebrachte Böse hat kein ursprüngliches Dasein und verschwindet schließlich. Das Böse oder das Übel ist also eine Notwendigkeit innerhalb der Schöpfung. Es gleicht dem Schatten, der kein selbstständiges Dasein hat. Das Böse muss aber vorhanden sein, um das Gute zu stärken und hervorzuheben. Es fördert das Gute durch seine Hemmungen und Widerstände. Von diesem Standpunkt aus ist das Böse in der Schöpfung und bei Gott überhaupt nicht böse, sondern, wie gesagt, eine Notwendigkeit. In diesem Sinn haben einige Denker, wie z. B. Jakob Böhme, gesagt, dass auch das Böse seinen Ursprung in Gott hat.

Wenn Sie im siebten Kapitel etwas über die Erschaffung des Kosmos lesen, erfahren Sie dort, dass es von Anbeginn der geoffenbarten Welt aktive und passive Kräfte oder Energien gibt. Der Mensch allerdings ist nun aus seiner Sicht heraus versucht, jene Kräfte, die die Seele aus dem Göttlichen immer mehr in die Materie führen, damit sie ihren Erkenntnisweg durch die Materie durchlaufen kann, als böse, dämonisch oder satanisch zu betrachten. Hier ist leider durch uns Menschen selbst einem wichtigen Geschehen eine falsche Bewertung zugeordnet worden. Bei der Entstehung der Materie waren die Kräfte des Saturns[10] am Werk, der die Aufgabe der Zusammenziehung und der Konzentration hat und

---

10 Siehe auch in Kapitel fünf.

eine Kraft und Energieform besitzt, ohne die überhaupt keine Materie hätte entstehen können. Nur durch die saturnale Kraft konnte die Schöpfung in eine sichtbare Form gebracht werden. Aus diesem Wirken des Saturns wurde im Laufe der Jahrtausende allmählich das Wirken des Satans, und dieser Begriff wurde mit einer negativen Wertigkeit belegt. Die eigentliche schöpferische Aufgabe des Saturns wurde völlig vergessen.

Jene Kräfte aber, die der Menschenseele helfen, auf ihrem Weg zur Bewusstwerdung den Weg zurück in das göttliche Sein zu finden, werden als gute und edle Kräfte gepriesen. So entstanden im menschlichen Denken die Dämonen. Das sind jene Kräfte, die die Menschenseele in die Materie führen und verführen, und es entstanden die Engel als jene Gegenkräfte, die wiederum die Aufgabe haben, die Menschenseele zurück, aus der Materie wieder ins göttliche Licht zu führen.

Mit wachsender Einbindung in die Materie vergisst der Mensch oft seinen eigentlichen Ursprung und ebenso, dass Engel oder Dämonen beides Geschöpfe Gottes sind, nur mit verschiedenen Aufgabenbereichen. Beide sind göttliche Energieformen und beide stammen von Gott. Die einen führen die Seele in die Materie hinein. Die Seele geht in einem stofflichen Körper keinen leichten Weg, denn in der Materie herrschen Begrenzung und Starre, aber auch nur in ihr können wir unseren Wünschen, Begierden und Süchten nachgeben, die aus sich heraus zu vielen Verirrungen und Verwirrungen führen können. Erst wenn die menschliche Seele auf ihrem langen Weg durch die Materie bewusst wird –

und je weiter sie auf ihrer Reise fortgeschritten ist, desto mehr erkennt sie, dass ihre wirkliche Resonanz mit einem Daseinsbereich jenseits der Offenbarung liegt –, reduziert sich im Laufe der Zeit die Affinität zu ausschließlich materiellen Bedürfnissen. Der Sinn, der hinter dem ganzen Geschehen liegt, wurde vergessen. Gäbe es die polaren Kräfte nicht, würde der Mensch keinen Entwicklungsschritt machen und könnte nie zu der Erkenntnis gelangen, dass er ein göttliches Wesen in einem menschlichen Körper ist und nicht umgekehrt. Er ist ein menschliches Wesen mit einem göttlichen Funken, und der Entwicklungsschritt ist der bewusste Weg zurück in das göttliche Sein, sonst hätte er kein Gefühl für eine Religio, eine Rückbindung, an Gott.

Sind die Kräfte also böse oder nur saturnal? Wir können Folgendes sagen: Jene Kräfte, die auf den großen Evolutionsprozess wirken, indem sie in die Verstofflichung führen, arbeiten im Sinn des schöpferischen Prinzips und sind göttlichen, d. h. vollkommenen Ursprungs. Ganz anders ist es jedoch bei den Menschen selbst. Die erschaffene Menschenseele beginnt ihren Entwicklungsweg und wünscht sich irgendwann, sich in die Materie einzubinden, um ihren Gefühlen und Begierden nachgehen zu können. Es gibt genügend Wünsche, die sich die Seele in der geistigen feinstofflichen Welt nicht erfüllen kann. Aus diesem Grund ereignete sich auch jener verhängnisvolle oder vorherbestimmte Schritt, der in der Bibel mit »Ausweisung aus dem Paradies« umschrieben wird. Zu diesem Zeitpunkt ist sich die Seele ihrer Göttlichkeit noch vollständig bewusst.

Nun sucht sie sich die Möglichkeit, in die grobstoffliche Welt hineinzuwirken. Sie sucht sich einen materiellen Körper, der allerdings sterblich ist, und so entsteht die sterbliche unbewusste Persönlichkeit, die durch diesen Schritt das Wissen um ihre göttliche Herkunft vergisst. Diese Kombination aus unsterblicher bewusster göttlicher Seele und sterblichem unbewusstem materiellem Körper bezeichnen wir als Mensch.

Jetzt erst beginnt der sogenannte Leidensweg des Menschen! Weil die sterbliche Persönlichkeit ihre Göttlichkeit vergessen hat, kann sie die Welt nur noch durch die saturnalen Kräfte erkennen. Jetzt erst entsteht aus egoistischen Handlungen das, was wir heute als das Böse oder als Leid erfahren, weil es von dieser Warte aus als eine Art Gesetz betrachtet werden kann, das die sogenannten göttlichen Gesetze überschreitet. »Im Schweiße deines Angesichtes sollst du dein Brot essen«, heißt es in der Bibel, und aus Neid und Habgier geschieht bald schon der erste Brudermord. So kam das Böse in die Welt, das aber allein durch den Menschen hervorgebracht wurde, weil dieser sich seiner Zugehörigkeit zu allem, was existiert, nicht mehr bewusst war. Es folgten Ausschweifung, Raub, Mord und Totschlag, Kriege mit ihren Grausamkeiten bis hin zu Völkermord, Verfolgungen und Zerstörungen. Dies alles wurde nicht von Gott geschaffen, sondern es sind Auswirkungen von Ursachen, die wir Menschen durch falsches Handeln selbst geschaffen haben. Die Menschheit erntet das, was sie einst gesät hat, und erlebt so die Auswirkungen der selbst geschaffenen Leiden. Man hätte sich auch anders verhalten können; wenn man die Gesetze Gottes geachtet hätte, wäre wesentlich weniger Leid auf der Erde entstanden. Es gab genug Menschen, die in Harmonie mit sich und der Schöpfung lebten und alternative Wege gingen – in der Bibel symbolisiert von Noah oder Lot.

Bei all dem Leid auf der Erde müssen wir aber trotzdem erkennen, dass diese Rückwirkungen des selbst geschaffenen Leids für den Menschen das beste Mittel zur eigenen Höherentwicklung und Bewusstwerdung wurden. So bietet jedes Leiden die Möglichkeit zu Fortschritt und zu Erkenntnis. Wir sollten uns daher vergegenwärtigen, dass mit jedem Leid, das uns trifft, immer und unbedingt eine Mahnung, Prüfung oder Anregung, eine Züchtigung, Führung, Belehrung oder Aussöhnung verbunden ist. Es herrscht in allem Geschehen ein gerechter Ausgleich, der auf der Liebe und der Weisheit Gottes basiert. Selig sind nun die, die den verborgenen Sinn ihrer Leiden erkennen und ihn freudig erfüllen.

In dem Buch »Die Einweihung im alten Ägypten« von Woldemar von Uxkull heißt es z. B. an einer Stelle:

»Das Oberhaupt des Mysterientempels[11] im alten Ägypten sprach:

›Dem großen mächtigen Herrscher wäre es ein Leichtes, die bösen Mächte zu vernichten, aber Er tat es nicht. Er brauchte sie zur Erziehung seiner Götter, seiner Kinder.

---

11 An diesen Orten wurde den Würdigen, die sich für den Priesterstand entschieden hatten, das Wissen über das, was die Welt zusammenhält, vermittelt, es musste geheim gehalten werden und wurde nur von Mund zu Ohr weitergegeben.

Sie sollen das Böse kennenlernen, um sich definitiv von ihm abzuwenden: Sie sollen im Kampfe mit den bösen Mächten geübt werden und Kräfte erwerben. Zieht die schwarze Sphinx stärker am Wagen, so muss auch die weiße Sphinx ihre Schritte beschleunigen. Alles dient dem großen Plane.«

In allen Hindernissen und Schwierigkeiten, sogar in Niederlagen und Misserfolgen liegen immer die Liebe und die Weisheit, die Hilfe und die Führung Gottes verborgen.

Wie oft im Leben erleben wir Situationen, die traurig oder leidvoll sind, Situationen, in denen wir an einer göttlichen Vorsehung zweifeln, und wir fragen, warum dies alles geschehen kann. Nachdem lange Zeit vergangen ist und die schmerzenden Wunden verheilt sind und wir zurückschauen, stellen wir auf einmal durch unseren neuen Blickwinkel fest, dass das damalige schwere Leid im Endresultat nur Gutes gebracht hat. Wir erkennen auf einmal, dass wir nie die Persönlichkeit geworden wären, die wir heute sind, wenn wir nicht dieses Leid erfahren hätten. Jetzt können wir danken und einverstanden sein mit dem Geschehen, denn jetzt wird ersichtlich: Es war gut, so wie es war. Haben wir diese Wahrheit einmal ganz erfahren und akzeptiert, klagen wir nicht ständig und suchen auch nicht die Schuld an einem Unglück oder an einer Krankheit in äußeren Umständen und machen andere dafür verantwortlich. Wir fragen auch nicht mehr, warum uns das passieren musste, sondern dann lautet für uns die

Aufgabe herauszufinden, was uns das erfahrene Leid sagen oder aufzeigen will. Warum werde ich mit dieser Krankheit oder leidvollen Situation konfrontiert? Wo liegt meine Resonanz und worin besteht mein Lernschritt?

Ich weiß sehr genau, dass dieser Denkvorgang für viele Menschen inakzeptabel ist, und leider ist diesen Menschen auch nicht besonders gut zu helfen. Sie wollen in ihrem Leid verhaftet bleiben und machen alles und jeden dafür verantwortlich. Sie betrachten sich selbst als das arme Opfer widriger Umstände. Der Lernschritt für ihre Seele wird nicht erkannt und muss manchmal durch ein noch tieferes Leid erneut vom Schicksal angeboten werden. Mit dem Fortschreiten der Menschheitsentwicklung wird eine Zeit kommen, in der diese andere Betrachtungsweise des Leidens, wie ich sie hier vorstelle, Allgemeingut werden wird.

Je mehr uns bewusst wird, dass nicht materielles Glück, sondern das Erwachen der Seele der Zweck des Lebens ist, erkennen wir auch, dass nicht bloßes physisches Wachstum, sondern geistiger Fortschritt der Maßstab des Guten und des Wahren ist.

Es ist wichtig, dass wir uns in allen Leiden stets die zwei Gesetze, die das ganze Universum bestimmen, vor Augen halten. Sie bilden den Schlüssel zur Erkenntnis der Ursachen der Leiden und zum wahren Wissen überhaupt.

Diese Gesetze lauten wie folgt:

1. Es geschieht nichts in der Welt ohne eine Ursache. Demnach wird auch jede Äußerung der Seele als Tat, Gefühl, Gedanke oder innere Regung nicht ohne Wirkung und Rückwirkung bleiben.
2. Jedes Ereignis und jeder Zustand hat einen Zweck, der erfüllt werden will, auch wenn diese Zweckmäßigkeit in vielen Fällen dem menschlichen Verstand verborgen bleibt.

Können wir nun die Ursachen der Leiden erkennen, fällt es uns leichter, ihre Wirkungen zu beseitigen, d. h., sie zu ersetzen und damit umzuwandeln, wie z. B. die Wirkung eines Giftes durch die Wirkung eines Gegengiftes aufgehoben werden kann.

Ich will nun versuchen, Ihnen die sieben verschiedenen Ursachen der Leiden näherzubringen und zitiere zu diesem Zweck die Worte des Meisters aus dem Buch »Die Ursachen des Leides« von K. H. Iranschähr:

»Der Meister sprach: ›Siebenfach sind, o heilverlangender Jünger, die verborgenen Ursachen und Zwecke des Leids. Das Leid, das aus diesen verborgenen Ursachen entsteht, ist gleichfalls siebenfach.

1. Das schützende Leid: Sein Zweck ist, den Menschen vor größeren Leiden zu schützen und zu schonen.
2. Das helfende Leid: Sein Zweck ist, den Menschen zu jenem Glück zu führen, das er ohne dieses Leid nicht finden würde.

3. Das tilgende Leid: Sein Zweck ist, den Menschen von seiner früheren Schuld zu befreien und die Seele von der Last der vergangenen Sünden zu erlösen.
4. Das fördernde Leid: Sein Zweck ist, dem Menschen zum Fortschritt und Aufstieg zu verhelfen und ihn in diesem Sinn anzuregen.
5. Das erlösende Leid: Sein Zweck ist, die Seele in einem einzigen Leben von all ihrer Schuld für immer zu befreien.
6. Das welterlösende Leid: Sein Zweck ist, der Erlösung der Menschheit zu dienen, gleich wie das Leiden der großen Führer und Helfer der Menschheit.
7. Das allverbindende Leid: Sein Zweck ist, alle Menschen miteinander zu verbinden und sie zur gegenseitigen Hilfe und Verantwortlichkeit zu erwecken, damit sie erkennen, dass alle als Glieder der Menschheitsfamilie ewig und schicksalsmäßig miteinander verbunden sind.«

Wenn wir nun diese sieben Leidensformen und ihre Ursachen genau betrachten, können wir die Leiden in drei Gruppen unterteilen: in unverschuldetes, selbst geschaffenes und kollektives Leiden. Daraus ersieht man, dass aus den sieben Arten von Leid nur zwei, nämlich das tilgende und das erlösende Leid, auf selbst geschaffener Schuld beruhen.

Ich möchte in den nächsten Abschnitten die einzelnen Ursachen des Leidens noch ausführlicher erklären.

Das schützende Leid

Dieses Leid birgt in sich die große Chance, uns durch ein leichteres Leid vor einem größeren Unglück zu schützen oder uns vor einer nahenden Gefahr zu bewahren. Stellen Sie sich vor, Sie wollen eine Reise antreten, haben alles geplant, einen Fensterplatz im Zugabteil reserviert, und Sie freuen sich nun auf diese Fahrt. Am Tag vor der Abreise bekommen Sie plötzlich hohes Fieber und Schüttelfrost und erkranken an einer schweren Grippe, die Sie ans Bett fesselt. Sie sind natürlich jetzt verärgert, die Reise fällt ins Wasser, und Sie liegen im Bett und hadern mit Ihrem Schicksal, das Ihnen die ganze Freude dieser Reise verdorben hat. Sie sind im Grund auf Gott und die Welt böse oder zumindest sehr ungehalten. Am Abend kommt dann im Radio eine Sondermeldung, dass ein Zug mit einem Güterzug zusammengestoßen ist und die ersten vier Wagen völlig ineinander geschoben wurden. Es gab eine Menge Tote und viele Schwerverletzte. Die Bergungsmannschaften waren mit ihren Schweißgeräten viele Stunden beschäftigt, die Leichen und Verwundeten aus den Trümmern zu bergen. Als das Fahrziel genannt wird, erkennen Sie mit Entsetzen, dass es genau der Zug gewesen ist, mit dem Sie fahren wollten. Ihren Platz hatten Sie im zweiten vorderen Wagen reserviert. Sie sehen auf einmal, dass Sie ohne das Eingreifen des Schicksals vielleicht lebensgefährlich verletzt worden wären. Jetzt sind Sie dem Schicksal auf einmal dankbar, denn das kleinere

Leid einer Grippeerkrankung hat Sie vor einem viel größeren Leid und Unglück bewahrt.

Ein anderes Beispiel: Eine Patientin von mir war seit vielen Jahren als Direktrice in einem großen Modegeschäft tätig. Ihr Chef achtete sie sehr, denn er wusste, dass er sich auf sie verlassen konnte. Eines Tages übergab der Seniorchef sein Geschäft seinem Sohn. Dieser neue Chef kam zunächst mit den Angestellten nicht zurecht. Er behandelte sie ungerecht oder verlangte oft Unmögliches. Ihm fehlte einfach die Erfahrung, mit Menschen richtig umzugehen. Meine Patientin bekam immer mehr den Eindruck, der junge Chef wolle sie durch eine jüngere Frau ersetzen. Sie konnte ihm nichts recht machen, er kritisierte und nörgelte, wo es nur ging. In dieser Situation suchte sie mich völlig am Boden zerstört in meiner Praxis auf. Sie war physisch und vor allem psychisch völlig am Ende. Ich sah, dass sie so nicht weitermachen konnte und wollte sie vorübergehend in den Krankenstand versetzen. Dies lehnte sie aber aus Angst strikt ab, vielleicht dann ihre Stellung zu verlieren. Ich war über ihre Entscheidung sehr besorgt, denn wenn sie so weiterarbeitete, war ein vollständiger Zusammenbruch abzusehen. Nun griff das schützende Leid ein. Auf dem Nachhauseweg stolperte sie und brach sich den Unterschenkel, und ich musste sie sofort ins Krankenhaus einweisen. Zuerst beklagte sie natürlich dieses ungerechte Schicksal, das sie von der Arbeitsstelle abhielt, und sie zerbrach sich den Kopf darüber, was ihr Chef wohl sagen würde! Sie war sechs Wochen krank, und in dieser Zeit besuchte sie ihr Chef mehrmals mit großen Blumensträußen als Geschenke. Er berichtete von dem Geschäft und signalisierte ihr dabei sehr deutlich, wie sehr sie fehle und wie froh alle Mitarbeiter seien, wenn sie ihre Arbeit wieder aufnehmen könne. Der Chef versicherte ihr mehrmals, dass sie seine beste Kraft sei und er sehnsüchtig auf ihr Kommen warte. Er gab auch zu, im Geschäftsleben noch sehr unsicher zu sein, weil sein Vater ihn nie habe selbstständig arbeiten lassen und er deshalb auf eine so gute Kraft wie sie nicht verzichten könne. Jetzt erkannte sie auf einmal, dass der junge Chef lediglich aufgrund seiner Unsicherheit manchmal einen falschen Ton angeschlagen hatte, der sie aber gar nicht persönlich betroffen hatte. Sie war plötzlich wieder der frohe, zufriedene Mensch von früher. Alle depressiven Verstimmungen waren verflogen, und sie ging nach ihrer Genesung gern wieder an ihre alte Arbeitsstelle zurück, an der sie mit Blumen und Freude erwartet wurde. Hier hat das entstandene Leid nur Gutes bewirkt und die Patientin vor einer unbesonnenen Handlung abgehalten, denn sie war nervlich so angeschlagen, dass sie ihre Stelle beinahe gekündigt hätte. In diesem Fall wurde die Frau durch das schützende Leid vor einem schweren Fehler bewahrt.

Ein weiteres Beispiel findet sich in der englischen Geschichte. Der erste Quäker wurde in London zum Tod verurteilt. Als man ihn zum Scheiterhaufen führte, fiel er auf der Straße hin und brach sich ein Bein. Er dankte Gott dafür, denn jetzt wurde er ins Lazarett gebracht. Nach einigen Tagen starb die Königin, die ihn zum Tod verurteilt hatte, und daraufhin wurde er freigelassen. Auch hier hat ein kleineres Leid ein viel größeres verhindert.

Es gibt viele dieser Beispiele, und wir können daran erkennen, dass ohne solch schützendes Leid das Leben vieler Menschen wesentlich schwerer ablaufen würde. So kann es auch möglich sein, dass eine höher entwickelte Menschenseele auf einmal aus Unkenntnis einen falschen Weg einschlägt – sei es beispielsweise mit magischen Praktiken oder durch sonstige negative Machenschaften. In diesem Fall kann es sein, dass eine Seele ganz rasch aus ihrem Körper gezogen wird, indem der physische Körper stirbt. Durch dieses Freimachen der Seele verhindert das Schicksal einen wesentlich größeren Schaden an ihr. In einem neuen Leben hat sie dann sicher die Kraft, solchen Versuchungen zu widerstehen.

In einem anderen Fall wird die Seele möglicherweise in eine Umgebung hineingeboren, in der sie sich nicht entfalten und nicht entwickeln kann. Sie konnte vielleicht das karmische Band, von dem sie in diese Umgebung gezogen worden war, nach kurzer Zeit lösen, hatte in dieser Situation aber keine Möglichkeit, sich geistig weiterzuentwickeln. Auch in einem solchen Fall kann ein früher Tod eintreten, um der Menschenseele rasch eine neue bessere Entwicklungschance zu geben. In beiden Fällen können die Seelen nach kurzer Zeit wieder auf die Erde zurückkehren.

Diese Situation, d. h. der frühzeitige Tod, tritt aber nur dann ein, wenn es keine andere Möglichkeit gibt, die

Seele zu schützen und ihren Aufstieg zu sichern. Wir können mit unserem kurzsichtigen Verstand diese entwicklungsfördernden Entscheidungen nicht überblicken und hadern sofort mit dem Schicksal, wenn ein junger Mensch stirbt, weil wir nicht erkennen können, welch göttliches Walten hinter diesem Geschehen steht.

Das Leid ist immer der Erwecker der seelischen Kräfte, es ist der schützende Engel und die helfende Hand Gottes. Wenn sich der Mensch geistig weiterentwickelt und reifer wird, wird er diese Geheimnisse erfassen und erkennen. Es ist wertvoll, wenn man dies erkennt.

Das helfende Leid

Dieses helfende Leid kann dem Menschen zu Glück und Wohlstand verhelfen, oder es kann der Seele einen mächtigen Anstoß zu ihrer Weiterentwicklung geben. Auch ich habe dieses helfende Leid erfahren, denn wie ich bereits erwähnt habe, bin ich durch den Tod zweier mir lieben Menschen innerhalb von drei Monaten in den Grundfesten meiner Persönlichkeit erschüttert worden, was mich schließlich zu einer neuen Weltanschauung führte. Dieses Leid war damals mein persönlicher Startschuss, mich bewusst auf den Weg zurück zum Urgrund meines Seins zu begeben. Seit dieser Zeit erfuhr ich am eigenen Leib, dass hinter jedem Leiden, wenn man es richtig erkennt, die Chance zu einer neuen Lebenserfahrung steckt. Dieses Gefühl der Gewissheit und der Geborgenheit verließ mich seit dieser Zeit nicht mehr, obwohl mein Leben nicht einfach war.

In einem anderen Beispiel verlor ein 49-jähriger Mann seine Stellung bei einer Bank und war über fünf Jahre lang arbeitslos. Es war sehr schwer, seine Frau und seine drei Söhne, die alle noch in der Ausbildung waren, durchzubringen. Alle Bewerbungen wurden abgelehnt. Durch einen tragischen Unfall verlor er seinen jüngsten Sohn, der zusammen mit einem jungen Ehepaar ums Leben kam. Bei der gemeinsamen Beerdigung dieser drei Menschen lernte er zufällig den Vater der verunglückten jungen Frau kennen, der Bankdirektor war. Weil das gemeinsame Leid die beiden Menschen für kurze Zeit verband, sorgte dieser Bankdirektor dafür, dass der arbeitslose Mann in seiner Bank wieder eine Anstellung bekam. So verbarg das helfende Leid in diesem schweren Verlust doch auch noch einen positiven Aspekt.

Weiterhin müssen wir bedenken, dass eine Krankheit den alleinigen Zweck haben kann, uns z. B. zu einer Ruhephase zu zwingen, die wir uns von selbst nie gegönnt hätten. Einen überarbeiteten Menschen kann z. B. eine Grippe entlasten und dadurch ein viel schwereres Krankheitsgeschehen vermieden werden. Vielleicht wird uns aber auch durch eine Krankheit eine Ruhephase aufgezwungen, damit wir Zeit haben, ein für uns sehr wichtiges Buch zu lesen, das uns zu einer ganz anderen Denkrichtung führt und in uns vielleicht unsere geistige Einstellung und Lebensweise verändert. All diese Dinge geschehen ohne unseren Willen, und erst viele Jahre später erkennen wir oft die Lenkung und Führung, die uns in unserem ganzen Leben noch nie verlassen hatte. Manchmal begreifen wir auch, dass die göttliche Vorsehung gerade durch unser Leid anderen Menschen helfen will.

Das tilgende Leid

Das tilgende Leid können wir nur verstehen, wenn wir primär den Zusammenhang zwischen dem Gesetz von Ursache und Wirkung (Kausalität) und dem der Allgerechtigkeit feststellen. Dieses Gesetz besagt, dass alle Geschehnisse dieser Welt und somit auch das Leben der Menschen durch eine unendliche Kette von Ursachen und Wirkungen miteinander verknüpft sind.

Keine Energie geht verloren, sei es die einer Tat, eines Gedankens oder eines Gefühls, und jede Schwingung erzeugt eine Gegenschwingung oder Resonanz, die oftmals verstärkt auf den Urheber zurückfällt und neue Ursachen und sichtbare Wirkungen erzeugt. Der Sinn des tilgenden Leids ist also die Befreiung der Seele von den Wirkungen ihrer alten Schulden. Dieses tilgende Leid ist immer ein Leid, das auf eine frühere Schuld zurückzuführen ist.

Jede Menschenseele hat in diesem oder einem früheren Erdenleben die Gesetze Gottes übertreten und sie hat sich anderen Menschenseelen gegenüber bewusst oder unbewusst durch Taten, Gedanken oder Gefühle in Schuld verstrickt. Diese Schuld wird durch Leid getilgt, weil der Mensch unfähig ist, frühere Vergehen zu erkennen, um freiwillig durch ausgleichende Taten oder Gedanken die alte Rechnung zu begleichen. Erst die voll erwachte Seele erkennt die Zusammenhänge und ist deshalb einverstanden mit dem Leid, das sie trifft. Sie versucht dann bewusst, alte Verbindlichkeiten und Anbindungen an andere Menschen und an das Schicksal zu lösen, und durch die All-Liebe, die in ihr erwacht ist, bemüht sie sich, keine neue Disharmonie mehr zu erzeugen.

Bei der unerwachten Seele ist das Leid oft das einzige Mittel, sie zur Erfüllung ihrer Pflicht gegenüber dem Kosmos zu bewegen. Für manche Menschen ist dieses Leid das wirksamste Mittel zur Mobilisierung der schlummernden Urkraft ihrer Seele. Für viele andere ist es das einzige Heilmittel zur Erweckung und Erlösung. Kein anderer kann für unsere Schuld eintreten, und kein anderer kann für uns büßen oder uns unser Leid oder Schicksal abnehmen. Nur wir allein können die Last unserer Verstrickung abtragen und unsere Seele davon befreien. Erst dann können wir auf dem Pfad der Erlösung weiterschreiten. Das tilgende Leid erweckt im Menschen das Verantwortungsgefühl, stärkt seinen geistigen Willen und verhilft ihm zur Selbsterkenntnis. Es löst die Fesseln der vergangenen Schuld von der Seele. Frei geworden kann sie dann den Weg zur Höherentwicklung antreten.

Die einsichtige Seele erkennt das Schicksals- oder Karmagesetz an. Sie weiß, dass sie in jedem Augenblick das erntet, was sie einmal gesät hat, und weiß auch bereits, dass sie durch Gedanken und Taten wieder neue Samen des Schicksals sät, deren Früchte sie früher oder später unbedingt ernten wird. So ist jeder seines Glückes Schmied, und sein Schicksal ist sein eigenes Werk. Darum sagt der Weise: »Mein Schicksal bin ich selbst.« Was wir heute frei entscheiden, wird zu einer Bindung an das Morgen! Im Handeln und Denken können wir oftmals flexibel entscheiden, aber im Ernten der Folgen sind wir fest gebunden. Zum besseren Verständnis des Ausgleichs durch das tilgende Leid, möchte ich Ihnen noch eine Geschichte erzählen, die ich in Indien gehört habe:

An einem kühlen Sommerabend kam ein frommer junger Wandermönch durch ein Dorf am Ufer eines Flusses. Er war müde und durstig von der langen Wanderschaft in der sengenden Sonne Südindiens. Da erblickte er am Straßenrand ein Rasthaus und unter der Tür stand die schöne junge Wirtin. »Gott sei mit dir, liebe Frau«, grüßte der Mönch höflich und bat um einen Schluck Wasser und ein Nachtquartier. »Es ist meinem Mann und mir eine Ehre, einen heiligen Mann unter unserem Dach zu beherbergen«, sagte die Wirtin höflich, und sie forderte den Mönch freundlich auf einzutreten. Sie ging rasch in die Küche, um dort ihrem Mann Bescheid zu sagen. Die Frau sorgte sogleich für eine Mahlzeit, und der Mann holte kühlen Wein aus dem Keller. Das Ehepaar freute sich über diesen frommen Gast und hoffte, dass ihnen ihre Gastfreundschaft auch zum Segen sein werde. Der Mönch aß und trank, bedankte sich höflich und segnete das liebenswürdige Ehepaar. Weil er aber sehr müde war, bat er um einen Platz zum Schlafen. Die Frau wies ihm eine kleine, aber saubere Kammer zu, in die sich der Mönch zu seinem Abendgebet und zum Schlafen zurückzog. In der Nacht erwachte er plötzlich von einem Geräusch, fuhr erschreckt in die Höhe und sah im Dunkeln die Wirtin leicht bekleidet vor seinem Bett stehen. »Lieber Mönch«, sprach sie, »gleich als ich dich heute sah, war ich in Liebe zu dir entbrannt. Bitte, ich möchte diese Nacht mit dir verbringen.« Der Mönch war empört. »Was fällt dir ein, mich, einen Mönch, der ein Keuschheitsgelübde abgelegt hat, umso etwas zu bitten, und außerdem bist du einem guten Mann angetraut«, sagte er vorwurfsvoll. Voller Zorn befahl er der Frau sofort seine Kammer zu verlassen. Die Frau ging schmollend, und er hörte bald nebenan einige laute Geräusche. So fing er an zu beten, um sich zu beruhigen und schlief wieder ein.

Gegen Morgen wurde er abermals geweckt, und jetzt stand die Frau völlig nackt vor ihm und bat ihn flehentlich, mit ihr zu schlafen. Erbost erinnerte der Mönch sie abermals an ihre Ehe und an ihren Mann und fragte sie, ob sie sich nicht schäme, ein solches Ansinnen an ihn zu richten. Sie solle sofort wieder diese Kammer verlassen, sonst würde er ihren Ehemann wecken. Die Frau sagte darauf lächelnd: »Ich habe keinen Mann mehr. Ich bin Witwe, denn ich habe vorhin meinen Mann erstochen.« Der Mönch war so entsetzt, dass er sofort das Haus verlassen wollte, und er stieß die Frau angeekelt von sich. Da stellte sich aber die Frau rasch in die Haustür und fing laut an, um Hilfe zu schreien. Als die ersten Nachbarn angerannt kamen, erzählte sie, der Mönch habe sie vergewaltigt und ihren Mann ermordet, weil er sie so sehr begehrte. Der Mönch war über diese Bosheit völlig fassungslos und beteuerte seine Unschuld. Aber die Frau machte ein fürchterliches Geschrei und jammerte so lautstark, dass man den Worten des Mönchs keinen Glauben schenkte. Bald wurde daher ein Gericht einberufen. Jeder von den beiden erzählte seine Geschichte, und da es keine Zeugen gab, stand das eine Wort gegen das andere. Der Richter wusste nicht, wem er glauben sollte, und nach langem Nachdenken kam er zu folgendem Ergebnis:

Wenn die Geschichte des Mönchs der Wahrheit entsprach, wäre die Frau eine Mörderin und hätte den Tod verdient, d. h., sie würde gemeinsam mit ihrem Mann lebendig verbrannt werden. Da er aber ihre Schuld nicht beweisen konnte, sollte sie trotzdem eine Strafe erleiden und so wurde sie aus dem Dorf verbannt. Wenn die Geschichte der Frau der Wahrheit entspräche, dann müsste der Mönch sterben, denn er wäre ja ein Mörder. Da der Richter aber dem Mönch auch keine volle Schuld geben konnte, sollten diesem zur Strafe beide Hände abgehackt werden, damit er nie wieder etwas Unrechtes tun konnte. So geschah es dann auch. Die Frau wurde aus dem Dorf vertrieben, und dem Mönch wurden beide Hände abgehackt.

Lange Zeit war der Mönch krank und beklagte sein Schicksal, denn er konnte das geschehene Unrecht nicht verstehen. Jahre später saß er an einem Fluss und betete und meditierte. Er hatte einen Schüler, der ihm bei seinen täglichen Verrichtungen half und mit dem er oft über die Ungerechtigkeit des Schicksals sprach.

Dann kam ein alter Meister des Weges und sprach zu dem Mönch: »Was sitzt du da und haderst mit deinem Schicksal, weißt du denn nicht, dass dir nichts widerfahren kann, was du nicht selbst ausgelöst hast?« »Doch, ehrwürdiger Meister«, sagte der Mönch, »ich habe von diesem Gesetz des Ausgleichs gehört, aber ich kann einfach keinen Zusammenhang finden, warum mir die Wirtin so großes Unrecht angetan hat.« Da sprach der alte Meister: »Höre zu, ich will dir die Zusammenhänge aufzeigen.« Der Meister setzte sich neben den Mönch an das Flussufer und blickte lange sinnend auf das Wasser, das ruhig und still vorbeifloss. »Mein lieber Sohn«, sagte der Meister, »du bist auch in deinem früheren Leben ein Mönch gewesen und auch damals saßt du an einem Fluss. Du bist schon lange auf der Suche nach dem Weg der Selbsterkenntnis, und oft ist es nötig, dass man ein schweres Leid erfährt, um in seinem Bewusstsein wieder einen großen Entwicklungsschritt zu tun. Höre also! Als du in deinem früheren Leben am Flusse meditiertest, kam plötzlich eine junge Frau das Flussufer entlanggerannt. Ihr Blick war voller Angst und erschöpft bat sie dich, sich kurz ausruhen zu dürfen. Sie hatte Hunger und Durst und müde setzte sie sich nieder. Du teiltest deine wenige Habe mit ihr und während des Essens erzählte sie dir ihre Geschichte.

Ein reicher Mann hatte sie von ihren armen Eltern ab-
gekauft, damit sie in seinem Haus und Garten die tägliche Arbeit verrichtete. Er war ein hartherziger Mann,
und er schlug sie oft, wenn sie die schwere Arbeit aus
Erschöpfung nicht mehr leisten konnte. Nachdem sie
schon einige Jahre in seinem Haus tätig gewesen und
vom Kind zu einer schönen jungen Frau herangewach-
sen war, betrachtete der Mann sie voller Begierde und
zwang sie letztlich, die Nächte mit ihm zu verbringen.
Er gab ihr dadurch zwar mehr Freiheit, aber keine Liebe.
So wartete sie eine günstige Gelegenheit ab, um fliehen
zu können. Sie hatte ihm am Abend zuvor ein berau-
schendes Mittel in den Wein gegeben und anschließend
heimlich das Haus verlassen. Sie wusste genau, dass
sie ihr Leben verwirkt hatte, wenn dieser Mann sie finden würde. Darum bedankte sie sich bei dir, bat um
deinen Segen und flehte dich an, sie nicht zu verraten.
Schnell rannte sie weiter einem kleinen Wäldchen entgegen und war bald deinen Blicken entschwunden.
Nach einiger Zeit kam ein Reiter sehr schnell des Weges.
Es war ein düster aussehender Mann, der seinem Pferd
rücksichtslos die Sporen gab. Bei dir angekommen, zü-
gelte er sein Pferd und sprach dich an: »Ehrwürdiger
Mönch, hast du eine junge Frau gesehen? Ich habe sie
teuer gekauft, und sie sollte mir dienen und mir mein
Leben erleichtern, aber sie ist ein ungehorsames Ding
und muss bestraft werden. Also sage mir, wohin ist sie
gelaufen?«
Nun warst du in einen großen inneren Konflikt. Lügen
wolltest du nicht, denn das wäre gegen deine innere

Überzeugung gewesen. Die junge Frau verraten wolltest du aber auch nicht. Daher hast du nichts gesagt, aber kurz mit deinen beiden Händen flussaufwärts gezeigt. Der Reiter verstand den Hinweis und galoppierte flussaufwärts in das kleine Wäldchen hinein. Er fand bald die junge Frau, fing sie ein und tötete sie in seiner Wut und gekränkten Ehre.

Das war deine Geschichte aus deiner früheren Inkarnation[12]. Durch diese Verknüpfung eurer Schicksale bist du in diesem Leben diesen beiden Menschen erneut begegnet. Die Wirtin, die du getroffen hast, war damals die junge Frau, ihr damaliger Herr war bereits mit ihr verknüpft und ist in diesem Leben ihr Ehemann geworden. Als du nun erneut in das Leben dieser beiden Menschen tratest, wurde euer gemeinsames Karma ausgelöst. Die Frau erstach ihren Mann, wie er es im letzten Leben mit ihr gemacht hatte. Da du aber durch die Bewegung deiner Hände die Frau damals verraten hattest, wurden dir beide Hände genommen. Damit wäre das Schicksal im eigentlichen Sinn ausgeglichen. Nur wenn jetzt wieder einer von euch Hass aufbaut, weil er die Zusammenhänge nicht kennt, gibt es eine erneute Verknüpfung, die dann irgendwann ihren gerechten Ausgleich sucht. Hast du nun den Sinn meiner Worte verstanden, o Jünger?«, fragte der Weise den Mönch. »Ich möchte dir dringend raten, nimm dein Schicksal dankend an. Du kannst dann all die Verknüpfungen und Energien, die mit den Anbindungen an andere Menschen zusammen-

---

12 Wörtlich: Einfleischung, Eingehen einer geistigen Individualität in den fleischlichen Leib bei der Geburt des Kindes.

hängen, lösen. Erkennst du jetzt, dass es immer Anbindungen und Verknüpfungen sind, die in einem anderen,
früheren Leben entstanden sind, und nur durch die Erfahrung des Leids kann die Schuld getilgt werden, die
auf deiner Seele liegt.« Mit diesen Worten verabschie-
dete sich der Weise, wanderte weiter den Fluss entlang
und war bald nicht mehr zu sehen.

Noch lange aber saß der Mönch über die Worte des Meisters sinnend am Ufer. Auf einmal traten Tränen in seine Augen, und er betete in einer tiefen Demut zu Gott.
Er bat um Hilfe und Liebe und darum, dass Gott ihm
seine Sünden vergeben möge, wie auch er jetzt dieser
Wirtin alles vergeben würde. Er sandte ihr seine ganze
Liebe, damit auch sie ihr Schicksal verstehen könnte.
Der Mönch wurde ein großer Weiser und predigte viel
über das Gesetz des Ausgleichs. Er selbst war ständig
bemüht, keine falsche Handlung mehr auszuführen.

Dies war die Geschichte, die ich gehört habe, und jetzt
wollen wir einfach versuchen, ihren Sinn zu begreifen.
Die wichtigste Erkenntnis ist, dass wir unser Schicksal
ohne zu murren annehmen sollten, denn wir wissen
nicht mehr, was wir verursacht haben, damit uns jetzt
dieses oder jenes ereilt oder widerfährt.

Die erwachte Seele sucht sogar nach den Folgen ihrer früheren negativen Taten und Gedanken, um sich
schneller davon zu befreien. Sie nimmt die Schicksals-
folgen ihres falschen Handelns mutig auf sich und wan-
delt sie durch Liebe und neue gute Gedanken und Taten
in ein positives Schicksal um. Der Weise, der selbstlos

denkt und handelt, wird durch keine Taten mehr ans Rad des Leidens gebunden. Wir müssen erkennen, dass wir Gestalter unseres Schicksals sind. Dieses Wissen gibt uns Menschen aber auch eine Selbst- und Eigenverantwortung und führt zu einer geistig-moralischen Lebensweise. Andererseits erweckt dieser Gedanke auch die Kraft zur Überwindung des Leids und hilft, das Leben besser zu meistern.

Das Leben ist weder gut noch böse oder launenhaft. Es ist die Widerspiegelung des menschlichen Denkens, Fühlens und Handelns. Ich muss immer wieder betonen, dass wir es selbst sind, die unser eigenes Schicksal bestimmen. Gott hat nur eines bestimmt, dass der Mensch vollkommen wird. Der Mensch bekommt als Echo nur das zurück, was er selbst hervorgerufen hat.

Die meisten Menschen schieben aber aus Unwissenheit, Eitelkeit oder mangelnder Konfrontationsbereitschaft ihre Schuld auf andere, auf widrige Umstände oder auf die schlechte Umgebung, ja, selbst auf Gott. Dies ist der große Irrtum und die große Selbsttäuschung des Menschen.

Wenn wir beginnen, auf dem Pfade der Weisheit zu wandeln, erleben wir bald, dass auf falsches Denken und Handeln umgehend eine Korrektur erfolgt. Dann haben wir eher die Möglichkeit, gebundene Energien zu erlösen, weil wir die Führung Gottes spüren. Je bewusster wir werden, desto früher, manchmal aber dann auch desto härter, tritt das Gesetz von Ursache und Wirkung in Kraft.

Bei einem Aufenthalt im Shree Gurudev Ashram in Ganeshpuri in Indien, das dem 3000 Jahre alten Saraswati-Orden angehört und das damals unter der Leitung von Swami Muktananda[13] stand, kam ich auf ganz subtile Art und Weise mit diesem rasch wirkenden Schicksalsgesetz in Berührung. Ich hatte fehlerhaft gedacht, bekam aber postwendend die Reaktion darauf.

Das erste Mal als mir dieses auffiel, hatte ich mich innerlich geweigert, zum gemeinsamen Essen zu gehen, das zusammen mit den Mönchen eingenommen wurde. Ich konnte es nicht leiden, klebrige oder schmutzige Finger zu haben. Weil man aber im Kloster auf dem Boden sitzend nur mit der rechten Hand aß, waren meine Finger ständig verschmiert. In mir stieg allmählich Groll auf, und ich wollte mich nicht mehr beschmutzen. Mit diesen schon etwas negativen Gedanken beschloss ich also, nur etwas Obst zu essen. Nur gab es an diesem Tage ausgerechnet Mangos. Versuchen Sie einmal, eine Mango ohne Messer zu essen. Sie haben nur die Möglichkeit hineinzubeißen. Das Ergebnis war fürchterlich, ich war schlimmer beschmutzt und verklebt als je zuvor. Nicht nur meine Hände waren betroffen, sondern auch das halbe Gesicht und zu meinem erneuten Ärger auch noch meine Bluse. Mir wurde allerdings auch sofort klar, was mir das sagen sollte. Hätte ich mich der

---

13 Swami Muktananda Paramahansa wurde am 16. Mai 1908 in der Nähe von Mangalore geboren. Mit 15 Jahren verließ er seine Familie und wurde mit 18 Jahren Pilger. Bei gelehrten Heiligen studierte er die Texte der Vedanta und anderer Schriften. 1947 traf er Bhagawan Nityananda in Ganeshpuri, der von da an sein Guru wurde. Neun Jahre später erreichte er seine Erleuchtung.

Ordnung gefügt, wäre mir die viel unangenehmere Erfahrung erspart geblieben.

Das zweite Mal, dass ich eine sofortige Reaktion auf unangebrachtes Denken zu spüren bekam, war an einem Morgen, an dem ich nicht gewillt war, in den Klosterhof zu gehen, um mich vor Swami Muktananda zu verbeugen und mir seinen Segen zu holen, wie es im Ashram üblich war. Stattdessen lief ich einen Weg entlang, der in den Garten und damit genau in die entgegengesetzte Richtung zum Klosterhof führte. Innerlich mit mir zufrieden, wieder einmal meinen eigenen Willen durchgesetzt zu haben, entfernte ich mich raschen Schrittes vom Haus. Ich strebte einer Wegbiegung zu, um vor den Blicken der anderen Mönche verborgen zu sein.

Dann geschah Folgendes: Ich prallte förmlich mit Swami Muktananda zusammen, der fröhlich aus dem Garten kam. Beschämt verbeugte ich mich tief, er segnete mich lächelnd und strich mir mit den Worten über den Kopf: »Ist alles in Ordnung?« Ja, es war wieder alles in Ordnung, es wurde mir klar, dass ich wieder einmal meinem Ego verfallen war und mich der Ordnung des Klosters hatte entziehen wollen. Von diesem Augenblick an zog ich das Ego mit meinen Schuhen vor dem Tempel aus, ließ es dort stehen und durfte von da an wundervolle Wochen erleben. Erst am Tage meiner Heimreise zog ich mir langsam beides wieder an und verließ Indien reich an Erfahrung und Belehrung.

Das waren jetzt nur kleine Beispiele für fehlgeleitetes Denken, die sofort mit einer für mich belehrenden Reaktion gekoppelt waren. So beobachten wir auch häufig, dass wir beispielsweise nach einem länger anhaltenden Ärger am Arbeitsplatz am nächsten Morgen mit einer völlig verstopften und verschnupften Nase aufwachen. Wir haben buchstäblich die Nase voll. Auch das sind rasche Folgen von falschem Denken. Bauen wir dagegen Hass oder Zweifel auf, fallen die Körperreaktionen wesentlich schlimmer aus.

Meistens wissen wir nicht, wie viel wir dem Gesetz des Schicksals schuldig sind. Daher sollten wir bestrebt sein, die allumfassende, aufopfernde und selbstlose Liebe zu entwickeln, denn diese ist stets von der Wahrheit erleuchtet, und sie entspricht der Christusliebe, die aus diesem Grund in die Welt gesandt wurde.

Wenn das heilige Feuer der weltumfassenden, selbstlosen Liebe in unseren Herzen brennt, kann es alle Schlacken unserer vergangenen Schulden und Sünden verzehren und kann ebenfalls zur Tilgung des Weltleids beitragen.

Das fördernde Leid

Dies ist ein Leid, das den Fortschritt der Geschöpfe fördert und sichert. Es ist die Grundlage der Entwicklung und des Aufstiegs zum höheren Selbst.

Entwicklung bedeutet die Entfaltung der schlummernden Kräfte in uns. In der physischen Welt finden Anziehung und Assimilierung der materiellen Elemente statt und auf der seelisch-geistigen Ebene entfalten sich schlummernde Kräfte, indem sie geistige Energien ansammeln und diese anwenden.

Das Lernen oder die Erfahrungen, die wir machen, sind oft mit Mühe und Schmerz verbunden. Ein Kind kann sich nicht vorstellen, dass ein Ofen heiß ist, denn es kann mit diesem Begriff »heiß« noch gar nichts anfangen. Erst wenn es sich die Fingerchen verbrannt und den Schmerz gefühlt hat, ist ein Erfahrungsschritt getan. Das Wort »heiß« ist dann mit dem Erfahrungswert Schmerz gekoppelt, und es hat sich so ein Bewusstwerdungsprozess ereignet. Dies ist nur ein ganz kleines Beispiel, aber laufen denn nicht alle unsere Lernschritte nach diesem Muster ab?

In Bezug auf geistiges Wachstum, bedeutet dies z. B. das Aufgeben liebgewordener Zustände, also das Loslassen materieller Wünsche und Begierden und der Gefühle und der Gedanken, mit dem Ziel, leer zu werden, damit nur noch das Göttliche in uns einfließen kann. Christus sagte einmal zu seinen Jüngern: »Nur wenn euer Herz ganz leer ist, kann mein Vater darin wohnen«. Dieser Prozess des Loslassens ist allerdings auch mit erheblichen Schmerzen verbunden. Unter diesem Begriff verstehe ich allerdings nicht, etwas zu negieren, sondern sich innerlich so frei zu machen, dass man an nichts mehr hängt und über der Sache stehen kann. Man wird z. B. nicht zum glaubwürdigen Vegetarier, wenn man zwar kein Fleisch mehr isst, einem aber an jeder Wurstbude das Wasser im Munde zusammenläuft. Nein, man ist dann Vegetarier, wenn man jeden Gedanken, jeden Wunsch und jedes Gefühl für den Verzehr von Fleisch losgelassen hat. Haben wir aber erst einmal begonnen, diesen Prozess des Loslassens zu vollziehen, erkennen wir bald, dass dies gar nicht so einfach ist.

Aus meiner eigenen Erfahrung kann ich berichten, mit welchen Schwierigkeiten es verbunden ist, den Prozess, Dinge loszulassen, überhaupt zu beginnen. Zuerst fing es noch ganz harmlos an, denn das Lösen von den materiellen Werten fiel mir sehr leicht. So fing ich an, mir lieb gewordene Gegenstände zu verschenken, und ich fühlte mich auf einmal sehr frei, weil ich begriff, dass mir all diese materiellen Gegenstände nicht wirklich viel bedeuteten. Es gab Zeiten, in denen ich Schmuck und schöne Dinge gesammelt hatte, weil ich mich daran erfreute. All das konnte ich hergeben. Selbstverständlich lebe ich noch in meiner Wohnung und besitze auch noch schöne Dinge, aber ich hänge nicht mehr an ihnen, weil ich heute alles als eine Leihgabe Gottes zu betrachten vermag.

Der nächste Schritt war für mich schon wesentlich schwerer, denn dieses betrifft das Loslassen der Gefühle. Diese Arbeit kostete mich Jahre. Jenen Gleichmut zu entwickeln, wie ihn Buddha gelehrt hat, der bedeutet, mit seinen Gefühlen immer in Harmonie zu sein, ist nicht einfach. Ich glaube, dass ich das auch noch nicht so ganz erreicht habe, aber ich arbeite daran, und es geht immer besser.

Der schwerste Schritt war für mich, mein intellektuell erworbenes Wissen nicht länger als mein Eigentum zu betrachten. Kenntnisse, die ich mir in meinem ganzen

Leben erarbeitet hatte, sollte ich jetzt einfach loslassen. Zuerst entstand in mir das Gefühl des Verlustes, der Trauer und der Verlassenheit. Mir war, als würde mir der Boden unter den Füßen weggezogen. Es gab Tage, an denen ich der Verzweiflung nahe war. Aber dann, als ich den Schritt wirklich vollzogen hatte, spürte ich, dass es gar keinen Verlust gab, sondern dass ich um vieles reicher geworden war. Jetzt erkannte ich auf einmal, dass uns alles, was wir besitzen, von Gott gegeben wurde und wir durch die Erkenntnis, dass uns nichts allein gehört, an allem, was es gibt, teilhaben können. Am deutlichsten spürte ich diese Veränderung in mir selbst, wenn ich mein daraus resultierendes Verhalten beobachtete. Wenn mir früher eine Arbeit sehr gut gelungen war, kam in mir ein Gefühl von Stolz auf. Jetzt war es auf einmal ganz anders, ich empfand plötzlich eine tiefe Dankbarkeit, dass ich diese Arbeit so gut machen konnte. Ich fühlte jetzt eine tiefe Verbundenheit mit der gesamten Schöpfung, die bis heute geblieben ist und meine Kraft vervielfacht. Diese Gewissheit wird uns aber erst zuteil, wenn wir jenen Entwicklungsschritt wirklich und aus ehrlichem Herzen heraus vollzogen haben. Mit der Vorstellung, irgendwann diesen Schritt einmal machen zu müssen, gehen Unsicherheit, Angst und Schmerz einher. Haben wir uns allerdings dazu überwunden, werden wir unendlich frei und um vieles reicher. Jegliche Höherentwicklung und aller Fortschritt sind mit Opfern, Leid und Schmerzen gepaart. Geburt und Leben, Schöpfung und Vollendung sind ohne Mühe und Kampf weder denkbar noch möglich.

Dieses fördernde Leid bildet den Urgrund der Schöpfung und gleichzeitig der Entwicklung, weil alles, was jemals ins Dasein trat, von lichten feinstofflichen Höhen den Weg durch die Manifestationen der polaren Welt und wieder zurück durchlaufen muss. Das fördernde Leid beruht auf keiner selbst geschaffenen Schuld. Es sichert nur das normale Wachstum und die schnellere Entwicklung der Geschöpfe. Wenn jemand den Gipfel eines Berges rascher als üblich erreichen will, dann geht er freiwillig den steileren, kürzeren, aber um vieles mühsameren Weg. So gibt es reifere Seelen, die sich ihrer unsterblichen göttlichen Herkunft bewusst sind und die aus dem inneren Entschluss heraus, nun ihrem geistigen Ziel näherzukommen, freiwillig Entbehrungen und Entsagungen auf sich nehmen.

Auf ganz anderen Ebenen halten sich jene Seelen auf, die stets unzufrieden sind und Leid und Opfer scheuen. Ihre Hauptpräsenz findet in den sterblichen Seelenbereichen statt, die dem persönlichen vergänglichen »Ich« im Menschen angehören. Sie sind sich noch gar nicht bewusst, dass ihre Seele göttlich und unsterblich ist, und so suchen sie das Angenehme im Leben, folgen ihren Wünschen und Begierden und weigern sich, sich aufrütteln zu lassen. Diese Dominanz der sterblichen Persönlichkeit verlangt nach Genuss, Bequemlichkeit und sinnlicher Befriedigung. Sie ist noch nicht gewillt, Anstrengungen, Opfer und Leid auf sich zu nehmen. Sie hat noch keine höheren Ideale, will diesen Zustand auch nicht ändern, und genau aus diesem Verhalten heraus entstehen die ganzen Belastungen des irdischen Lebens.

Wir können den ganzen Menschen mit einen Reiter auf seinem Pferd vergleichen. Das Pferd ist die sterbliche Persönlichkeit, der Reiter ist die unsterbliche göttliche Seele, die das Pferd zügeln und auf den richtigen Weg lenken soll. Solange der Mensch sich seines unsterblichen Inneren noch nicht bewusst ist, kann das Pferd völlig zügellos durch das Leben traben. Es kann machen, was es will, nämlich noch ganz seinen tierischen Neigungen entsprechend leben und den Begierden und Wünschen freien Lauf lassen. Das Pferd weiß allerdings auch nichts über den Weg und das Ziel des Reiters und bockt immer dann, wenn der Weg steinig und beschwerlich wird. Hat der Mensch endlich sein Bewusstsein aus der sterblichen Persönlichkeit in seine unsterbliche göttliche Seele verlegt, führt er das Pferd am festen Zügel, d. h., er hat die Wünsche und Begierden und das negative Handeln und Wollen unter seine Kontrolle gebracht. Erst jetzt kann der Entwicklungsweg des Menschen zu seiner Vervollkommnung und Vollendung bewusst angetreten werden. Nun unterstellt er sein Handeln und seinen Willen dem Willen Gottes und versucht, sein Ziel durch freiwilliges Entsagen, Opfer und Leid schneller zu erreichen. Dabei müssen wir berücksichtigen, dass nicht jedes Leid eine Prüfung darstellt, sondern oft nur das Resultat unrichtigen Verhaltens ist.

Ich möchte an dieser Stelle zum besseren Verständnis des fördernden Leids wieder eine Begebenheit aus meiner Praxis erzählen:

Ein Patient kam lange Zeit mit ständigen Magen- und Rückenbeschwerden zu mir. Ich konnte machen, was ich wollte, seine Beschwerden wurden nicht besser. Darum nahm ich mir vor, die seelischen Hintergründe des Symptoms zu erforschen. Mir selbst war klar, dass er innerlich bestimmt »große Brocken« schlucken musste, die er nicht verdauen konnte und die dann zu ständigen Magenschmerzen führten. Ich bestellte ihn an einem freien Abend zu mir, um ungestört reden zu können. Bei dieser Unterredung stellte sich dann heraus, dass er ständig mit seinem Vorgesetzten im Streit lag und er in den Augen dieses Mannes auch nichts richtig machte. Der Schilderung konnte ich aber auch sehr deutlich die Ablehnung des Patienten gegenüber seinem Chef erkennen, und darum erkundigte ich mich nach dem Verhältnis zu seinem Vater. Der Patient war zwar über diese Frage sehr erstaunt, erzählte mir dann aber die Leidensgeschichte seiner Kindheit und Jugend. Er war unehelich geboren und bekam sehr früh das, was man als »wirklich schlimmen Stiefvater« bezeichnet – einen Alkoholiker, der seine Launen ständig an dem Kind ausließ. Er schlug und malträtierte den Jungen wegen jeder Kleinigkeit, ja, er dachte sich sogar richtige Foltermethoden aus. Es war eine grauenhafte Erzählung. Da ich damals gerade meine Ausbildung in Reinkarnationstherapie machte, bat ich den Patienten, unter Aufsicht meines Lehrers mit ihm eine solche Therapie durchführen zu dürfen. Die Therapie verlief sehr positiv, und wir fanden genug Ursachen, die sein Leiden ausgelöst hatten.

Aber jetzt komme ich auf den Grund zu sprechen, warum ich diese Geschichte erzähle. Diese Menschenseele hegte vor ihrer neuen Inkarnation den ganz tiefen Wunsch, im kommenden Leben so viel wie nur möglich von ihrem vorhandenen Karma abtragen zu dürfen, um ihren Entwicklungsprozess zu beschleunigen. Ich war damals von der Vehemenz der Bitte völlig überrascht.

Nach der Geburt des Patienten wusste seine jetzt neu aufgebaute Persönlichkeit natürlich nichts mehr von dieser Bitte, und er baute daher zu Beginn seines schweren Leidensweges erneut viel Hass auf. Aber dennoch ertrug und überstand er alle schweren Leiden und Schmerzen erstaunlich gut. In diesem Fall hatte sich also das selbst erschaffene Leid mit dem fördernden Leid gekoppelt, um eine schnellere Entwicklung und einen rascheren Fortschritt in seiner Höherentwicklung zu erzielen, die durch große Opfer und schweres Leid erreicht werden kann.

Die Mächte des Lichtes und die Vollstrecker des Schicksals können nur dann helfend eingreifen, wenn der Leidende selbst all seine Kräfte daransetzt, den Zweck seines Leids zu erfüllen und er genügend Kraft hat, diesen schweren Weg zu gehen, wobei diese Kraft paradoxerweise nur durch Leiden errungen wird.

Fassen wir also den Entschluss, uns schon in diesem Leben der vollen Wahrheit anzunähern und die Erlösung unserer Seele zu erringen, indem wir freiwillig und mutig größere Anstrengungen und Opfer auf uns nehmen! Der Wunsch und die Sehnsucht nach Verwirklichung unseres Ideals werden uns die göttliche Kraft verleihen, alles Leid und alle Opfer mit Tapferkeit und Zuversicht zu ertragen, um unser erhabenes Ziel zu erreichen.

Das erlösende Leid

Der Zweck dieses Leids ist es, die Seele endgültig von ihrer Schuld zu befreien und sie zur Erlösung vom Materiellen und zu ihrer geistigen Vollkommenheit zu führen.

Je höher eine Seele entwickelt ist, umso mehr erhält sie Einsicht in ihre früheren Leben und somit in ihre früheren Gedanken, Gefühle und Taten, die das jetzige Leid ausgelöst haben. Die Lehre der Reinkarnation wird dadurch zur Gewissheit, weil sich die Seelen dann an ihre früheren Leben erinnern können. Es gibt viel mehr Menschen, als man gemeinhin glaubt, die dieses Bewusstsein bereits erlangt haben, nur scheuen sie sich, offen darüber zu sprechen.

Ich weiß noch, wie es mir selbst erging, denn ich hatte bereits seit meiner Kindheit Erinnerungen an meine früheren Leben. Wenn ich aber darüber etwas erzählte, wurde ich mitleidig belächelt oder mit den Worten, dass ich verrückt sei, abgefertigt. Ich kannte in meinen Jugendjahren keinen Menschen, mit dem ich über diese Erfahrungen hätte sprechen können, und daher zweifelte ich selbst manchmal an meinem Verstand. Heute gibt es genügend Veröffentlichungen über Menschen, die diese hellsichtigen Fähigkeiten und Erinnerungen haben, und ebenso viele Berichte erscheinen in den Medien. In den nächsten 2000 Jahren wird dieses Wissen sicherlich Gemeingut werden.

Zuerst erinnert man sich vielleicht nur an ein Haus oder eine Stadt, oder man macht eine Reise in ein fremdes

Land und steht plötzlich wie erstarrt da, weil man das Gefühl hat, hier schon einmal gewesen zu sein. Wenn wir anfangen, diese Gedanken zuzulassen, kann es sein, dass in uns immer konkretere Erinnerungen an Situationen aus der Vergangenheit aufsteigen.

Ben Gurion hat einmal gesagt: »Lest im Alten Testament, und ihr werdet erstaunt sein, wie oft euch bestimmte Begebenheiten sehr bekannt vorkommen.«

Wir alle waren als Menschen in alten Völkern inkarniert, die jeweilige Erinnerung muss nur geweckt werden. Die umfassende Entwicklung dieses Bewusstseins wäre der beste Weg zur Völkerverständigung und dem Weltfrieden, denn daraus ginge hervor, dass es für den bewussten Menschen keine fremden Völker geben kann.

Für die erwachten Seelen kann eine Rückführungstherapie sehr nützlich sein, denn im Rahmen dieser Therapie können dann die ins Unterbewusste verdrängten negativen und manchmal auch grausamen Taten ins Bewusstsein gelangen. Der Mensch kann so die Zusammenhänge der früheren Taten mit dem jetzigen Leiden besser verstehen und bearbeiten.

Der noch nicht so weit entwickelten Seele rate ich von einer Rückführungstherapie strikt ab, weil sie noch nicht die Kraft haben wird, das Unrecht, das sie im früheren Leben begangen hat, als zu ihr gehörend anzunehmen. Wir waren in den früheren Leben keine Engel, und wenn wir heute nicht mehr das Bedürfnis haben, jemanden umzubringen, dann nur, weil wir diese Erfahrung bereits gemacht haben. Es ist viel besser und auch richtiger, abzuwarten, bis sich die Erinnerung an frühere Leben von allein einstellt. Dieser Zeitpunkt kommt bei jedem Menschen einmal, und dann hat man auch die innere Reife und die Kraft, die vergangenen Geschehnisse emotionslos anzuschauen. Es gibt aber noch einen Grund, aus dem ich heute von einer Rückführungstherapie abrate.

Dazu möchte ich nur ganz kurz berichten, wie ich die Rückführung erlebt habe. Zuerst einmal wurden wir, eine kleine Gruppe von sechs Teilnehmern, an vier Wochenenden in Vorbereitungsseminaren geschult. Die Hauptaufgabe bestand darin, das katathyme Bilderlebnis zu erlernen, um nicht in irgendwelche Hirngespinste abzurutschen. Die Rückführungstherapie selbst wurde in einem Berghotel in tiefster Einsamkeit durchgeführt. In der Stille der Berge ohne äußere Einflüsse konnte man das Leid und die Schmerzen besser verarbeiten, und wir wurden ständig von unseren Therapeuten überwacht und oft auch aufgefangen. Dieser Prozess dauerte sechzehn Tage, und bei der intensiven Arbeit von täglich zehn bis zwölf Stunden kamen wir alle irgendwann zu tiefen Erkenntnissen. Der Preis war trotzdem sehr hoch, denn wir mussten sehr viel Leid erfahren und starke Schmerzen aushalten. Man braucht sich nur einmal vorzustellen, dass man beispielsweise im Mittelalter lebt und im Rahmen der Inquisition gefoltert wird. Man liegt auf der Streckbank und die Gelenke werden langsam auseinandergezogen, dann werden die Finger und Fußnägel herausgezogen oder man wird noch mit glühenden Eisen gebrandmarkt.

Man macht zwar in einer solchen Therapie die Stunden zu Sekunden, erleidet aber trotzdem heftige körperliche Schmerzen. Dies ist der Grund, warum man es sich sehr gut überlegen muss, ob man diesen Weg beschreiten möchte. Die andere wichtige Frage ist: Welcher Therapeut kann sich heute noch diese lange Zeit zur Therapie nehmen und kann er den Menschen in seiner Seelenqual gut auffangen? Ich erlebte da leider später, in meiner Praxis, erschreckende Dinge. Jener Therapeut, der damals mit mir diese Rückführung durchführte, verstarb leider – ihn hätte ich mit gutem Gewissen empfehlen können. Ich bin mir aber sicher, dass es auch heute sehr gute Rückführungstherapeuten gibt.

Die andere wichtige Frage ist allerdings die, und das wird jeder gute Therapeut bestätigen, ob es überhaupt nötig ist, in die früheren Inkarnationen zurückzugehen, denn die Resonanz, die aus einem früheren Fehlverhalten resultiert, spiegelt sich in unserem jetzigen Leben wider, und es genügt, wenn wir diese Störfelder erkennen und lösen oder durch einen guten Psychotherapeuten behandeln lassen.[14]

Bei einer vorbereiteten reiferen Seele entsteht, wenn sie ihre Vergangenheit kennt, das tiefe Verlangen, ihr geistiges hohes Ziel so rasch wie möglich zu erreichen, und sie bittet die Schicksalskräfte dann um das erlösende Leid.

In diesem Fall brechen die Auswirkungen der alten

---

14 Die Menschheit befindet sich dann in einem Entwicklungsstadium, in dem sie ihre höheren Fähigkeiten, die aus feinstofflichen Ebenen stammen, zunehmend ins Tagbewusstsein integriert.

Schuld viel schneller und heftiger durch. Dies ist auch der Grund, weshalb die meisten Heiligen mehr zu leiden hatten als die Durchschnittsmenschen. Ihre freiwillige Opferbereitschaft und ihr Kampf führten sie schnell zur Vollkommenheit. Ich möchte an dieser Stelle betonen, dass ich nicht vom europäischen Durchschnittsmenschen spreche, sondern von denjenigen, die als besondere Menschen oder Heilige in die Geschichte eingingen. Denken wir nur an den heiligen Franziskus, der durch schwere Krankheit blind und geschwächt und dennoch fähig war, seinem Schöpfer jubelnd den berühmten Sonnengesang und Dankesgebete darzubringen.

Das Beispiel Pater Pios[15], der erst 1968 starb, ist typisch für einen Menschen, der das erlösende Leid erträgt. Er hatte schon im Kindesalter angefangen, freiwillig zu fasten und Buße zu tun. Mit 15 Jahren trat er in den Kapuzinerorden ein und brachte dort trotz sehr schwacher Gesundheit große Opfer. Er betete oft halbe Nächte hindurch, weil er wusste, dass es Größe ohne Opfer nicht gibt und dass alle Stärke aus dem Verzicht heraus erwächst. »Wer mein Jünger sein will, der nehme sein tägliches Kreuz auf sich, sagte der Herr«, aus dem Neuen Testament war die Maxime Pater Pios, und er nahm freiwillig noch mehr auf sich. Sein Leben wurde zu einem ständigen Kreuzweg, und er nahm unsagbare Schmerzen hin, in der Hoffnung, damit stellvertretend für viele Menschen deren Leiden zu mildern.

---

15 Pater Pio wurde am 25. Mai 1887 in Pietralcina in Süditalien geboren und starb am 6. September 1968.

50 Jahre lang trug er die Wundmale Christi an Händen, Füßen und in der Nähe des Herzens – blutende, offene und schmerzende Wunden. Pater Pio sagte zu den großen Qualen, die er täglich erdulden musste: »Das sind Flammen der göttlichen Liebe, ich leide gern.« Er wusste, dass er durch sein Leiden viele Seelen retten konnte. Sein Herzensanliegen waren die Unwissenden, die sich gegen die Gebote Gottes wandten, und er litt sehr viel für deren Bekehrung. Er selbst lebte ständig in einer tiefen Demut. Sein Wesen war schlicht und einfach. Es lohnt sich wirklich, ausführlichere Berichte über sein Leben und Wirken und über all die wundertätigen Dinge, die sich in seiner Nähe abspielten, zu lesen. Der heilige Franziskus war übrigens sein großes Vorbild.

Zu diesem Thema möchte ich noch eine weitere Begebenheit schildern, die ich selbst in Indien erlebt habe: Ein mit mir befreundeter junger Mann, der als Schüler schon ein Jahr im Ashram in Ganeshpuri lebte, bekam am Fußrücken einen schweren eitrigen Abszess. Der Fuß war dick geschwollen, entzündet und eitrig unterlaufen. Die Lymphbahnen waren bereits bis zum Oberschenkel rot, es war der Beginn einer schweren Sepsis oder Blutvergiftung. Der junge Mann hätte dringend hoch dosierte Antibiotika gebraucht, um sein Bein nicht zu verlieren. Denn es hatte sich bereits hohes Fieber eingestellt, und es stand wirklich nicht gut um ihn. Da trat eine junge Inderin auf ihn zu, die bereits seit vielen Jahren als Schülerin bei Swami Muktananda lebte. Sie war schon selbst zur Meisterschaft aufgestiegen und wurde später die Nachfolgerin von Swami

Muktananda. Sie war eine wundervolle, tief religiöse Frau mit einer lichten Ausstrahlung. Nun trat sie mit ihrem nackten Fuß (der absolut nicht sauber war, denn sie lief nur barfuß) mitten auf die schmerzende Wunde und rollte ihren Fuß ein bis zweimal über der entzündeten Wunde ab. Der junge Mann biss vor Schmerzen die Zähne zusammen, sah aber diese schöne Frau trotzdem mit tiefem Vertrauen an. Sie lächelte nur und ohne ein Wort zu sagen, ging sie weiter. Der junge Mann sah ihr verblüfft nach und wusste gar nicht, was ihm geschehen war. Der starke Schmerz war auf einmal nicht mehr da. Am Abend war die Schwellung ganz verschwunden, die Rötung auf ein Minimum zurückgegangen und die Schmerzen ganz verflogen. Auch die geröteten Lymphbahnen, die bis in die Leiste gereicht hatten, waren verschwunden. Am andern Tag konnte selbst ich als Medizinerin nur noch eine vollständige Heilung feststellen.

Die junge Meisterin aber hatte in ihrer großen Liebe die schmerzende Wunde auf sich genommen. Sie hatte am andern Tag eine entzündete Stelle an ihrem Fuß, die ihr Beschwerden beim Gehen bereitete. Aber nach einem weiteren Tag war auch bei ihr alles ausgeheilt, und jegliche Schmerzen waren verschwunden. Sie hatte mit Freuden ein schmerzendes Leiden auf sich genommen, um den jungen Mann von seinem Leiden zu befreien und ihm seinen weiteren Weg als Schüler zu erleichtern. Weil aber nach dem Karmagesetz das Karma auf der physischen Ebene abgetragen werden musste, hat sie sich geopfert und die Erkrankung auf sich genommen. Dies war ein nicht von ihr selbst verschuldetes Leid, sondern ein freiwillig auf sich genommenes, erlösendes Leiden. Sie dankte Gott durch ein opferfreudiges Dienen einem anderen Menschen gegenüber, und sie diente ihm durch ihr Beispiel.

Das welterlösende Leid

Dieses welterlösende Leid bleibt jenen großen Seelen überlassen, die aus dem Rad der Wiedergeburt[16] herausgetreten sind und die ihre geistige Vollkommenheit längst erreicht haben. Diese Seelen erkennen in ihrer Überschau das Leiden der Menschen, und so begeben sie sich freiwillig noch einmal in einen materiellen physischen Körper.

Dieses Leid entspringt der göttlichen Liebe und bezweckt die Erlösung der Menschheit. Es kann auch als Weltenleid bezeichnet werden. Bei diesem welterlösenden Leid bilden also Barmherzigkeit, Opferwilligkeit und Liebe den vorherrschenden Zweck des Leidens. Eine solch hohe Seele[17] ist längst frei von Schuld und Sünde, sie fühlt sich aber mit allen Menschen verbunden und hilft aus ihrer großen göttlichen Liebe heraus. Sie spürt

---

16 Bezeichnung für die zyklische Wiederkunft des Menschen in verschiedenen Körpern zur Höherentwicklung der Seele

17 Einige der großen Erleuchteten als Führer zur Vollendung waren: Krishna, Thot-Hermes, Lao-Tse, Zarathustra, Buddha, Jain Mahavira, Jesus, Paulus, Mohammed, Hui-Neng, Shankaracharya, Milarepa, Franz von Assisi, Dschelal-ed-Din-Rumi, um nur einige zu nennen.

in ihrem Inneren den Herzschlag der leidenden Menschheit. Aus den lichtesten Höhen steigt eine solche Seele hinab in einen physischen Körper, der von ihr beinahe als Kerker empfunden wird, um den in ihren Fesseln der Unwissenheit schmachtenden Geschwisterseelen den Weg ins Licht zu zeigen. Dieses Hinabsteigen aus der Unsterblichkeit wieder hinein in einen sterblichen Körper und in die Gesetze und Beschränkungen der Materie verlangt ein großes freiwilliges Opfer.

In allen Zeiträumen wird immer wieder eine hohe geistige Seele zur Errettung der Menschheit auf die Erde geschickt, um die Menschen auf den Pfad zur Erlösung zu führen. Diese erhabenen Wesenheiten sind die Wegbereiter, die die Schwierigkeiten wegräumen und den suchenden Menschen den Weg zeigen, den sie selbst einst gegangen sind und der sie zum Ufer der Erlösung geführt hat. In ihren Lehren finden wir immer wieder den Hinweis, dass wir alle göttlicher Abstammung sind und dass unser wahres Selbst (die unsterbliche Seele) reiner Geist ist und aus Gott, d. h. dem höchsten Zustand der Einheit, stammt. Wir leben ewig in Gott, wie er ewig durch uns wirkt. Weiterhin lehren sie uns, das Bewusstsein zu erlangen, dass wir Gottes Ebenbild sind. Je mehr wir dieses Wissen in unser Leben integrieren, desto mehr werden wir dadurch zu reinen Gefäßen, durch die die höchsten göttlichen Energien fließen können, und wir werden schließlich selbst das höchste Christusbewusstsein erreichen.

Ich möchte an dieser Stelle den Begriff »Christusbewusstsein« näher erklären: Christus ist keine Person oder Wesenheit, sondern das höchste göttliche Energiepotenzial, wahrscheinlich die höchste und edelste Form von selbstloser Liebe, wahrscheinlich auch die bewussteste Form von Liebe. Aus diesem Grund spricht man auch vom Christusbewusstsein, was bedeutet, »sich des Christus in sich bewusst zusein«.

Ein Beispiel aus der Vergangenheit zu diesem Thema ist uns allen bekannt: die Geschichte des Lebens von Jesus von Nazareth. Er war eine jener großen Seelen, die das Leid der Menschheit auf sich genommen haben, um ihr den Weg zurück zu Gott aufzuzeigen. Jesus war eine hoch entwickelte Seele und wurde als irdischer Mensch auf seine Aufgabe vorbereitet, um im Alter von 30 Jahren das Christusbewusstsein zu erlangen. Jesus von Nazareth verwirklichte in sich diesen Erleuchtungsprozess des Sich-Christus-Bewusst-Werdens und dehnte damit sein Bewusstsein von der materiellen Welt bis in die höchsten göttlichen Ebenen aus. In jeder Menschenseele, egal welchem Lebensraum, Volk oder welcher Religion sie angehörte, konnte jetzt jenes innere Licht entzündet werden, das uns den Weg zurück zu Gott und heraus aus der Materie aufzeigt. Durch dieses universelle erden- und menschheitsumfassende Geschehen wurde Jesus durch seine Auferstehung, vor allen anderen hohen Seelen ausgezeichnet.

Die gesamte Menschheit war in der damaligen Zeit durch ihr immer tieferes Eintauchen in die Materie vom richtigen Weg abgekommen. Sie vergaß ihren göttlichen

Ursprung und konnte den Sinn ihrer Bestimmung nicht mehr erkennen. Es breitete sich eine tiefe geistige Finsternis aus, und so wurde das Erscheinen einer so hohen göttlichen Energie nötig, um über die große erhabene Christusliebe in allen Seelen der gesamten Menschheit einen Funken der allumfassenden göttlichen Liebe zu entzünden und ein Licht in der Finsternis scheinen zu lassen.

Jesus wurde zum Repräsentanten der großen, reinen Christusliebe. Er hat sie gelehrt, gelebt und auf diese Weise jeder Menschenseele den Weg gezeigt. Er hat ein schweres Kreuz auf sich genommen und durch seine Leidensgeschichte viel vom Menschheitskarma abgetragen, d. h., er hat die Gesamtschwingung der Menschheit erhöht. Durch das Opfer und die selbstlose Hingabe einer so vollkommenen Seele wurde die Atmosphäre der gesamten Menschheit gereinigt.

Die Gesetze des Alten Testamentes, wie »Auge um Auge, Zahn um Zahn«, wurden durch das Erscheinen der Christusliebe abgelöst und durch Liebe und göttliche Gnade ersetzt.

Dieses Geschehen ist ein großes mystisches Geheimnis, das nur jene Seelen in ihrer Vollständigkeit und Größe ganz verstehen können, die schon selbst eine hohe Stufe erreicht haben, und doch wird es letztlich der Weg aller Seelen auf dem Weg ihrer Evolution und ihrer Erleuchtung sein.

Fester Glaube, Ausdauer, Opferwilligkeit und Liebe können jede Seele zu diesem Ziel führen. Der Segen und die endgültige Erlösung werden dann jenen zuteil, die nicht nur an ihre eigene Erlösung denken, sondern das Kreuz des Weltenleids freudig auf ihre Schultern nehmen und dazu beitragen wollen, dass die Welt ein Stück lichter wird.

Das allverbindende Leid

Der siebte und tiefste Grund des Leids beruht auf der Erkenntnis, dass alle Menschen durch ein unsichtbares Band schicksalhaft und ewig miteinander verbunden sind.

Die Menschheit bildet eine einzige große Familie, da alle Menschen aus derselben Quelle erschaffen wurden. So besitzt jeder Mensch neben seinem ganz persönlichen Schicksal auch noch ein gemeinsames Schicksal, das an Völker und Rassen gebunden ist. Stellen wir uns einmal zum besseren Verständnis die gesamte Menschheit als einen kosmischen Körper vor. Die verschiedenen Völker entsprechen den Organen, und die einzelnen Menschen entsprechen den einzelnen Zellen. Wie nun ein jedes Organ am Wohle und Leid der anderen Organe teilhat und wie jede Zelle sich der Gesamtheit des ganzen Körpers hingibt, so verhält es sich auch bei den Menschen im kosmischen Organismus der Menschheit.

Wird der Egoismus einer Zelle im menschlichen Körper zu groß und fängt sie an zu expandieren ohne Rücksicht auf die Nebenzellen, so entartet sie zum Krebsgeschwür und schadet nun ohne Rücksicht und Liebe dem gesamten Körper. Wird der Egoismus eines Volkes zu groß, entartet auch dieses Volk zum Krebsgeschwür der ganzen Menschheit.

Nach dem Gesetz der Allverbundenheit hat jeder Mensch, ob Heiliger oder Sünder, die Früchte jener Taten mitzutragen, die durch negative und selbstsüchtige Handlungen und Gedanken der Menschen und Völker früherer Zeiten als Keime gesät wurden. Sicherlich haben wir alle in früheren Inkarnationen bei Kriegen und Völkermorden »tüchtig mitgemischt«, und wir dürfen uns daher nicht einbilden, dass wir heute ungerecht behandelt würden. Aus diesem Grunde tragen wir alle zur ausgleichenden Allgerechtigkeit bei, die in der Weltenordnung herrscht. Wir erkennen in diesem Fall, dass ein großer Teil der menschlichen Leiden nicht ausschließlich die Wirkung persönlicher Schuld ist, sondern das Resultat der Schuld aller.

Daher wäre es so wichtig, dass endlich jeder Mensch begreift und sich verpflichtet fühlt, sich um die Verbesserung der Welt und um die Entwicklung der menschlichen Seelen zu kümmern, denn nur so hilft er der Familie, dem Volke und der Menschheit und letztlich auch sich selbst. Aus diesem Grunde sollte jeder das soziale und kosmische Leid als seine eigene Mitschuld hinnehmen und alles mit derselben Opferbereitschaft ertragen wie sein selbst geschaffenes Leid. Jeder Mensch ist für immer im Schicksal mit allen anderen Seelen verbunden und daher auch mitverantwortlich. Zum Trost muss allerdings gesagt werden, dass uns durch die göttliche Weisheit und Vorsehung nur so viel von diesem allverbindenden Leid zugemutet wird, wie wir benötigen, um unsere Seele zu ihrer Höherentwicklung anzuregen. In der Erkenntnis dieser Wahrheit kann man sich seiner inneren Verbundenheit mit allen Wesen und Welten bewusst werden. Diese Verbindung schließt aber in sich die gegenseitige Mitverantwortung für das Schicksal der Gesamtheit ein. Das Bewusstsein der Allverbundenheit und der Einheit aller Geschöpfe ist das kosmische Bewusstsein, welches ein Hauptziel aller Erkenntnisse sein sollte, weil in ihm schließlich alle Wege enden müssen.

Ziel und Zweck in der geoffenbarten Welt ist die Harmonisierung aller Wesen. Aus diesem Grunde gibt es das Leid überhaupt, denn es ist die kosmische korrektive Instanz, die jegliches Ungleichgewicht ins Lot bringen möchte. Im Leben des Menschen bahnt sich die Korrekturinstanz häufig dort, wo es ihn ausschließlich selbst betrifft, ihren Weg. Sie tut dies, um die Harmonie, die er verlassen hat, wiederherzustellen – sei es in Form körperlicher Symptome oder Krankheiten. Dies ist die massivste Art der Korrektur, vor der niemand mehr die Augen verschließen kann. Diese geistig-seelische Korrektur möchte ich im nächsten Kapitel näher betrachten.

Seelische Konflikte durch Erkrankungen erkennen

Nachdem wir uns jetzt schon mit dem Schicksal und dem Leiden des Menschen beschäftigt haben, möchte ich in diesem Kapitel noch über einige Erkrankungen berichten, an deren Ausbruch man deutlich machen kann, dass die Wurzel jeder Erkrankung im seelisch-geistigen Bereich liegt. Nur dort ist immer der eigentliche Auslöser der Beschwerden zu finden, den wir oft als Schicksalsschlag betrachten. Zuerst möchte ich kurz erklären, warum es mir so wichtig ist, dieses Wissen über die seelischen Ursachen und Hintergründe der Krankheiten weiterzugeben.

Es war 1968, als ich ein Buch von Dr. Taniguchi in die Hände bekam, mit dem Titel: »Die geistige Heilkraft in uns«, ein Buch, das in Amerika in ganz kurzer Zeit zum Bestseller aufgestiegen war. Dieser Arzt und Heiler berichtete über sensationelle Heilerfolge, weil er auf die seelischen Ursachen der Krankheiten seiner Patienten einging und versuchte, sie dort zu harmonisieren. Diese Ideen lösten in mir damals helle Begeisterung aus, denn ich fand eine Parallele zu jenem Gedankengut, das mir aus meinem Medizinstudium über Paracelsus bereits bekannt war. Dieser bezog allerdings noch stärker als Taniguchi den Menschen in das Ganzheitsgeschehen ein. Den zweiten sehr wichtigen Impuls bekam ich Anfang der siebziger Jahre während einer Reise auf die Philippinen von Agpaoa, einem der großen Geistheiler, der selbst ein sehr einfacher Mann war und keinerlei medizinische Ausbildung hatte. Damals berichteten alle Medien über diese seltsame Art der Heilung. Die einen nannten ihn einen Betrüger und Scharlatan, und die anderen waren überzeugt von seinen übernatürlichen Kräften. Sie erzählten Wunderdinge über seine sensationellen Heilerfolge. Aufgrund meiner stets kritischen Denkweise hatte ich mir angewöhnt, mich mit eigenen Augen von der Wahrheit oder Unwahrheit solch widersprüchlicher Berichte zu überzeugen. Es war eine hochinteressante Reise, und ich kann versichern, dass dieser Mann unwahrscheinliche Heilkräfte hatte. Er vollbrachte Dinge, die mir den Atem raubten. Aber von all diesen Erlebnissen möchte ich jetzt nicht berichten, denn es würde den Rahmen dieses Buches sprengen. Vielmehr denke ich an ein Gespräch mit Agpaoa, in dem er Folgendes sagte:

Seine geistigen Operationen, die er bei den Patienten durchführe, hätten nur den einen Zweck, dem Patienten wieder den Mut zum Leben, den Mut zur Heilung zu geben. Durch die Hoffnung, wieder gesund zu werden, trete erst der eigentliche Heilungsprozess ein. Agpaoa sagte immer wieder, nicht er heile den Patienten, sondern er gebe ihm nur den Impuls zur Heilung. Der Kranke komme aus seiner Lebensangst heraus, fasse wieder Mut und sei der Überzeugung, wieder völlig gesund zu werden. Allein aus diesem Grunde führe er spektakuläre Operationen durch, indem er mit der bloßen Hand in den Bauch des Patienten greife, um irgendwelche Gewebeteile herauszunehmen. Er sagte damals wörtlich, wenn die Europäer nicht so ungläubig wären, würde es genügen, wenn er für sie betete.

Ich fand die Erkenntnis dieses einfachen Mannes großartig, denn er sprach genau das aus, was mir damals immer klarer wurde: Erst muss ich in meiner Seele wieder voller Mut und Hoffnung sein, meine Angst überwinden und meinen Glauben sowie meine Überzeugung stärken, und dann den ganz starken Wunsch aufbauen, wieder gesund zu werden. Dann erst kann die Genesung erfolgen. Von meiner Reise zurückgekehrt, war ich voller Tatendrang, und ich versuchte daraufhin, in meiner Praxis meine Patienten nach ihren seelischen Problemen bzw. nach ihren erlittenen seelischen Verletzungen zu befragen. Ich erfuhr zuerst einmal überhaupt nichts. Meine Patienten schauten mich ungläubig an und konnten sich an nichts Auffälliges erinnern. Nach diesen Fehlschlägen begriff ich langsam, dass der kranke Patient, d. h. aber auch, wir Menschen allgemein, uns der Ursachen unserer Erkrankungen nicht bewusst sind. Wir haben seelische Belastungen und Verletzungen in unser Unterbewusstsein verdrängt, und nur das ist der Grund, dass es zum Auftreten eines Körpersymptoms kommt. Der Patient weigert sich unbewusst, diese Ursache oder diese seelische Verletzung bewusst anzuschauen und zu bearbeiten. Wir haben ein solches Vorgehen ja auch nicht gelernt, denn in unserem materialistischen Weltbild gibt es diese Art von Gedanken nicht. Ich begriff also, dass ich einem Patienten nur dann helfen konnte, wenn ich bereits wusste, was ein

Körpersymptom ausdrückt bzw. welcher seelische Hintergrund hinter der Krankheit steht. Ich musste also zuerst einmal die »Organsprache« erlernen. Das waren meine größeren Anfangsschwierigkeiten.

1975 hatte ich dann das Glück, in München Thorwald Detlefsen kennenzulernen, der, von der Psychotherapie kommend, denselben Weg eingeschlagen hatte wie ich, um die seelischen Ursachen der Erkrankungen zu finden. Er war mir ein großer Lehrmeister, und in den kommenden Jahren lernte ich immer mehr, die »Organsprache« zu verstehen, und ich konnte bald bereits am Krankheitssymptom erkennen, welches seelische Problem verdrängt im Hintergrund die Ursache sein musste, die zur Erkrankung im physischen Körper führte.

Nun kam der zweite Faktor, der mir Schwierigkeiten bereitete, hinzu, nämlich die Frage nach der Zeit. Wann war bei einem Erkrankten ein gravierender seelischer Konflikt eingetreten? Auch bei dieser Frage drehte ich mich anfangs im Kreis.

Dann gelangte das Buch von Dr. Hamer mit dem Titel, »Krebs, Krankheit der Seele« in meine Hände. Dr. Hamer hatte selbst ein sehr schweres Schicksal erlitten und war an Krebs erkrankt. Er hatte nun über seine Forschungen festgestellt, dass der Patient nach einer schweren seelischen Verletzung, die seine ganze Persönlichkeit betraf, einen sogenannten Kurzschluss im Gehirn erfährt, der nach acht bis zwölf Monaten zu einer Erkrankung führt. Seine Beobachtungen belegte er durch computertomographische Bilder des Gehirns. Durch die Forschung von Dr. Hamer erhielt ich eine genaue Zeitangabe, durch die ich den Zeitpunkt des seelischen Konflikts im Leben des Patienten ermitteln konnte. Von da an wurde ich endlich fündig. Ich konnte meine Fragen ganz gezielt stellen. Vor allem hatte ich in der Zwischenzeit gelernt, bereits an der Lokalisation der Erkrankung im Körper zu erkennen, welches Problem vorliegen musste. Trotzdem war es immer noch schwer, denn viele Patienten hatten Kränkung und Verletzung so ins Unterbewusstsein verdrängt, dass sie mir keine Antwort geben konnten. In dieser Zeit begann ich, auch die engere Umgebung des Kranken zu befragen, z. B. den Ehemann oder die Kinder, und siehe da, ich fand auf einmal den auslösenden Konflikt. Wann immer es mir in Gesprächen gelang, die entstandene Verbitterung zu lösen und der Patient diesen Konflikt positiv bearbeitete, war eine völlige Heilung möglich, egal bei welcher Erkrankung.

Leider muss ich jedoch sagen, dass häufig die seelischen Verletzungen so stark und die Kränkungen in der Persönlichkeit so tief im Innersten verwurzelt waren, dass der Patient für sich eine Lösung des Problems nicht mehr durchführen konnte. Brachte er allerdings Verständnis für die erlebte Situation sowie für die beteiligten Menschen auf und fand er die Liebe, um zu verzeihen, kam es rasch zu einer Heilung seiner Beschwerden. Mithilfe dieses Weges habe ich auch Heilungen bei Krebserkrankungen erlebt.

Die nächste wichtige Aufgabe für uns alle ist es, den Menschen in seiner Ganzheit zu sehen, d. h., eingebettet in ein kosmisches Geschehen. Wir müssen uns wieder bewusst werden, dass der Mensch ein Teil der Ganzheit, ein Teil der Schöpfung ist. Wir dürfen vor allem als Ärzte und Therapeuten, aber auch als Individuen, nicht nur das Symptom im physischen Körper suchen, sondern wir müssen wieder lernen, dem Menschen seinen geistig-seelischen Hintergrund zuzugestehen. Denn genau dieser ist wesentlich wichtiger als der physisch-stoffliche Körper, den wir zwar sehen, der jedoch nur der Träger für den seelisch-geistigen Körper ist. Alles, was sich im Körper abspielt, sind im Endresultat immer seelisch-geistige Prozesse. Genau hier liegt der Schlüssel zum Verständnis von Krankheit und Heilung.

Mein Wunsch ist es, einfach nur aufzuzeigen, wie man besser sehen und erkennen lernt, welche seelischen Probleme uns Menschen so große Schwierigkeiten in unserem täglichen Lebenskampf bereiten, dass sie als Krankheitssymptome im Körper sichtbar werden. Wie ich es in den vorherigen Kapiteln schon angesprochen habe, bin ich der Ansicht, dass wir in unserem Erdenleben eine Entwicklung hin zu einem höheren Bewusstsein durchzumachen haben.

Das Schicksal gibt uns die Chance, unseren Lebensweg und unsere Lernaufgabe zu erkennen. Doch dies ist nicht immer ganz einfach. Wollen wir nun unsere Lebensaufgaben, die uns gestellt werden, nicht annehmen oder akzeptieren, hilft eine höhere Instanz in uns nach, und wir erfahren das, was wir als Krankheit oder Schicksal bezeichnen. Aber seien wir doch einmal ehrlich, wer will sein Schicksal denn selbst in die Hand nehmen? Wir haben es verlernt, in diesem Sinn selbstständig und eigenverantwortlich zu denken. In der Medizin hat man keine Zeit mehr für ein Gespräch, der Patient kommt bereits mit jener Erwartungshaltung: »Der Doktor soll's machen, dafür ist er ja da.« Keiner spricht mehr davon, dass wir es selbst sind, die das eigene Schicksal schmieden.

Natürlich ist es viel angenehmer, andere für sein Schicksal verantwortlich zu machen, als sich einmal selbst auf die Suche zu begeben und zu fragen: »Wo bin ich aus der göttlichen Harmonie herausgefallen? Wo habe ich meinen Lern- und Entwicklungsschritt nicht erkannt?« Verschließen wir uns diesem Entwicklungsschritt, so treten erste Signale auf. Missachten wir diese ebenfalls, treten in der weiteren Folge Krankheiten auf. Deshalb muss einer Heilung zuerst ein Verstehen vorausgehen, es muss die Ursache gefunden werden. Entscheidet sich dann ein Mensch, seine Krankheit anzunehmen und zu bearbeiten und dadurch wieder eine Weiterentwicklung anzustreben, kann der Weg zur Heilung beschritten werden. Wir müssen uns darüber im Klaren sein, dass eine Heilung nie durch einen Arzt, Heilpraktiker oder sonstigen Therapeuten geschehen kann, sondern sie wird ganz allein von der erkrankten Persönlichkeit selbst vollzogen. Wir können zwar durch therapeutische Maßnahmen eine Heilung begünstigen, d. h., die Kräfte, die für einen solchen Vorgang gebraucht werden, zur Verfügung stellen, der Heilvorgang selbst hängt jedoch von der erkrankten Person und ihrer Bereitschaft zur Weiterentwicklung ab.

Der Kranke muss lernen, sich von einem Zustand oder

alten Denkmuster zu trennen, und dies ist oft sehr schwer, weil sich gerade diese alten Denkmuster schützend vor neue Lebensschritte und damit verbundene Herausforderungen stellen. Man weiß in seinem Unterbewusstsein ganz genau, dass man sich wieder erneut bemühen und sich immer wieder mit neuem Mut in das Lebensspiel einlassen muss, um weitere Erkenntnisse und Erfahrungen zu machen, die man unbedingt benötigt, damit in der geistigen Entwicklung weitergeschritten werden kann. Zusammenfassend kann man also sagen, dass die Krankheit für die geistige Entwicklung des Menschen bedeutsam ist und er dankbar sein kann, wenn er erfährt, was ihm die Krankheit mitteilen will.

Krankheit ist also kein blinder Schicksalsschlag und hat auch nichts mit Zufall zu tun, sondern sie hat einen tieferen Sinn. Wenn eine Krankheit wirklich verstanden und mit ihr ehrlich umgegangen wird, birgt sie eine enorme Chance in sich. Viele Menschen, die ein sogenanntes unheilbares Leiden hatten, erfuhren durch den Umgang mit der Krankheit eine vollkommene positive Lebensveränderung. So wird immer wieder berichtet, dass gerade diese Menschen Erfahrungen machten, die ihnen sonst verwehrt geblieben wären. Dadurch haben sie sich selbst geheilt. Um also Krankheit verstehen zu können, ist es wichtig, die verschiedenen Bewusstseinsebenen des Menschen aufzuschlüsseln. Aus diesem Grund möchte ich an Paracelsus erinnern. Denn dieser berühmte Arzt hat bereits vor 500 Jahren den menschlichen Körper in sieben Körperbereiche oder Feinstoffkörper eingeteilt. Er wusste genau, dass die

Krankheitsursachen nicht im körperlichen Bereich zu finden sind, sondern dass sich dort auf der materiellen Ebene die Krankheit nur als sichtbares Zeichen einer seelisch-geistigen Störung abspielt.

Seine Einteilung war folgende:

1. Wir besitzen den stofflichen, messbaren, physischen Körper, in dem die Krankheitssymptome sichtbar werden. Dieser Körper verleiht uns die Fähigkeit der Auseinandersetzung mit unserer Umwelt, und er ermöglicht uns den Kontakt zu den Mitbewohnern auf unserer Erde.

2. Der Archäus oder Ätherkörper stellt die Verbindung zwischen Kosmos und Erde her. Die Aufgabe des Ätherkörpers ist es, als Energielieferant zu dienen, um die Stoffwechselvorgänge in jeder Zelle aufrechtzuerhalten. Weiterhin steigert er unsere Abwehrkräfte und schützt uns vor Umwelteinflüssen. Er versorgt uns mit kosmischer Energie.

3. Den nächsten Körper nannte Paracelsus die Tierseele. Wir kennen ihn auch unter dem Begriff »Astralkörper« oder »Wunsch- und Begierdenkörper«. In diesem Feinstoffkörper befindet sich der Sitz des Unterbewusstseins. Dieser Astralkörper wird uns in diesem Kapitel am meisten beschäftigen, denn hierin liegen die häufigsten Ursachen, die zu einer Erkrankung führen. In diesem Fall ist unser Seelenkörper in Disharmonie gefallen, und unser Seelenleben ist dadurch gestört. Wer kann von sich noch sagen, dass er ständig in seiner Mitte weilt und Harmonie verbreitet? Wer kann noch sagen, dass

in seiner Seele Gleichmut herrscht, wie Buddha es einst seinen Schülern vorgelebt hat? Wer kann noch sagen: »Herr, dein Wille geschehe«? Wer fühlt sich noch eins mit dem Unendlichen? Wir haben die Religio, die Rückbindung, verloren und dem Chaos Platz gemacht. Dies spiegelt sich in der Zunahme der Erkrankungen und der Hilflosigkeit der Menschen wider.

4. Weiterhin spricht Paracelsus von der Vernunftseele. Diese entspricht der Mentalebene oder dem Oberbewusstsein. Hier befindet sich der Intellekt oder das konkrete Denken. Durch falsches Denken in diesem Bereich entstehen auf der korporalen Ebene Erkrankungen des Geistes wie Schizophrenie, Neurosen und andere Nervenerkrankungen.

Für die Aufgabe der Therapeuten sind vor allem diese vier Körper interessant. Sie gehören alle der sterblichen Persönlichkeit an, und ich beschränke mich in diesem Kapitel auch nur auf diese. Zur Vollständigkeit sei hier noch bemerkt, dass Paracelsus außerdem von drei weiteren im unsterblichen Bereich liegenden Körpern oder Bewusstseinsebenen sprach. Die ausführliche Beschreibung aller sieben Körper erfolgt im nächsten Kapitel. Nun möchte ich auf einige Erkrankungen eingehen, und ich will dabei versuchen, die Hintergründe und Ursachen, die verdrängt im unbewussten seelischen Bereich liegen, deutlich zu machen.

Wie ich schon erwähnt habe, muss man, um dem Patienten helfen zu können, zuerst die »Organsprache«

verstehen und ihre Aussagen erfassen können. Unter »Organsprache« verstehen wir den Ausdruck verschiedener vegetativer Reaktionen auf unterschiedliche Gefühlsregungen; wie jedem bekannt ist, signalisiert z. B. das Erröten eine Reaktion auf eine innere Verlegenheit. So hat jeder emotionale Zustand sein eigenes physiologisches Syndrom. G. Benedetti schreibt in seinem Buch »Der psychisch Leidende und seine Welt« Folgendes:

»Jeder starke Affekt, jede große Gemütsbewegung weist eine bestimmte organische Repräsentanz auf. Affekte sind leib-seelische Funktionsgestalten, die Ausdruckswert haben!«

Alle unbewältigten Konflikte, verdrängten Situationen und Ängste, Versagenserlebnisse, Minderwertigkeits- und Schuldvorstellungen in den unterschiedlichsten Lebensbereichen mit ihren Affekten und Gefühlen führen über das vegetative System zwangsläufig zu »Affektkrankheiten«.

Je nach Konstitution und Disposition werden bestimmte Organe funktionell gestört, wird sich ihrer bedient, um sich zu »beklagen«, um sich auszudrücken und um symbolisch sprechen zu können. Der Volksmund hat in vielen Redewendungen diese Zusammenhänge treffend aufgezeigt und die symbolische Aussage in einen einfachen »Klartext« übersetzt:

»Die Angst sitzt ihm im Nacken« oder »Er trägt seine Last auf seinen Schultern« oder »Er zerbricht sich den Kopf« usw. Jeder Mensch versteht, was damit gemeint ist. Wenn wir nur selbst mehr darauf hören würden, könnten wir durch Änderung unserer Denk- und Verhaltensweise manches aufgetretene Schmerzsymptom rascher beseitigen.

Wir erkennen schon an diesen Beispielen, dass wir über die sogenannten »geflügelten Worte«, die im Volksmund gängig und üblich sind, einen schnellen Zugang zur »Organsprache« finden können.

Jetzt wollen wir uns einmal verschiedene Erkrankungen aus dieser Sicht ansehen.

Kopfschmerz – Migräne

Im Volksmund hören wir folgende Worte:

»Er hat den Kopf voll.« oder *»Er zerbricht sich den Kopf.«*

»Er versucht zu angestrengt, nach oben zu kommen.« (Ehrgeiz)

»Er ist dickköpfig und will mit dem Kopf durch die Wand.«

»Er versucht durch das Denken das Handeln zu ersetzen.«

»Eine Angelegenheit bereitet ihm Kopfzerbrechen.«

Die Persönlichkeitsstruktur des Migränekranken ist geprägt durch Ehrgeiz, Perfektion, innerliche Unzufriedenheit, Unduldsamkeit und Angst vor Misserfolg. Daher möchte der Migränepatient durch Leistungen hervortreten und hat aber dabei ständig die Befürchtung, den gestellten Anforderungen nicht gewachsen zu sein. Hinter der Motivation zur Leistung liegt der starke Wunsch, Anerkennung und Zuneigung zu erlangen.

Der Migränepatient leidet sein Leben lang unter der

Angst zu versagen, keinen Erfolg zu haben oder kritisiert zu werden. So zieht er sich durch einen Anfall selbst aus dem Verkehr, denn wer solch starke Kopfschmerzen hat, von dem weiß man, dass er in diesem Zustand beim besten Willen keine Leistung mehr erbringen kann.

Diese Patienten haben sich eine falsche Lebenseinstellung antrainiert, und so kommt es zu einer Kettenreaktion von Angst, Flucht und Verspannung.

Schnupfen und Grippe

Im Volksmund heißt es jetzt:
»Er ist verschnupft« oder »Er hat die Nase voll«.

Grippe ist ein akut entzündlicher Prozess. Sie ist also Ausdruck einer Konfliktbearbeitung. Irgendwo im Leben entstand eine sogenannte Krisensituation. Man hat die Nase voll oder man ist über etwas verschnupft.

Man ist im Alltag überlastet, man ist voller Spannung und hat jetzt nur noch den einen Wunsch: Man möchte sich zurückziehen, weil man im Augenblick von der Situation überfordert ist. Im Moment ist man nicht bereit, sich die Herausforderung dieser »kleinen« Alltagssituation und die daraus resultierenden Fluchtwünsche bewusst einzugestehen. Daher kommt es zur Somatisierung. Der Körper lebt nun das »Verschnupftsein« aus. Über diesen unbewussten Weg hat man jetzt sein Ziel erreicht, sogar mit dem Vorteil, dass jedermann großes Verständnis für diese Situation aufbringt. Genauso oft ist festzustellen, dass uns eine Grippe nach einer Zeit, in der wir sehr beansprucht wurden, den nötigen Freiraum schenkt.

Wir können uns von der belastenden Situation zurückziehen und versuchen, uns wieder mehr uns selbst zuzuwenden. Nun steht es uns frei, unsere Empfindlichkeit auf der körperlichen Ebene voll auszuleben. Niemand darf uns zu nahe kommen, und mit der Drohung »Komm mir nicht zu nahe, ich bin erkältet« hält man sich erfolgreich alle Leute vom Leib. Diese Abwehrhaltung kann man durch Niesen noch eindrucksvoll unterstützen, damit wird das Ausatmen zu einer recht aggressiven Abwehrwaffe umfunktioniert.

Otitis, Ohrenschmerzen

Zuerst wieder einige Redewendungen:
»Ein offenes Ohr haben«, »jemandem sein Ohr leihen«, »ihm Gehör schenken«, »auf jemanden hören«, gehorchen, Gehorsam.

Das zentrale Thema ist: Hereinlassen, Lauschen und Gehorsam. Gehorsam und Demut liegen hier sehr nahe beisammen. Wir fragen ein Kind, das nicht gehorchen will: »Kannst du nicht hören?« Wer schlecht hören kann, will nicht gehorchen. Solche Menschen überhören einfach, was sie nicht hören wollen. Taubheit entsteht nur dort, wo der Mensch für seine innere Stimme längst taub geworden ist. Sie ist ein Zeichen dafür, dass wir erneut lernen müssen, auf unsere innere Stimme zu hören. Wir können uns schon fragen: Warum bin ich nicht bereit, jemandem mein Ohr zu leihen? Oder, wem will ich nicht gehorchen? Oder, höre ich nicht mehr auf meine innere Stimme? Sind die beiden Pole Egozentrik und Demut bei mir noch im Gleichgewicht?

Angina, Halsschmerzen

Der Volksmund sagt hier:
»Die Angst schnürt ihm die Kehle zu.«

Hier handelt es sich um die Angst und die Abwehr gegenüber Umweltsituationen. Die Tonsillen schwellen an, sodass man nicht mehr alles schlucken kann. Nun stellt sich die Frage: Was kann und will ich nicht mehr schlucken? Oft kann man jetzt auch Zorn und Aggression nicht mehr aussprechen, weil die Stimme versagt. Man zieht sich wieder in sich zurück. Enge ist auch immer ein Zeichen von Angst. Kinder haben oft Angina, und dies ist häufig Ausdruck der Angst vor der Schule oder vor einer Klassenarbeit, für die sie nicht genügend gelernt haben.

Husten

Der Volksmund meint:
»Dem huste ich eins!«

Es gibt Situationen, in denen uns die Luft wegbleibt. In diesem Fall gibt es eine zurückgehaltene aggressive Handlung.

Die Atmung ist das Mittel der Kommunikation. Ich atme ein, und ich atme aus, d. h., ich atme dieselbe Luft wie alle Menschen. Ich kommuniziere durch die Atmung mit allen. Es ist ein ewiges Nehmen und Geben. Bleibt mir aber die Luft weg, oder gibt es Situationen, in denen ich keine Luft mehr bekomme oder nicht mehr frei atmen kann, dann weist dies auf das Thema »Freiheit und Einengung« hin.

Wenn jemand schwer Luft bekommt, zeigt sich darin häufig die Angst, den ersten Schritt in die Freiheit und Selbstständigkeit zu tun. Die Freiheit wirkt dann atemberaubend, d. h., die Situation ist ungewohnt und daher Angst auslösend. Das Gegenteil erleben wir, wenn wir uns von einer Beengung befreit haben und wieder tief Luft holen können. Wir können wieder tief durchatmen, oder wir atmen auf. Auch der sogenannte Lufthunger, der uns besonders in beengender Umgebung überfällt, ist ein Hunger nach Freiheit und Freiraum.

Asthma

Der Volksmund sagt:
»Ihm bleibt die Luft weg« oder »Was verschlägt ihm den Atem?«
»Er konnte sie nicht mehr riechen.«
»Er hat Angst, einen Schritt in eine neue Freiheit zu tun.«

Die Persönlichkeitsstruktur des Asthmatikers wird bestimmt von hohen moralischen Ansprüchen, und er hat Sehnsucht nach Kontakt, die er aber nicht ausleben kann. Oft liegt eine starke, überbetonte Mutterbindung vor, die zu Abhängigkeit, Unsicherheit und Aggressionsstau führt. E. W. Strauss sieht in der Atmung drei Aspekte: 1. Teilhaben und Austausch, 2. Macht und Ohnmacht, 3. Anziehung und Abstoßung.
Beim Asthma steigert sich das Nehmen ins Extreme. Man nimmt bis zur Grenze und ist dann randvoll – wenn es aber dann darum geht, wieder herzugeben, kommt es zum Atemkrampf.
Hier ist die Polarität von Nehmen und Geben stark gestört. Weiterhin ist die asthmatische Atemstörung Ausdruck des verdrängten Protestes gegen die Welt. So stellt der Asthmatiker oft sehr hohe moralische Ansprüche an sich und seine Umwelt, und wenn sie diesen nicht gerecht wird, gerät er in Opposition gegen diese Umwelt, ohne aber seiner Aggression Ausdruck verleihen zu können. Es bleibt ihm einfach die Luft weg, weil der Asthmatiker nie gelernt hat, seine Aggressionen auf sprachliche Weise zu artikulieren. Er möchte sich Luft

machen, er hat das Gefühl, fast zu zerplatzen, doch jede Möglichkeit, seine Aggression im Schreien, Sprechen oder Toben auszudrücken, bleibt in der Lunge stecken. Häufig treten auch Asthmaanfälle in Situationen auf, in denen der Asthmakranke dem gerade Erlebten und den beteiligten Menschen gegenüber innere Ohnmacht empfindet. Es verschlägt ihm buchstäblich den Atem darüber, dass er so etwas erleben musste und dass es so etwas überhaupt geben darf.

Im Wunsch nach Klarheit spiegelt sich der Idealismus des Asthmatikers wider, er liebt das Reine, Saubere, Sterile und meidet das Dunkle, Tiefe, Irdische. Er sehnt sich nach reiner Luft in den Bergen. Hier fühlt er sich in seinem Dominanzanspruch wohl, denn er steht auf der Spitze und schaut hinab auf das dunkle Geschehen im Tal. Er meidet das Pulsierende, Lebendige und sucht die kristalline, lichte Einsamkeit der Berge. Er hat Angst vor der Lebendigkeit. Er sehnt sich zwar nach Liebe, aber es fällt ihm schwer, Liebe zu geben. Er müsste lernen, sich seine Einsamkeit einzugestehen und seine Lage zu beweinen. Tränen könnten die Blockade, die auf der Seele lastet, lösen. Toleranz und Liebe sind bei allen Erkrankungen der schnellste Weg zur Heilung. Beim Asthmatiker aber sind sie besonders dringend notwendig.

Magen

Hören wir wieder auf den Volksmund:
»Etwas ist ihm im Magen liegengeblieben.«
»Er reagiert sauer.«
»Er konnte etwas nicht verdauen.«
»Er hat im Leben viel schlucken müssen.«
»Es ist ihm etwas auf den Magen geschlagen.«

An diesen einfachen Sätzen ersehen wir, dass Magenbeschwerden oft »unverdaute« Konflikte signalisieren. Da der Magen primär die Aufgabe des Aufnehmens hat, nimmt er all die Eindrücke, die von außen kommen, auf – und zwar alles, was es zu verdauen gibt.

Aufnehmen zu können, erfordert Offenheit, Passivität und Bereitschaft im Sinn der Hingabefähigkeit. Auf der psychischen Ebene sind das die Gefühle. Verdrängt ein Mensch die Fähigkeit des Fühlens aus seinem Bewusstsein, so sinkt diese Funktion in den Körper, und der Magen muss nun neben den physischen Nahrungseindrücken auch die psychischen Gefühle aufnehmen und verdauen. In einem solchen Fall geht nicht nur die Liebe durch den Magen, da schlägt etwas auf den Magen, oder man frisst etwas in sich hinein, was einem dann später sauer aufstößt, besonders wenn man ständigen Ärger immer wieder hinunterschluckt.

Es gibt ein passendes Sprichwort, das die Situation sehr deutlich umschreibt: »Ich habe dich in meinem Herzen getragen, jetzt bist du verrutscht und liegst mir im Magen.«

Der Magenkranke rebelliert, denn er will nicht alles »schlucken« müssen, nicht alles »verdauen« müssen, was ihm das Leben oder die Mitmenschen vorsetzen. Wer ständige Demütigungen und Zurücksetzungen in seinem Berufs- oder Privatleben »schlucken« muss, wird dies eines Tages nicht mehr »verdauen« können. Der »arme Schlucker« wird magenkrank. Was kränkt, macht krank.

Professor Schwidder, Präsident der Deutschen Gesellschaft für Psychotherapie, formuliert dies so: »Dem verdrängten Hunger nach Lebensgenuss steht die Angst gegenüber, gefressen zu werden. Der Gesunde zögert nicht, sich seinen Teil vom Leben zu holen. Anders der Magenkranke. Er resigniert schließlich und findet sich mit dem Hungerzustand ab. Ihm fehlt meist die Fähigkeit, Forderungen zu stellen und Entscheidungen durchzusetzen.«

Meistens zeigt ein Magenkranker auch seine Aggressionen nicht, weil er von vorneherein schon alles in sich hineinfrisst. Auf diesem Gebiet hat er die größten Schwierigkeiten, denn ihm fehlt die Fähigkeit, mit seinen Aggressionen bewusst umzugehen und somit Konflikte und Probleme eigenverantwortlich zu lösen.

Der Magenkranke ist äußerlich bescheiden. Er hat aber unbewusst in Wirklichkeit viele ungestillte Wünsche, und dadurch entstehen ständige Aggressionen gegen die Umwelt, die ihm diese Wünsche nicht erfüllt. Stark ausgeprägt ist auch der Wunsch nach beschützender Liebe.

Galle

Lassen wir den Volksmund wieder sprechen:
»Er spuckt Gift und Galle.«
»Ihm läuft die Galle über.«

Der von der Leber angelieferte Gallensaft hat aggressiv-zerlegenden Charakter, der sich in den Gallensäuren spiegelt und der Verdauung der Fette dient. Symbolisch handelt es sich bei diesem Vorgang um die Zähmung des Üppigen und Überflüssigen. Des Üppigen im Leben, nach dem Motto »aber bitte mit Sahne«, hilft die Galle, Herr zu werden. Wenn jemand Gift und Galle spuckt, so wissen wir, dass hier ein Mensch voller Aggressionen ist, denen er freien Lauf lässt.

Auch wenn jemandem die »Galle überläuft«, sollte man diesen Menschen weiträumig umgehen.

Hat jemand Gallensteine, so sind dies verhärtete und versteinerte Gedanken, z. B. ein Groll, den man ständig hegt und den man nicht loslassen kann oder eine ärgerliche Situation, die sich immer wiederholt und gegen die man sich nicht richtig wehren kann. Beispielsweise wenn man einen Chef hat, der stets am Freitagabend kurz vor dem Feierabend noch die Erledigung dringender Arbeiten verlangt. Man hegt innerlich einen Groll, aber man wagt nicht, etwas zu sagen. Langsam löst diese Situation aber Verbitterung aus, und die Gedanken verhärten sich mit der Zeit zu Gallensteinen.

Leber

Der Volksmund sagt:

»Es ist ihm etwas über die Leber gelaufen.«

Die Leber macht uns ihre Betrachtung nicht gerade leicht, weil sie ein Organ mit enorm vielen Funktionen ist. Ist sie doch eines der größten Organe im Körper und das Zentralorgan des intermediären Stoffwechsels. Bildlich ausgedrückt ist sie das »Chemielabor des Menschen«. Sie hat die Funktionen der Energiespeicherung, der Energieproduktion, des Eiweißstoffwechsels und der Entgiftung.

Die Fähigkeit zur Entgiftung, um gleich bei der letzten Funktion zu bleiben, setzt die Fähigkeit der Unterscheidung und Wertung voraus. Denn wer nicht unterscheiden kann zwischen giftig und nicht giftig, der kann auch nicht entgiften. Störungen und Erkrankungen der Leber zeigen Probleme der Wertung und Bewertung auf. Sie weisen auf eine Fehleinschätzung hin, zeigen, was nützlich oder schädlich ist, was Nahrung oder Gift ist. Solange die Bewertung, was zuträglich ist und wie viel man verarbeiten und verdauen kann, funktioniert, kommt es niemals zu einem »Zuviel«. Die Leber erkrankt aber immer an einem »Zuviel«, egal ob es sich dabei um Fett, Essen, Alkohol oder Drogen handelt.

Eine kranke Leber zeigt an, dass der Mensch zu viel von etwas aufnimmt und dass dies seine Verarbeitungskapazität übersteigt. Sie zeigt Maßlosigkeit, überzogene oder fehlgeleitete Expansionswünsche, aber auch zu hohe Ideale. Der Leberkranke wird auf strenge Diät gesetzt, oder er kann vieles nicht mehr vertragen und lernt durch die Krankheit, was Einschränkung, Ruhe und Entbehrung bedeuten.

Pankreas

Der Volksmund sagt:
»Ihm fehlt die Süße des Lebens.«
»Er wird schnell sauer.«

Die Bauchspeicheldrüse ist die zweitgrößte Verdauungsdrüse, deren Verdauungssäfte einen eindeutig aggressiven Charakter haben. Sie zerlegen Eiweiß, Fette und Kohlenhydrate in ihre kleinsten Bausteine, damit sie in den Schlingen des Jejunums (Dünndarm) die Schleimhautschwelle zur Nährstoffaufnahme überschreiten können.
Probleme mit dem Pankreas weisen in erster Linie auf Probleme mit der Analyse hin. Energisches Analysieren ist hier das zentrale Thema. Wie die Leber erkrankt die Bauchspeicheldrüse gern am Zuviel – zu viel Essen, zu viel Alkohol oder Drogen. Völlegefühl statt Erfüllung ist dann das Problem. Formen des Exzesses stehen psychologisch nicht selten im Dienste der Konfliktvermeidung bzw. der Vermeidung von Auseinandersetzung und Analyse.
Wer sich ins Essen flüchtet, versucht häufig, der spie-

ßigen, unfreundlichen Welt zu entkommen. Die im geistig-seelischen Bereich vermiedene Aggressivität und Analysierfähigkeit wird hier im Körper symbolisch sichtbar und schmerzlich fühlbar. Jemand, der seine Situation zu wenig analysiert, selbst wenn er gefordert wird, traut sich nicht, über sich und seine Umwelt nachzudenken. Diese Situation wird im Körper im Rückstau der aggressiven Pankreassäfte deutlich. Er flieht lieber in Alkohol und Fressorgien. Anstatt sein Gehirn zu reizen, reizt er seinen Bauch zur vermehrten Analyse und Auseinandersetzung. Diese Art der Auseinandersetzung mit der Welt, die Schonung des Bewusstseins bei Überforderung des Bauches, führt auf die Dauer zum Ruin der Gesundheit.

Bei Diabetes mellitus, finden wir eine Unterproduktion in den Inselzellen[18].

Das Wort Diabetes bedeutet hindurchgehen, hindurchwerfen. Man nannte diese Erkrankung auch Zuckerharnruhr oder Zuckerdurchfall. Weil Zucker immer mit Liebe zu tun hat, kann man sagen, dass die Liebe durch den Kranken hindurchfällt.

Das Problem ist also der nicht eingestandene Wunsch nach Liebeserfüllung, gepaart mit der Unfähigkeit, Liebe annehmen und sie ganz hereinnehmen zu können. Diabetes führt zur Übersäuerung bis hin zum Koma. So belehrt uns der Körper sehr deutlich: Wer nicht liebt, wird sauer, oder wer nicht genießen kann, wird selbst ungenießbar.

---

18 Zellen im Pankreas, die die Funktion haben, Insulin für den Zuckerstoffwechsel zu bilden

Dünndarm

Der Volksmund sagt:
»Er macht sich vor Angst in die Hose.«
»Er hat eine Wut im Bauch.«
»Schiss vor etwas haben.«

Der Dünndarm zerkleinert und analysiert die stofflichen Nahrungsangebote. Beschwerden weisen darauf hin, dass man zu viel analysiert und zu sehr ins Detail geht. Dünndarmkranke neigen oft zu einem Übermaß an Kritik, sie haben an allem etwas auszusetzen.
Durchfall ist ein Hinweis auf eine Angstproblematik. Wenn man Angst hat, nimmt man sich nicht mehr die Zeit, sich mit den Eindrücken analytisch auseinanderzusetzen. Man lässt alle Eindrücke unverdaut hindurchfallen. Der Durchfallkranke fühlt sich entscheidenden Bereichen des Lebens nicht gewachsen. Er sieht sich wie in der Schule als »durchgefallen« an und fühlt sich vom Leben überfordert. Durchfall, ob chronisch oder akut, zeigt uns, dass wir Lebensangst haben. Er teilt uns mit, dass wir lernen sollen, etwas geschehen zu lassen und unser Schicksal anzunehmen.

Dickdarm

Der Volksmund sagt:
»Er kann nicht aus sich heraus.«
»Er ist verstopft.«
»Er ist dicht.«

Der Dickdarm entspricht dem Unbewussten. Verstopfung weist auf die Angst hin, unbewusste Situationen ans Tageslicht kommen zu lassen. Es ist der Versuch, unbewusste verdrängte seelische Inhalte bei sich zu behalten. Tiefe Verletzungen, die im Laufe des Lebens geschehen sind, z. B. Trauer, Enttäuschungen und Kränkungen, werden gestaut, und man schafft es nicht, wieder von diesen Eindrücken Abstand zu nehmen. Der verstopfte Patient kann sie buchstäblich nicht hinter sich lassen. Verstopfung zeigt also die Schwierigkeit des Hergebens und des Loslassens. Der Dickdarmkranke sollte nicht alles zu stark festhalten wollen, sondern er müsste lernen, die Vergangenheit mit Freuden loszulassen, denn dadurch wird er wieder frei und leicht.

Der Volksmund sagt:
»Das Herz fällt ihm in die Hose.«
»Es blutet ihm das Herz.«
»Man nimmt sich etwas zu Herzen.«
»Er ist herzlos.«

Dieser Krankheitsbereich hat in den letzten Jahren deutlich zugenommen, und in der Statistik stehen die Todesfälle durch Herzerkrankungen mit 48 % an erster Stelle. Wenn wir also solche Statistiken lesen, sollten wir uns doch die ganz einfache Frage stellen: Was ist mit unseren Herzen los?

Haben wir kein Herz mehr für die Dinge des Lebens, für unsere Mitmenschen, für die Tiere und Pflanzen, mit denen wir unsere Erde teilen? Ist das Herz aus dem Takt, aus der Harmonie gefallen? Ist es verhärtet oder durch Kalk und Ablagerungen versteinert? Können wir noch sagen, unser Herz zerspringt vor Freude, oder zieht es sich zusammen aus Trauer und Leid? Fällt es uns vor Schreck in die Hose, oder schlägt es aus Angst his zum Halse? Nehmen wir uns etwas zu Herzen oder liegt uns etwas auf dem Herzen?

Schon an diesen vielen Ausdrücken erkennen wir, dass über das Herz ein zentrales Problem angesprochen wird. Es fällt uns auf, dass all diese Redewendungen, in denen das Herz vorkommt, mit emotionalen Situationen in Verbindung stehen. Jedes Mal, wenn der Mensch in seinem Innersten angesprochen wird, wenn er aus seiner Mitte heraus agiert, ist das Herz mit im Spiel. Wir können also feststellen, dass in all diesen Formulierungen das Herz Symbol für ein Zentrum im Menschen ist, das weder vom Willen noch vom Intellekt gesteuert werden kann. Das Herz ist aber nicht irgendein Zentrum, sondern es ist das Zentrum des Körpers. Es liegt fast in der Mitte, nur ein wenig nach links zur Gefühlsseite hin verschoben. Das Gefühl und ganz besonders die Liebe sind eng mit dem Herzen verbunden. So kennen wir den weitherzigen Menschen, der seinen Mitmenschen gegenüber aufgeschlossen ist. Ihm gegenüber steht der Engherzige, der sein Herz verschließt, der nicht auf sein Herz hört, keine herzlichen Gefühle kennt und eher kaltherzig ist. Er würde nie sein Herz verschenken, sondern passt im Gegenteil darauf auf, dass er sein Herz nicht verliert.

Betrachten wir den ganzen Menschen, dann müssen wir von zwei Zentren sprechen, von einem oberen und einem unteren. Wir sprechen von Kopf und Herz, von Verstand und Gefühl. Von einem gesunden Menschen erwarten wir, dass beide Zentren in Harmonie funktionieren. Aber wie sieht es in der Wirklichkeit aus? Der reine Verstandesmensch wirkt einseitig und kalt. Der reine Gefühlsmensch wirkt überschwänglich, verwaschen und unklar. Erst wenn beide Funktionen sich gegenseitig ergänzen und bereichern, wirkt ein Mensch auf uns harmonisch und gesund. In den alten Schriften und Weisungen der Mystiker finden wir sogar eine sehr wichtige Forderung, denn dort heißt es: »Nur dann können wir höchstes Bewusstsein erlangen, wenn wir die Lichter umstellen.« Nun fragen wir uns, was ist mit einer so seltsamen Formulierung gemeint?

In der Erklärung bedeutet das, dass der Mensch die beiden Himmelslichter, die Sonne, die für den Geist steht, und den Mond, der für die Seele steht, so umstellt, dass er mit dem Herzen denkt und mit dem Verstand fühlt. Nach den alten Schriften wäre dieser Vorgang einer der wichtigsten in unserem Leben.

Wenn wir nun den Versuch machen wollen, die seelischen Hintergründe der Herzerkrankungen zu erkennen, sollten wir zuerst einmal die Symbolik betrachten. Auf den alten Abbildungen der Mystiker und Alchimisten sehen wir häufig, dass dem Herzen, als dem zentralsten Organ unseres Körpers, die Sonne als Symbol zugeordnet wurde, die ja ebenfalls das zentrale Organ in unserem Sonnensystems darstellt, weil sie es belebt, d. h., das Sonnenprinzip nimmt unumstritten den ersten Platz in jeder Hierarchie ein. Die alten Astronomen, die gleichzeitig immer auch Astrologen waren, setzten daher das Sonnenprinzip in der Analogie für Geist, Autorität, für Vater oder den Mann als Oberhaupt in der Familie und für leitende Persönlichkeiten ein. Außerdem steh es für Lebenswillen, Machtstreben, Entschlussfähigkeit, Aktivität, und natürlich, davon gehen wir ja aus, steht das Sonnenprinzip, auf der somatischen Ebene auch für das Herz und das Kreislaufsystem.

Wenn wir nun die Herzerkrankungen genauer betrachten, stellen wir bald fest, dass die Erkrankungen aus einem unbewussten Fehlverhalten gegenüber den eben angesprochenen Prinzipien heraus entstehen. An all diesen Formulierungen, in denen das Herz angesprochen wird, sehen wir, dass es immer Emotionen sind, die es aus seinem gewohnten maßvollen Takt bringen, egal ob der Schreck das Herz zum Rasen oder zum Stillstand bringt oder die Freude und die Liebe das Herz höher schlagen lassen.

Kreislaufschwäche, Hypotonie

Der Volksmund sagt:
»Er kommt nicht in die Gänge.«

Der Hypotoniker kämpft oft ein Leben lang jeden Morgen erneut mit dem anbrechenden Tag, weil er Mühe hat wachzuwerden. Erst gegen Abend geht es dem Hypotoniker besser, wenn der Tag zur Neige geht und die Aufgaben des Alltags glücklich überstanden sind, die im Grunde für seine große Lebensaufgabe stehen. Es geht also darum, sich dem Leben zu stellen. Der Betreffende macht sich nicht klar, dass es immer noch um die Entscheidung geht, ob er den Lebenskampf aufnehmen will oder nicht. Alle Begleitsymptome illustrieren diesen unbewussten Kampf und die nicht eingestandene Angst davor. Der Schwindel, der mit einer Kreislaufschwäche einhergeht, zeigt, dass man sich etwas vormacht und mehr oder minder schwindelt, wenn man sich nicht stellt. Mit sich selbst aufrichtig zu sein, ist hier ganz wichtig.

Hoher Blutdruck, Hypertonie

Der Volksmund sagt:
»Es schwellen ihm die Adern an.«
»Das Blut steigt ihm zu Kopf.«

In diesem Fall steht das ganze Leben unter Druck. Die Möglichkeit des Körpers, den Blutdruck je nach Bedarf erhöhen zu können, ist eine wichtige Lebensvoraussetzung. In Situationen extremer Leistungsanforderungen steigt er normalerweise auf hohe Werte. Wenn eine Gefahr droht, sind nicht nur die Nerven aufs Äußerste gespannt sondern auch die Gefäße, und der Blutdruck steigt in dem Maße, in dem der Mensch unter Druck gerät. Ist die Gefahr durch Flucht oder durch Angriff überwunden, fällt mit dem äußeren Druck auch der innere wieder auf einen normalen Wert. Das ausgeschüttete Stresshormon Adrenalin ist verbraucht und der Organismus schaltet von der sympathikotonen (bewussten) auf die vagotone (unbewusste) Entspannung. Geschieht dieses Zurückschalten nicht, wird signalisiert, dass die Gefahr noch nicht überstanden und der Konflikt noch ungelöst ist. In dieser Situation lebt der Hypertoniker ständig. Seine sympathikotone Dauerspannung zeigt an, dass er ständig vor dem Kampf oder in der Nähe eines Konfliktes steht, ohne ihn wirklich anzugehen oder gar zu lösen. Während der Hypotoniker gar nicht erst bereit ist, etwas zu tun und sich sofort verkriecht, steht der Hochdruckpatient permanent neben der schrillenden Alarmglocke, ohne sie abzustellen. Das Problem lösen beide auf diese Art nicht.

Herzinsuffizienz

Der Volksmund sagt:

»Es drückt mir das Herz ab.«

»Mir ist das Herz so schwer.«

Ist das Herz nicht mehr in der Lage, das venöse Blutangebot vollständig in die Arterien zu befördern, kommt es zum Rückstau, und medizinisch ausgedrückt liegt eine Herzinsuffizienz vor. Ganz einfach ausgedrückt: Das Herz schafft seine Arbeit nicht mehr. Meist entwickelt sich diese Situation langsam und wird erst bei stärkerer Belastung erkennbar. Der seelische Hintergrund des Patienten mit dieser Krankheit ist meistens von mangelnder Zuwendung und Liebe geprägt, und so gibt der Mensch, obwohl er noch im Leben steht, auf, und sein Herz wird krank. Wenn das physische Herz aufgibt, zeigt sich das Scheitern des Menschen an unbewältigten Herzensthemen. Der Betroffene bewältigt seine Aufgaben nicht mehr und kapituliert, allerdings ohne es sich einzugestehen. Erst das physische Herz schafft hier Ehrlichkeit und demonstriert, dass sich alles um die Mitte dreht. So verkörpert das Herz selbst seine eigentliche Aufgabe, es erweitert sich und dehnt sich als Ganzes aus. Was aber auf der körperlichen Ebene lebensgefährlich ist, bietet auf der erlösten seelischen Ebene die einzige Chance. Ausweitung bedeutet im übertragenen Sinn, über sich hinauswachsen und offener für den breiten Strom der Lebensenergie zu werden. Durch Offenheit, Weite, Liebe und Grenzenlosigkeit im seelischen Bereich kann das kranke Herz wieder in seine angemessene normale Grenze zurückfinden. Das Herzversagen ist allerdings der Punkt, an dem körperliche Grenzen erreicht sind und auf ihre seelische Erlösung warten.

Niere

Der Volksmund sagt:
»Das geht mir an die Nieren.«

Die Niere repräsentiert symbolisch den Partnerschaftsbereich. Nierenschmerzen und Erkrankungen dieses Organs treten immer dann auf, wenn man in Partnerkonflikten steckt. Partnerschaft meint hier nicht Sexualität, sondern ganz grundsätzlich die Art und Weise, dem Mitmenschen zu begegnen. Unsere Aufgabe ist es, uns unserer verdrängten unbewussten Seite bewusst zu werden. Das können wir aber nur über den Umweg der Projektion. Wir müssen das, was uns fehlt, über den Umweg Außen suchen und finden, obwohl es in Wirklichkeit immer in uns ist. Der Mann kann seinen weiblichen Seelenanteil nur über die Projektion auf eine konkrete Frau erkennen. Das Gleiche gilt umgekehrt für die Frau.
Begegne ich nun einem Menschen, der einen Bereich lebt, der bei mir selbst zwar vorhanden ist, aber im Unterbewusstsein liegt, fühle ich eine Affinität und

ich verliebe mich in ihn. Das letzte Wort »ihn« kann man sowohl auf den anderen Menschen als auch auf den eigenen Schattenanteil[19] beziehen, denn beides ist dasselbe. Das, was wir an einem anderen Menschen lieben oder hassen, liegt letztlich immer in uns selbst. Die Begegnung mit dem Partner ist die Begegnung mit unserem eigenen unbewussten Seelenaspekt. Wenn dieser Mechanismus der Spiegelung eigener Schattenbereiche im Anderen ganz klar ist, betrachten wir alle Partnerprobleme im neuen Licht.

Alle Schwierigkeiten, die wir mit unserem Partner haben, sind Schwierigkeiten, die wir mit uns selbst haben. Im Idealfall soll eine Partnerschaft aus zwei Menschen bestehen, die beide in sich ganz geworden oder wenigstens heiler geworden sind, weil sie unbewusste Seelenanteile in sich durchlichtet haben und so dem eigenen Bewusstsein einverleiben konnten. Die größte Gefahr in einer Partnerschaft ist allerdings immer der Glaube, problematische und störende Verhaltensweisen wären allein das Problem des anderen und hätten mit einem selbst nichts zu tun. In diesem Fall bleibt man in der Projektion stecken und erkennt nicht die Notwendigkeit, die vom Partner reflektierten eigenen Schattenbereiche zu be- und verarbeiten, um durch diese Bewusstwerdung zu reifen und zu wachsen.

Somatisiert sich dieser Irrtum, so lassen die Nieren lebenswichtige Stoffe wie Eiweiße und Salze die Filtersysteme passieren und verlieren damit für die Eigenentwicklung wesentliche Bestandteile an die Außenwelt.

---

19 ungelebte oder verdrängte Persönlichkeitsanteile in uns selbst

Dies geschieht z. B. bei der Nierenentzündung. Sie zeigen damit die gleiche Unfähigkeit wie die Psyche, wichtige Stoffe als eigene zu erkennen. Diese erkennt wichtige Probleme nicht als eigene und schreibt sie deshalb anderen zu. So wie sich der Mensch in seinem Partner erkennen muss, so brauchen auch die Nieren die Fähigkeit, die von außen kommenden »fremden« Stoffe für die eigene Auseinandersetzung und Entwicklung als wichtige Stoffe zu erkennen.

Die Wirbelsäule

Der Volksmund sagt:
»Er lässt den Kopf hängen.«
»Die Sorgen haben ihn gebeugt.«
»Ihm sitzt die Angst im Nacken.«

Die Wirbelsäule ist als besonders symbolträchtiges Projektionsfeld anzusehen. Als Ausdrucksorgan für innere Spannungen bedient sie sich einer deutlichen »Organsprache«. Bereits die menschliche Haltung lässt auf vieles schließen. Die aufrechte stolze Haltung drückt Selbstbewusstsein aus, eventuell führt dies hin bis zur »Halsstarrigkeit«. Die gebeugte Körperhaltung zeigt dagegen lange erduldeten Kummer und sorgenvolle Schicksalssituationen. Ständige Angstzustände, auch Unterdrückung und Demütigungen führen zu einer verspannten Nackenmuskulatur. Darin hat auch der Satz:

»Die Angst sitzt ihm im Nacken« seinen Ursprung. Mangelndes Selbstbewusstsein und Mutlosigkeit drücken sich oft in Kreuzschmerzen und Ischialgien aus. Daher muss gerade bei den Patienten, die an einem Wirbelsäulensyndrom leiden, ganz besonders nach den seelischen Ursachen geforscht werden. Verdrängte Aggressionen, Wut, Flucht- und Ausweichreaktionen sind verantwortlich für die auftretenden Muskelverspannungen im Rücken. Häufig trifft es Menschen, deren entsprechende Lebensumstände und Schicksalssituationen mit deutlichen sozialen Abhängigkeiten verknüpft sind.

Untersuchungen haben ergeben, dass mehr Frauen an Wirbelsäulenbeschwerden leiden als Männer. Sie sollte daher besonders ihre Körpersprache beobachten, die ihre Frustrationen, Enttäuschungen, Abwehr- und Fluchtreaktionen zum Ausdruck bringen können. Über die Erkrankungen der Gelenke, z. B. der rheumatischen Arthritis, haben zwei amerikanische Forscher, Booth und Halliday, am Chicagoer Institut für Psychoanalyse systematische Untersuchungen an von Arthritis erkrankten Frauen durchgeführt. Mit großer Regelmäßigkeit beobachteten sie dabei eine starke Neigung zu körperlichen Aktivitäten, z. B. zu Freiluftbeschäftigungen und zu Leistungs- oder Kampfsport. Diese Vorliebe war besonders hervorstechend im prä- und postpubertalen Alter, in dem die weiblichen Patienten ein ausgesprochen jungenhaftes Benehmen an den Tag legten. Als Erwachsene bewiesen sie starke Beherrschung in Bezug auf jeden emotionalen Ausdruck. Die beiden Forscher haben die auslösenden Ursachen auf einige wenige signifikante psychodynamische Faktoren reduziert. Diese treten in drei Konstellationen in Erscheinung.

1. Die Krankheit setzt oft ein, wenn die unbewusste rebellische und gereizte Haltung gegen den Ehemann durch negative Lebensumstände verstärkt wird. Z. B., wenn eine Patientin von ihrem Mann verlassen wird, bei dem sie Sicherheit empfunden hat oder wenn ein bisher nachgiebiger Mann selbstbewusster wird oder wenn ein Mann, auf den die Kranke sehr viel gesetzt hat, sie enttäuscht hat.

2. Die Krankheit kann auch von Ereignissen ausgelöst werden, die geeignet sind, Feindseligkeit und Schuldgefühl, die vorher latent vorhanden waren, zu verstärken. Z. B., wenn die Patientin in eine Situation gedrängt wird, in der sie selbst Hilfe annehmen muss, was ihr Angst bereitet, weil sie sich keine Schwäche eingestehen kann. Das Anwachsen von Schuldgefühlen dem Helfenden gegenüber steigert die selbst auferlegten Hemmungen der Kranken und aktiviert eine Feindseligkeit, die sie nicht zum Ausdruck bringen kann, weil sie diese nun nicht mehr mit Dienstleistungen für andere kombinieren kann. Die Kombination von Dienen und Herrschen, die in einer maskierten Weise als Ausdrucksmöglichkeit gedient hatte, ist zerbrochen.

3. In einigen wenigen Fällen kam die Krankheit auch durch sexuelle Erlebnisse zum Ausdruck. Nämlich in dem Moment, in dem die Patientin zum Anneh-

men der weiblichen Rolle, gegen die sie mit einem verstärkten maskulinem Protest reagiert hatte, gezwungen wurde.

Krebs

Ich möchte jetzt noch ein sehr komplexes Krankheitsgeschehen beschreiben – Krebs. Dieser bedroht wie keine andere Erkrankung immer die Existenz des ganzen Menschen. Wie tief der Krebs unser Unterbewusstsein anrührt und wie tief es unseren seelischen Bereich trifft, erspüren wir in der aufkommenden Angst, die unser ganzes Sein erfasst, wenn wir uns mit dem Thema Krebs auseinandersetzen. Wir fragen uns, was es ist, das diese tiefgreifende Angst auslöst. Die Ursache davon liegt sicherlich in der Tatsache begründet, dass bereits mit der ersten entstandenen Krebszelle, egal in welchem Organ sie sich bildet, die Folge und die Tendenz zur Ausbreitung und damit zur Zerstörung des ganzen Menschen vorprogrammiert ist.
Schauen wir uns zuerst einmal das Krebsgeschwür auf der Stufe der Zelle an. Krebszellen unterscheiden sich von gesunden Zellverbänden durch ihr ungeordnetes chaotisches Wachstum. Wir finden an der einzelnen Krebszelle einen im Verhältnis viel zu großen Kern. Dieser Kern enthält alle Informationen für ihren komplizierten Betrieb. Er steuert Stoffwechsel, Wachstum und Teilung. Somit ist der überdimensionale Kern für

die enorme Teilungsaktivität der Zelle verantwortlich. Der Zelle geht es nicht mehr um ihre Aufgaben im Zellverband, sondern ihr geht es nur noch um die Vervielfältigung ihrer selbst. Dieser Kern wächst bei der chaotischen Zellteilung im wahrsten Sinn des Wortes über sich hinaus, und liefert so eine Bauvorlage für seine Nachkommen. Sogar Regenerationsprozesse bleiben zugunsten unablässiger Produktion neuer Zellgenerationen auf der Strecke. In ihrem rücksichtslosen Fortpflanzungswahn vernachlässigen die Zellen vieles andere und verlieren häufig die Fähigkeit zu komplizierten Stoffwechselprozessen wie der Oxidation. Während sie einerseits auf die primitive Vorstufe der Gärung zurückfallen, gewinnen sie andererseits die Fähigkeit, Substanzen zu bilden, die sonst nur embryonale und fötale Zellen bilden können. Diese gehen jedoch geregelter vor als die rücksichtslosen Krebszellen. Das Zurückfallen und Reaktivieren von Genen aus früheren Entwicklungsphasen nennt man in der Medizin »Anaplasie«.

Was aber nun äußerlich wie ein Chaos aussieht, hat aus Sicht des Krebses einen tiefen Sinn. Er gewinnt uralte Fähigkeiten zurück und verzichtet dafür auf Spezialisierung. Selbst in diesem Verzicht liegt noch ein Vorteil. Zwar ist z.B. die Oxidation wesentlich effizienter als die Gärung, dafür ist diese aber weitgehend unabhängig von Zulieferern. Während normale Zellen auf Atmung, d.h. auf Versorgung mit Sauerstoff bzw. frischem Blut angewiesen sind, ist eine auf Gärung beschränkte Zelle weitgehend autark. Die Krebszelle ist folglich weniger auf Kommunikation mit ihren Nachbarn angewiesen, was bei ihren schlechten Nachbarschaftsbeziehungen vorteilhaft ist. Während normale Zellen eine sogenannte Kontakthemmung haben, d. h., sie stellen ihr Wachstum sofort ein, wenn sie auf andere Zellverbände stoßen, verhält sich die Krebszelle dagegen gerade umgekehrt. Ohne Grenzen zu respektieren, dringt sie rücksichtslos in fremde Territorien ein und schafft sich somit verständlicherweise eine feindliche Nachbarschaft. Neuere Forschungen haben sogar festgestellt, dass Krebszellen nicht einmal davor zurückschrecken, andere Zellen regelrecht zu versklaven. Selbst zu primitiv, um differenzierte Stoffwechselprozesse durchzuführen, bedienen sie sich normaler Zellen und bringen diese um die Früchte ihrer Arbeit. Selbst gegenüber den eigenen Nachkommen, die alle exakt nach ihrem Vorbild geformt sind, verhält sich die Krebszelle skrupellos und ist nur auf ihren egoistischen Wachstumsvorteil bedacht. Nicht selten bleiben bei einem solchen Vorgehen auch die eigenen Elternzellen auf der Strecke, weil sie von der rasenden Entwicklung überrollt und vom Nachschub einfach abgeschnitten werden. Inmitten größerer Tumorknoten finden sich häufig tote Zellen, Nekrosen genannt. Sie deuten symbolisch an, dass die zentrale Botschaft dieses neuen Wachstums Tod ist.

Die Regression der Krebszelle in ein frühes Lebensmuster zeigt sich auch in ihrer Schmarotzerhaltung. Sie nimmt, was sie an Nahrung und Energie bekommen kann ohne Bereitschaft, etwas zurückzugeben oder sich an den sozialen Aufgaben, die in jedem Organismus anfallen, zu beteiligen. Das Verhalten der Krebszelle zeigt als Grundthema deutlich eine Wachstumsproblematik. Überschießendes, chaotisches Wachstum ohne Vorsicht und Rücksicht schont weder fremde Territorien noch die eigene Lebensbasis. Die Gesetze gesunden Wachstums werden konsequent ignoriert. Die Krebszelle setzt sich über die Regeln normalen Zusammenlebens im Zellverband hinweg und bricht hemmungslos lebenswichtige Tabus. Statt ihren angestammten Platz einzunehmen und ihre Pflicht zu erfüllen, schlägt sie auf gefährliche Weise über die Stränge. In wilder, egozentrischer Teilungsaktivität teilt sie nach allen Seiten aus. Die Nachbarschaft und noch entfernteste Körperregionen bekommen ihre rücksichtslose Aggression zu spüren. Der Egotrip der Krebszelle zeigt sich in ihrer Kopflastigkeit mit ihrem übergroßen Kern und in der Hektik, die sich in diesen wasserkopfartigen Zentren abspielt. Tatsächlich muss alles nach dem Kopf der Krebszelle gehen, all ihre Nachkommen sind exakt nach ihrem Vorbild geformt. Nicht einmal Basalmembranen, die wichtigsten Grenzwände zwischen Geweben, können ihrer Aggression trotzen. Ihr massives Kommunikationsproblem zeigt die Krebszelle ebenso unverblümt. Sie reduziert alle nachbarschaftlichen Beziehungen auf eine aggressive Ellbogenpolitik. Mit ihrer aus Unreife geborenen Kraft kämpft sie skrupellos nach dem Recht des Stärkeren und drückt ihre schwächeren Nachbarn an die Wand, zerstört oder versklavt sie. Die Kommunikation mit dem Entwicklungsfeld, für das sie bestimmt war, hat sie zugunsten von Egoismus, Omnipotenz und

Unsterblichkeitsansprüchen aufgegeben. Symbolisch drückt sich das Kommunikationsproblem in der gestörten Zellatmung aus, steht doch die Atmung, wie wir wissen, für Austausch und Kontakt.

Wie können wir nun dieses gezeigte Lebensmuster auf den Patienten übertragen? Wenn wir uns über den Krebspatienten Gedanken machen wollen, so müssen wir vor allem sein Leben vor der Erkrankung anschauen. Hier bemerken wir nun als Charakteristikum, dass gerade diese Menschen in keiner Weise auffallen wollen, dass sie versuchen, extrem angepasst zu leben, sich den Normen zu fügen und niemandem durch eigene Forderungen zur Last zu fallen. Die Patienten versuchen, ihrer Pflicht in ihrer Funktion als Mutter, Vater, Tochter, Sohn, Untergebener usw. zu aller Zufriedenheit und unabhängig von ihren eigenen Bedürfnissen nachzukommen. Es ist ihnen meist nicht bewusst, wie sehr sie ihre eigene geistig-seelische Entwicklung unterdrücken, um allen gerecht zu werden. Die Grundstimmung dieses »ungelebten Lebens« ist oftmals niedergedrückt, was jedoch von den Betroffenen nicht registriert wird – ja, es wird meisterhaft ins Unterbewusstsein verdrängt. Die Umwelt bemerkt ebenfalls nichts, weil die Patienten kaum Tendenzen zeigen, sich mitzuteilen, und noch weniger bereit sind, ihr innerstes Leben wirklich mit anderen zu teilen. In der Phase vor Ausbruch des Krankheitsbildes sind die Betroffenen bereits schon »Patienten«, sind sie doch in erstaunlichem Ausmaß geduldig Duldende. Weitgehend abhängig von ihrer Umwelt, geben sie sich rundherum freundlich und voller Rücksicht.

Der geistig-seelische Kurzschluss der letztlich zur Erkrankung führt, tritt dann zu Tage, wenn der ständig verdrängte Egoanspruch des Patienten durch seine Umwelt überhaupt nie erkannt wird. Jahrelang hat er sich doch für seine Kinder, den Ehemann oder im Geschäft aufgeopfert, und daher erwartet er wenigstens etwas Anerkennung für sein Tun. Da der Patient jedoch nie gelernt hat, seinen Egoanspruch kundzutun, bemerkt seine Umwelt nicht, was in diesem Menschen vor sich geht. Fällt jetzt in einen solchen Zeitraum eine deutliche Missachtung der geleisteten Arbeit, führt dies zu einer tiefen Persönlichkeitsverletzung. Mit Ausbruch der Krankheit kann nun ein unterschiedlich großer Teil des verdrängten Egoanspruchs im Verhalten des Patienten sichtbar werden. Nun wird der Umwelt signalisiert: Ich bin krank, ihr habt euch nun um mich zu kümmern. Die Krankheit wird jetzt als Alibi benutzt, und sie trauen sich zum ersten Mal in ihrem Leben, auch ihre Egoansprüche anzumelden. So erstaunlich und vielleicht auch unangenehm dieser Gesinnungswandel für die Umwelt sein mag, liegt für die Betroffenen darin doch eine große Chance.

Endlich könnten nun die Prinzipien der Wandlung, der Selbstverwirklichung und Durchsetzung auf geistigseelischer Ebene gelebt werden. Damit würde die Körperebene entlastet werden. Wenn es dem Arzt oder Therapeuten gelingt, diese Phase im Leben des Patienten zu unterstützen, bestehen große Heilungschancen. Leider habe ich jedoch oft festgestellt, dass die Patienten in ihrer Dulderrolle so festgefahren sind, dass sie nicht mehr die Kraft haben, ihrem Leben einen neuen Sinn zu geben. Sie sind nicht mehr gewillt, ihre Lebensform zu ändern und sich noch einmal auf ein neues Lebensspiel einzulassen. Ihre Dulderrolle und Ergebenheit ist so stark, dass sich der Körper der Aufzehrung durch den Krebs ergibt. Die hier gezeigte Schicksalsergebenheit sollte nicht mit der religiösen Haltung jenes Menschen verwechselt werden, der bereits gelernt hat, sein Schicksal anzunehmen und der sagen kann: »Dein Wille geschehe.« Beim Krebspatienten handelt es sich fast immer um eine tiefe Resignation gegenüber einem als übermächtig empfundenen, aber nicht akzeptierten Schicksal. Im tiefsten Inneren ist nicht Vertrauen auf Gottes Liebe und Gerechtigkeit die Basis der Ergebenheit, sondern im Gegenteil Verzweiflung und Ohnmacht. In einem solchen Fall schlägt jede Therapie fehl. Durch langjährige Erfahrung und nach anfänglichen Misserfolgen fand ich doch endlich den richtigen Weg, an die seelischen Ursachen der Krebserkrankungen zu gelangen. Die größte Schwierigkeit bereitete mir immer das erste Gespräch, denn der Patient war sich der vergangenen Persönlichkeitsverletzung meistens nicht bewusst. Er hatte Kränkung oder Leid vollkommen ins Unterbewusstsein verdrängt und war über meine gezielten Fragen oft sehr erstaunt und stand mir manchmal ablehnend gegenüber. Es ging ja um ein seelisch-geistiges Fehlverhalten, was niemand gern zugibt. Wenn ich gar nicht weiterkam, fragte ich auch mal die Angehörigen. Da der Zeitraum eines tiefgreifenden Erlebnisses, meistens in Form einer schweren Persönlichkeitsverletzung, acht bis zwölf Monate vor Ausbruch der Erkrankung zurücklag und obwohl dieses Erleben den Ausschlag zur Erkrankung gab, konnten sich die Patienten oft nicht mehr daran erinnern.

Ich konnte mir die Körpersprache zunutze machen, die mir durch die Lokalisation der erkrankten Stelle die Lebensproblematik des Patienten deutlich machte. Fand eine Störung in der Kommunikation mit der Umwelt statt, erkrankte die Lunge. Ein Mamma-Carcinom weist immer auf ein Problem mit der Lebensrolle als Mutter und Frau hin. Ein Magenkrebspatient hat sein Leben lang seinen Kummer und seine Sorgen geschluckt und seine Probleme mit sich selbst abgemacht, aber jetzt kam ein zu großer seelisch-geistiger Brocken, den er nun nicht mehr schlucken und nicht mehr verdauen kann. Beim Dickdarm-Carcinom handelt es sich ebenfalls um langjährige Probleme, die dem Patienten zum großen Teil bewusst sind, die er aber nicht loslassen und nicht verzeihen kann. Oft sind es vergangene tiefe seelische Ichverletzungen, die häufig durch Kränkungen der Persönlichkeit hervorgerufen wurden. Erfolgt nun in einer ähnlichen Form eine erneute tiefe Persönlichkeitsverletzung, werden die bereits verdrängten Ereignisse stimuliert, die Kränkung wird doppelt so stark empfunden und jetzt kommt es zum Kurzschluss. Die Persönlichkeit ist nun so tief verletzt, und der Groll ist so groß, dass an ein Verzeihen gar nicht mehr gedacht werden kann. Die Kränkung kann man nicht mehr hinter sich lassen, nicht abgeben, nicht loslassen, und so wird die Körperstelle krank, die mit der Ausscheidung des Unwichtigen zu tun hat – der Dickdarm oder Enddarm. Ähnliches finden wir beim Nieren- und Blasenkrebs. Niere und Blase haben mit Partnerschaftsproblemen zu tun. Bei der Niere liegen die Probleme noch mehr im Unterbewussten, wogegen es sich bei der Blase schon um bewusste Kränkungen handelt, die der Patient aber auch nicht ausscheiden oder loslassen kann. Auch hier liegt oft ein sehr lange geführter Ehekrieg zugrunde, bei dem aber immer wieder die Wogen geglättet wurden, bis dann an irgendeinem Tag ein Streit und ein unbedachtes Wort zum ganz tiefen Persönlichkeitskonflikt führt. Man spricht nicht mehr über die Verletzung, verdrängt sie und ist verbittert und zutiefst verletzt. Nach zehn bis zwölf Monaten wird dann dieser tiefe seelische Konflikt auf der Körperebene als Nieren- oder Blasenkrebs sichtbar. Männer sollten sich einmal Gedanken über die Hintergründe des Prostatakrebses machen. Diese Erkrankung entsteht immer auf dem falschen Gedankengebäude, dass ein Mann kein Mann mehr ist, wenn er seine sexuelle Potenz verliert. Bringt denn ein Älterwerden keine anderen Qualitäten? Warum betrachtet man nicht die vielen wertvollen und wesentlicheren Eigenschaften eines Mannes? Ein Mann zeichnet sich doch auch durch Aktivität und Stärke aus, er hat geistige Qualitäten, und er sollte für die Frau eine Stütze und ein Beschützer sein. Welche Frau liebt es nicht, mit einem Gentleman auszugehen? Auch im Zeitalter der Emanzipation lässt sich doch eine Frau gern verwöhnen. Ich denke, wenn in einer Beziehung eine echte Liebe besteht, ist diese gepaart mit Verständnis, gegenseitiger Achtung und Toleranz. Mit einer solchen Liebe können zwei Menschen miteinander alt werden, und in einer solchen Verbindung wird weder ein Mamma-Carcinom noch ein Prostata-Carcinom entstehen. Zu diesem Thema wäre natürlich noch viel zu sagen, aber ich möchte jetzt nicht alle Manifestationsorte im Körper beschreiben, sondern noch einige wichtige Richtlinien aufzeigen.

Eines ist ganz sicher: Krebs manifestiert sich immer nur dann, wenn eine ganz tiefe Persönlichkeitsverletzung stattgefunden hat, die man nicht mehr verzeihen und nicht mehr loslassen kann. Weiterhin sollte sich der Krebspatient ganz ehrlich fragen: Wo in seinem Leben lässt er sich von außen bestimmen und wo hat er nicht mehr den Mut, sein eigenes Leben zu leben? Er sollte auch einmal versuchen, seinen Kopf durchzusetzen, und nicht dem Frieden zuliebe faule Zugeständnisse machen. Er sollte den Mut haben, Aggressionen zu zeigen, und nicht alles zu schlucken und mit sich selbst auszumachen.

Eine andere Fehlerquelle in unserem Denken ist, wenn man versucht, durch einen Egotrip ohne Rücksicht auf die Umwelt eigene Selbsterfahrung zu machen. In diesem Fall hat man vergessen, dass man immer ein Teil des Ganzen ist, und wir unsere Bestimmung nur in der Erkenntnis des »All-Einen-Seins« finden werden und nicht im Alleinsein. Ansonsten verhält sich der Mensch im Universum wie die Krebszelle im Körper.

Die Lösungsmöglichkeit für das Krebsproblem besteht also darin, langsam und schrittweise zu lernen und unsere Ich-Starre und unsere Abgrenzung infrage zu stellen. Erst wenn wir uns öffnen, beginnen wir, uns als Teil des Ganzen zu erleben und damit auch Verantwortung für das Ganze zu übernehmen. Dann begreifen wir auch, dass das Wohl des Ganzen auch unser eigenes Wohl ist. Wir begreifen, dass wir als Teil mit allem auch gleichzeitig eins sind. So enthält jede Zelle die gesamte genetische Information des Organismus – sie müsste nur begreifen, dass sie tatsächlich das Ganze ist.

Die hermetische Philosophie lehrte vor vielen tausend Jahren bereits, dass Mikrokosmos gleich Makrokosmos ist. Der Denkfehler liegt in der Unterscheidung von Ich und Du. So entsteht die Illusion, dass man als Ich gerade dadurch besonders gut überleben könnte, wenn man das Du opfert und als Nährboden benutzt. In Wirklichkeit lässt sich das Schicksal von Ich und Du, von Teil und Ganzheit nicht trennen. Der Tod, mit dem die Krebszelle den Organismus bedroht, wird auch zu ihrem eigenen Tod, so wie der Tod unserer Umwelt auch unseren Tod mit einschließt. Die Krebszelle glaubt an ein von ihr getrenntes Außen, wie auch viele Menschen an ein getrenntes Außen glauben.

Das Heilmittel bei Krebs heißt also Liebe, denn Liebe macht heil, weil sie die Abgrenzung öffnet und das andere hereinlässt, um damit eins zu werden. Wer liebt, stellt sein Ich nicht an erste Stelle, sondern erlebt eine größere Ganzheit. Wir sollten wieder lernen, in Liebe zu leben, denn Liebe erzeugt wieder Liebe. Diese selbstlose Liebe überwindet alle Schranken und Grenzen. In dieser Liebe verschmelzen die Gegensätze. Diese Liebe ist Einswerden mit allem, sie dehnt sich auf alles aus und macht vor nichts halt. Wer diese selbstlose Liebe in seinem Bewusstsein nicht lebt, schwebt in Gefahr, dass seine ichbezogene Liebe in die Körperlichkeit sinkt und hier als Krebs ihre Gesetze zu verwirklichen sucht. Vollkommenheit und Einswerdung lassen sich nur im Bewusstsein verwirklichen, nicht innerhalb der Materie, denn Materie ist der Schatten des Bewusstseins. Innerhalb der vergänglichen Welt der Formen kann der Mensch nicht das vollbringen, was einer unvergänglichen Ebene angehört. Trotz aller Anstrengungen der Weltverbesserer wird es niemals eine heile Welt ohne Konflikte und Probleme, ohne Reibung und Auseinandersetzung geben. Niemals wird es den gesunden Menschen ohne Krankheit und Tod geben, niemals allumfassende Liebe, denn die Welt der Formen lebt von den Grenzen. Doch all die Ziele lassen sich von jedem und jederzeit verwirklichen, wenn man die Formen durchschaut und der Mensch in seinem Bewusstsein frei wird. In der polaren Welt führt Liebe zum Haften, in der geistigen Welt führt Liebe zum Verströmen.

Mehren wir die Liebe in unserer Welt, so verströmen wir die Liebe ins Außen, und wir lernen dadurch, behutsamer mit unseren Mitmenschen, mit unseren Mitbewohnern dieser Erde, den Tieren und Pflanzen, und mit unserer gesamten Erde umzugehen. Nur die Liebe ist der Weg, um Krankheiten zu mindern, um Kriege zu verhindern und um die gesamte Menschheit und unsere Erde zu retten. Krebs ist das Symptom der missverstandenen Liebe. Krebs hat nur Respekt vor der wahren

Liebe. Das Symbol der wahren Liebe ist das Herz. Das Herz ist das einzige Organ, das vom Krebs nicht befallen werden kann.

Dies war eine kurz gefasste Betrachtung verschiedener Erkrankungen mit ihren seelischen Ursachen und Hintergründen, die ich versucht habe, anhand der Körpersprache aufzuschlüsseln. Jene Leser, die sich mit den seelischen Ursachen verschiedener Krankheiten noch etwas ausführlicher beschäftigen möchten, weise ich an dieser Stelle auf das Literaturverzeichnis hin.
Um aber alle Zusammenhänge noch besser zu verstehen und die Denkart von Paracelsus und den alten Philosophen nachvollziehen zu können, die den Menschen in das gesamte kosmische Geschehen einbindet, müssen wir bis zum Beginn der Schöpfung zurückgehen.

*Gott
ist ein Kreis,
in dessen Mittelpunkt alles ist,
und
dessen Umfang
aber nirgends zu finden ist.
Pascal (1623–1662)*

Kosmogenesis

Auf der Suche nach dem Anfang

Nur der Weg, der uns bis zum Beginn der Schöpfung zurückführt, ermöglicht uns, den Menschen, seine Entwicklung, die Ursachen seiner Erkrankungen und seinen Heilsweg richtig zu verstehen. Um diesen Weg beschreiten zu können, müssen wir uns an den alten Weisheitslehren oder den heiligen Schriften orientieren, die wir in allen großen Kulturen finden und die uns den Weg zeigen, den der Mensch in seiner Entwicklung zu gehen hat.

So finden wir z. B. folgende Weisheitslehren, um nur einige der vielen Überlieferungen zu nennen:

in Indien	die Veden und Upanischaden,
in China	das Tao Te King,
in Persien	das Gilgamesch-Epos und die Lehre Zarathustras,
in Ägypten	die Lehre des Hermes Trismegistos,
in Israel	die Lehre des Talmud und der Kabbala,
in Europa	die Bibel und die Lehren der Mystiker.

Wenn man nun hinterfragt, was diese Weisheitslehren aussagen und warum man sie als heilige Schriften bezeichnet, wird ersichtlich, dass diese Schriften in allen Religionen das »Wort Gottes« genannt werden, weil sie auf vollkommene Weise Sinn und Zweck des Lebens aufzeigen und jedem das Heilende bzw. den Heilsweg vermitteln. Sie alle verbindet das Ziel, den Weg zum ewigen Leben zu weisen. Sicherlich führen verschiedene Pfade auf »den einen Berg des Lebens«, aber erst wenn der Mensch auf dem Gipfel angekommen ist, erfährt er die »Einheit allen Seins«. Er erkennt das höchste göttliche Prinzip wieder, aus dem er einst herausgefallen ist, um in seiner Menschwerdung und in seiner Sterblichkeit jene Erfahrungen zu machen, die ihn dann letztlich die Vereinigung mit dem höchsten göttlichen Sein suchen lassen.

Es fällt uns oft schwer, in jedem Menschen den unsterblichen göttlichen Funken zu sehen, jenen Funken, der in uns die Sehnsucht erweckt, wieder den Weg zurück in das göttliche Sein zu gehen. Wir müssen wissen, dass nach Aussage der heiligen Schriften Gott in allem ist. Demnach ist Gottes Wort zu jeder Zeit und an jedem Ort, also auch in uns, allgegenwärtig. Wenn wir diese Wahrheit richtig interpretieren, dann wird uns klar, dass wir als göttliches Wesen in einem menschlichen Körper sind, um auf der Erde agieren zu können. Diese Aussage sollte für uns absolute Gültigkeit besitzen.

Im letzten Jahrhundert, einer Zeit des tiefsten Materialismus, hat man versucht, den göttlichen Allgegenwartscharakter dieser heiligen Schriften anzuzweifeln, und so begann der Mensch im wissenschaftlichen Sinn, ein Beweisstreben zu entwickeln. Da jedoch nicht überall solche Beweise zu erbringen sind, muss ein derartiges Unterfangen, das Absterben des Glaubens zur Folge haben. Nicht umsonst heißt es in Johannes 20,29: »Selig, die nicht wissen und doch glauben.« Das empirische Wissen ist aber eine reine Sache des Verstandes und verlangt daher nach jenen Beweisen, die man allgemein in der Wissenschaft benutzt wie Messen, Wiegen, Zählen, den sogenannten Quantitäten. Der Glaube allerdings wohnt, im Gegensatz zur Wissenschaft, nicht im diesseitigen, materiellen Bereich, sondern in der jenseitigen Hälfte unseres Wesens. Er ruht im Bereich der Qualitäten, die sich allen irdischen Maßstäben entziehen. Wer möchte sich anmaßen, Liebe, Schönheit, Hoffnung, Vertrauen, Friede, Harmonie usw. mit Mitteln der Technik messen zu können? Hier gelten göttliche Maßstäbe, und diese sind nur durch inneres Erleben zu erfassen. Jeder Mensch trägt diese Qualitäten als Talente und Tugenden in sich, und daher ist Gott – was auch immer sich die Menschen unter diesem Wort vorstellen mögen – laut den heiligen Schriften ein Gott aller Menschen. Daher können alle Menschen auf dieser Erde, gemäß christlicher Formulierung, »Vater unser« sagen. Im göttlichen Bereich befinden wir uns in der Einheit, und hier gibt es weder Grenzen noch Einschränkungen. Alle menschlichen Begrenzungen und Definitionen sind Täuschungen, die unserem Verstandesdenken entspringen, denn wir können die Welt nur in der Polarität verstehen. Wir sind Geschöpfe der geoffenbarten materiellen Welt, und diese Welt ist eine Schöpfung in der Polarität und somit haben wir in ihr das Wissen um die Einheit verloren.

Der indische Weise Vivekananda[20] sagte bereits vor einigen Jahrzehnten, dass jeder Mensch ein Abbild Gottes sei, und er erläuterte dies an folgendem Beispiel: »Was sind denn diese vielen Verschiedenheiten? Diese vielen Millionen individueller Seelen? Wie die Sonne sich auf Millionen Wasserkügelchen spiegelt, bildet sich in jedem Kügelchen ein vollkommenes Abbild der Sonne, die wirkliche Sonne ist aber nur eine. Das wahre Sein, das dahintersteht, ist der eine Gott. Wir sind alle eins, wie das Selbst eins mit dem Universum ist. Es ist in mir und in jedem von uns. Aber wir denken, wir sind voneinander getrennt und getrennt von Gott, und solange wir dies denken, wird Not und Leid in dieser Welt sein. Das ist unsere größte Selbsttäuschung.«

Ich habe mich viele Jahre mit dem Studium der vergleichenden Religionsphilosophie beschäftigt. Eines möchte ich allerdings an dieser Stelle noch einmal klarstellen: Ich bin keine Theologin, und ich werbe nicht für irgendeine Kirche oder Sekte, weil mein persönliches Glaubensbekenntnis die individuelle Freiheit jedes Menschen beinhaltet. Ich bin Ärztin, und um den Menschen in seiner Ganzheit verstehen zu können, sollte man sich nicht nur mit dem physischen Körper des Menschen beschaftigen. Für mich war es einfach unerlässlich, mich zuerst mit der gesamten Schöpfung und mit den Gesetzen des Universums auseinanderzusetzen. Bei diesem Studium wurde mir sehr viel über die Zusammenhänge zwischen Mensch und Kosmos bewusst. Was mir aber ganz deutlich klar wurde, war

---

20 Swami Vivekananda, geboren 9.1.1862 in Kalkutta, gestorben 1902

die Erkenntnis, dass die Wahrheiten in allen Religionen auf ein tiefes Urwissen zurückzuführen sind, denn in allen Glaubensrichtungen gibt es ganz bestimmte Aussagen, die übereinstimmen.

Es gibt genügend Berichte über große Eingeweihte, die in ständiger Verbindung mit dem Göttlichen standen und so als Lehrer und Führer den einzelnen Rassen und Völkern dieses Urwissen übermittelten. Dieses wurde den einzelnen Völkern in Form spezifischer Lehren angepasst, damit sie mit ihrer ureigensten Mentalität nicht in Konflikt kamen. Die großen Eingeweihten oder Gottkönige, wie sie in einigen alten Schriften genannt werden, übernahmen als Erleuchtete oftmals das Amt eines Hohenpriesters und übernahmen auf diese Weise die religiöse Führung der Völker. In allen Völkern des Altertums gab es solche machtvollen Männer, Halbgötter und Heroen, die in der Literatur, in der Architektur und in der Gesetzgebung ihre Spuren hinterlassen haben. Angesichts der weltumspannenden Überlieferungen, der noch vorhandenen Schriftdenkmäler und der heute größtenteils zu Ruinen gewordenen prähistorischen Bauten, ist es schwer zu leugnen, dass solche Menschen gelebt haben. Ihre heiligen Bücher sind die besten Beweise für die Größe ihrer Verfasser – zeugen sie doch von geistiger Erhabenheit religiöser Gedanken, großem allumfassendem Wissen, philosophischem Denken und umfassender ethischer Größe und Reinheit. Da daraus hervorgeht, dass diese Bücher Lehren über Gott, das Weltall und den Menschen enthalten und bei aller äußerlichen Verschiedenheit in ihrem Wesen dieselben Wahrheiten aufzeigen, ist es doch naheliegend und vernünftig, sie auf eine zentrale Urweisheitslehre zurückzuführen. Wenn es uns gelingt, beim Studium der einzelnen Religionen die Aussagen der Urweisheitslehre zu erfassen, schmelzen plötzlich die vermeintlichen Unterschiede auf engsten Raum zusammen. Diese Urweisheitslehre enthüllt dann ihre tiefe, innere Bedeutung, und sie lässt uns jene Abweichungen erkennen, die durch Unwissenheit vorgenommen wurden. Es entstanden durch Übersetzungsfehler und Veränderungen der äußeren Form oft wesentliche Schäden. Wir müssen uns nur einmal vorstellen, dass wir die Anfänge der Entstehung des Alten Testamentes vermutlich in die Zeit um das 12. Jahrhundert vor Christi legen müssen. Zuerst wurde das alte Wissen nur mündlich überliefert und erst viel später aufgeschrieben.

Seit Jahrhunderten bemühen sich jüdische Schriftgelehrte, christliche Kirchenväter, moderne Wissenschaftler und viele andere gläubige und wissensdurstige Menschen, die Geschichte der Bibel Schritt für Schritt zu erhellen. Es ist wahrscheinlich, dass die schriftlichen Überlieferungen schon früh einsetzten, aber leider ist von keinem biblischen Buch das Originalmanuskript erhalten. Die heiligen Bücher wurden durch die Jahrhunderte von einer Generation zur anderen weitergegeben. Sie wurden von einer Sprache in eine andere übersetzt – vom Hebräischen ins Aramäische, dann ins Griechische und Lateinische und dann durch Martin Luther in die deutsche Sprache. In über tausend Jahren hat sich mancher Fehler in die Bibel eingeschlichen. Das war gar nicht zu umgehen.

Wir stehen an der Schwelle zum Wassermannzeitalter[21], d. h. aber auch, dass eine neue Zeit der Menschheitsentwicklung beginnt. Mein tiefster Wunsch wäre es, dass sich die großen Religionen wieder auf ihre ursprüngliche Weisheitslehre besinnen würden, dann könnten sich Christ, Jude, Buddhist, Moslem und Hindu die Hände reichen. Jeder wird wieder tiefe Einsichten in seinem Glauben finden, jeder wird wieder einen festen Halt in seinen geistigen Wahrheiten gewinnen, und jeder würde wieder ein umfassendes Verständnis für seine geheiligten Lehren erhalten. In jedem Menschenherzen ruht ein tiefes Sehnen. Dies verleiht den menschlichen Hoffnungen Berechtigung. Es gibt uns unseren Glauben an Gott veredelt wieder zurück. Nur dann wird eine Zeit kommen, in der endlich die Kriege, die am härtesten und grausamsten geführt werden, ihr Ende finden: die Religions- und Glaubenskriege. Wenn wir uns all diese Geschehnisse im Rahmen der Kulturgeschichte der Menschheit betrachten, fragen wir uns oft: Warum dieses ganze Lebensspiel? Warum die Schöpfung?

---

21 Bezeichnung der gegenwärtigen Zeitqualität, ihre Thematik wechselt ca. alle 2000 Jahre

Eine kosmische Symphonie

Jeder Mensch macht sich irgendwann in seinem Leben Gedanken über die Schöpfung, und er versucht, ihren Sinn zu erfassen. Ich will nun versuchen, mit einfachen Worten und Beispielen das Schöpfungsgeschehen so verständlich wie möglich zu erklären. Beginnen wir doch unser neues Kapitel mit einem einfachen Bild:

Stellen wir uns vor, die gesamte Schöpfung ist eine große kosmische Symphonie. Auf diese Weise vollziehen wir einmal ganz einfach den Werdegang und die Entstehung einer Symphonie der Schöpfung. Der Schöpfer sitzt als Komponist an seinem Notenpult und beginnt in sich, die Musik und die verschiedensten Melodien zu hören. Langsam formt sich aus diesen Melodien ein großes Werk, und eines Tages ist im Geist des Schöpfers eine wundervolle Symphonie entstanden. Um dieses Werk nun wirklich zum Erklingen zu bringen, benötigt der Schöpferkomponist seine Partitur, einen Kapellmeister und ein Orchester mit vielen Musikern und Instrumenten.

Damit die Symphonie in ihrer ganzen Harmonie und Schönheit erklingen kann, nutzt der Komponist sämtliche Töne und Oktaven, die es gibt, und benötigt sogar hin und wieder eine Dissonanz, um Spannung und Lebendigkeit in die Musik zu bringen. Nun stellen wir uns weiterhin vor, dass bei der Uraufführung dieser kosmischen Symphonie durch die tiefen Oktaven Schwingungen erzeugt werden, die das Mineralreich entstehen lassen. Mit der nächsthöheren entsteht das Pflanzenreich, dann mit der nächsthöheren Oktave das Tierreich, und schließlich entsteht mit der höchsten Oktave jene Schwingung, die das Menschenreich hervorbringt. Es erklingen alle Oktaven und alle Töne, und sie bilden zusammen die Schöpfungsmelodien. Daraus entsteht die herrlichste und schönste Symphonie, die zum Lobe und zur Freude Gottes erklingt – die Offenbarung der Welt.

Anhand dieses Beispiels will ich nun mithilfe von Grafiken versuchen, den Aufbau der Schöpfung vereinfacht zu erklären und die übereinstimmenden Grundwahrheiten der verschiedenen Religionen darzustellen.

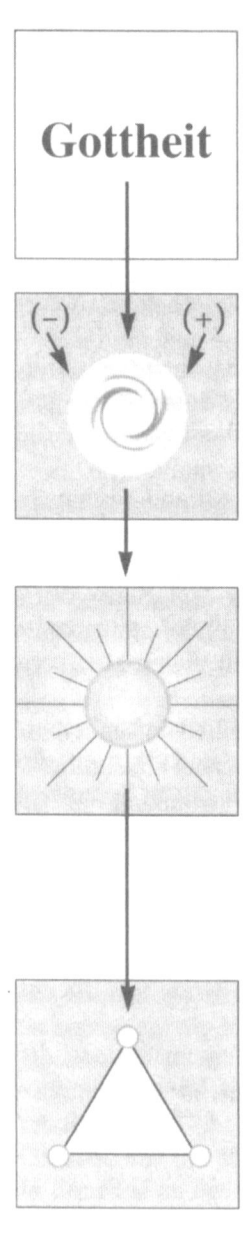

1. Allem zugrunde liegt ein ewiges, unendliches, unerkennbares, wirkliches Sein oder der höchste noch nicht geoffenbarte Gott = der Komponist.

2. Aus diesem Sein tritt der geoffenbarte Gott hervor, sich aus der Einheit zur Zweiheit, aus der Unendlichkeit in die Endlichkeit entfaltend, indem aus 1 000 x 1 000 Millionen Impulsen das passive magnetische (–) und das aktive elektrische Prinzip (+) entstehen. Diese aktiven und passiven Energien führen zu einer Initialzündung, die wir als Urknall oder als kosmischen Klang bezeichnen können.

Aus diesem Wechselspiel der Energien (siehe dritte Abbildung) entsteht nun auf höchster Ebene, allerdings bereits in der geoffenbarten Welt, der zweite Schritt der Schöpfung oder der zweite Logos, jener Gottesaspekt, den wir das Christusbewusstsein nennen. In unserem Beispiel erkennen wir hier die Partitur, d. h. die Widerspiegelung der gesamten Symphonie in der geoffenbarten Welt, es ist die gesamte Schöpfungsidee, die in die geoffenbarte Schöpfung transmutiert wird. Darum kann man auch das Christusbewusstsein als den »wahren Sohn Gottes« bezeichnen.

3. Nun transformiert sich dieser höchste Christus-
aspekt durch das gesamte Universum (siehe vierte
Abbildung auf der vorigen Seite), durch alle Galaxien und Milchstraßensysteme. Es entsteht also
aus diesem ersten und zweiten Gottesaspekt ein
dritter. Diese Dreiheit ist uns unter der Bezeichnung »Vater, Sohn und Heiliger Geist« oder unter
dem Begriff »Heilige Dreieinigkeit« bekannt. Bezo-
gen auf unser Beispiel können wir jetzt sagen, dass
auf dieser Ebene ein Kapellmeister eingesetzt wurde, der die Partitur und den Komponisten kennt,
und der nun für das gesamte Orchester verantwortlich ist.

Wir können also noch einmal kurz zusammenfassen:

1. Der erste Gottesaspekt wäre in unserem Beispiel
   gleichzusetzen mit dem Komponisten, = dem
   höchsten Sein.
2. Der zweite Gottesaspekt würde nun der Partitur
   entsprechen, = dem Christusbewusstsein.
3. Der dritte Gottesaspekt würde dem Kapellmeister
   entsprechen, = der Dreieinigkeit oder, anders ausgedrückt, es handelt sich hierbei um jenen Gottesaspekt, dem die gesamte geoffenbarten Schöpfung
   untersteht. Bis zu diesem Zeitpunkt sprechen wir
   von der geistigen oder göttlichen Dreiheit. Bis hierher ist alles nur im Geistigen entstanden und erst
   dann, ab diesem Schöpfungsprozess, entwickelt

sich die geoffenbarte Welt. Es entstehen Zeit und Raum, und es entsteht Maya[22], die Täuschung.

4. Aus dieser noch ungeoffenbarten Dreiheit treten nun viele bewusste geistige Wesenheiten hervor, welche die Lenker der Ordnung des Kosmos werden. Hier finden wir nun die Baumeister der gesamten geoffenbarten Schöpfung, die die Welt nach den Plänen Gottes erbauen. Die Bibel spricht von den Elohim, den Bildnern oder den aufbauenden Kräften des Universums. In unserem Beispiel finden wir auf dieser Ebene jetzt das gesamte Orchester vor, das die Schöpfungssymphonie zum Erklingen bringen kann. So entsteht durch das Spiel der Musiker, dadurch dass sie die Töne zum Schwingen bringen, das Mineral-, das Pflanzen-, das Tier- und das Menschenreich. Die höchste göttliche Schwingungsenergie bringt die gesamte sichtbare Welt hervor.

---

22 Maya = Täuschung, denn in der Polarität wird der göttliche Ursprung vergessen und die Materie als das Maß aller Dinge betrachtet.

5. Da man diese sichtbare Welt in vier Ebenen einteilt, in die Mentalebene[23], die Astralebene[24], die Ätherebene[25] und die physische Ebene, finden wir auch oft im Bereich der Mystik den Begriff der Vierheit. Im Symbol treffen wir in alten Schriften auf das Dreieck über dem Quadrat, was im übertragenen Sinne immer das Symbol der geistigen 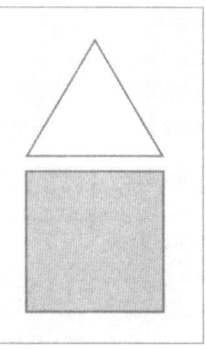 Dreiheit und der materiellen Vierheit ist und somit die gesamte Schöpfung darstellt. Hier begegnen wir wieder der siebenfältigen Natur der Schöpfung. Im Kapitel über den Menschen in seiner siebenfältigen Natur und im Kapitel über die Chakren werden die Entsprechungen dieser Siebenheit ebenfalls dargestellt.

6. Der Mensch ist eine Spiegelung des geoffenbarten Universums, und darum besitzt er drei höhere geistige unsterbliche Daseinsformen. Diese sind sein inneres wirkliches Selbst. Sie sind ewig und eins mit dem höchsten göttlichen 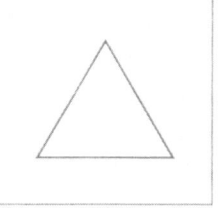 Sein. Es sind die Daseinsformen der Imagination, der Intuition und des göttlichen Funken in uns.

---

23 Mentalebene = Welt des Geistes
24 Astralebene = Welt der Gefühle
25 Ätherebene = Bindeglied zwischen Körper- und Gefühlswelt

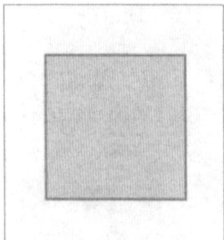

Außerdem besitzt er vier sterbliche materielle Daseinsformen, die seine vergängliche Persönlichkeit ausmachen. Diese setzt sich zusammen aus dem physischen Körper, aus dem elektromagnetischen Körper oder Ätherkörper, aus dem Gefühls- und Begierdenkörper oder Astralkörper und aus dem Gedanken- oder Mentalkörper. Das wird im Kapitel über den Menschen in seiner siebenfältigen Natur ausführlich beschrieben.

7. Die Entwicklung des Menschen vollzieht sich durch wiederholte Verkörperungen, in die er durch sein Begehren hineingezogen wird und aus denen er sich durch Wissen und Opferbereitschaft befreien kann. Dadurch wird das Göttliche, das in ihm schon immer als Keim verborgen war, zu voller Wirksamkeit entfaltet.

Parallelen in den verschiedenen
Weisheitslehren

Jetzt möchte ich die eben aufgezeigte Kurzfassung genauer erläutern. Zum besseren Verständnis des Geschriebenen und um dadurch das Verbindene in den verschiedenen Religionen besser nachvollziehbar zu machen, werde ich hier auf Beispiele aus den alten Weisheitslehren zurückgreifen. Während meines Studiums derselben fiel mir schon sehr früh auf, dass in ihnen allen nicht nur von einem, sondern von zwei Gottesbegriffen gesprochen wurde:

von einem unmanifestierten Gott und

von einem manifestierten Gott, auch Schöpfergott genannt

Z.B. finden wir in den indischen Weisheitslehren, den Upanischaden und Veden, die ca. 6000 Jahre vor Christi Geburt niedergeschrieben wurden, folgende Begriffe:

1. PARA-BRAHMAN = der verborgene Gott

= das höchste göttliche Sein

= der unmanifestierte Gott

= Nahiti = der nicht erklärbare

= und nicht benennbare Gott

= Nirguna = der Gott ohne

Eigenschaften

= der nicht wirkende Gott

2. BRAHMAN	= der manifestierte Gott
	= der Gott,
	den man benennen kann
	= der persönliche Gott
= Saguna	= der Gott mit Eigenschaften
	= der wirkende, schöpferisch
	tätige Gott.

Dieser Gott ist der Inbegriff des Guten. Er ist die Liebe selbst. Dieses Wissen fand ich auch bei den Mystikern. Auch diese sprechen von der Zweiteilung Gottes. So sagt z. B. Meister Ekkehart (geboren um 1260):
»Alle sprechen von Gott, warum nicht von der Gottheit als das höchste göttliche Sein? Gott wirkt alles – die Gottheit wirkt nichts. Gott und Gottheit unterscheiden sich durch Wirken und Nichtwirken! Auch der innere und äußere Mensch ist genauso verschieden wie Himmel und Erde. So wie der äußere Mensch vergeht, so vergeht auch Gott (der Schöpfergott) –, und so wie der innere Mensch unsterblich ist und ewig besteht, so besteht die Gottheit als das höchste göttliche Sein auf immer und ewig.«

Wir können also nun zu folgender Formulierung gelangen:
ERSTER LOGOS[26]: Das höchste göttliche Sein, die Gottheit der Mystiker, ist das Absolute, das Unmanifestierte, das nicht Wirkende, das jenseits

---

26 Logos = Aspekt Gottes

der vibrierenden Schöpfung besteht, denn alles Geoffenbarte ist Ausdruck seiner ureigensten Frequenz oder Schwingung und ist daher ständig in Bewegung bzw. es vibriert. Es ist jene Gottheit, in deren Idee sich das gesamte Universum formt, so wie beim Komponisten die gesamte Schöpfung in seinem Geist und in seiner Idee entsteht.

ZWEITER LOGOS: Gott der Sohn, ist das Christusbewusstsein, das innerhalb dieser vibrierenden Schöpfung existiert. Dieses Christusbewusstsein ist die »eingeborene« oder einzige Widerspiegelung des unerschaffenen unendlichen höchsten göttlichen Seins. Die Partitur, die die Idee der Schöpfung in der manifestierten Welt zum Ausdruck bringen möchte.

DRITTER LOGOS: Die heilige Dreieinigkeit, ist der dritte göttliche Aspekt und wird auf einer stofflicheren Ebene als ein dreifacher Aspekt gesehen, der aber zu einem Gottesbegriff zusammengefasst wird, und er spiegelt die bereits besprochenen göttlichen höchsten Ebenen auf einer tieferen Ebene[27] wider. So entspricht das höchste Göttliche Sein auf dieser unteren Ebene dem Begriff des Gott-Vaters. Das kosmische Christuslicht entspricht auf dieser Ebene dem Gott-Sohn und die dritte Ebene an sich entspricht dem Heiligen Geist, der aktiven Intelligenz, die auch als »Gott der Formebene« bezeichnet werden kann.

---

27 je höher die Ebene, desto feiner und schneller die Schwingung, je tiefer, desto verdichteter und manifester

Wir erkennen also hier die äußere Manifestation Gottes, die göttlich-schöpferische unsichtbare Macht, die dann die ganze Schöpfung durch Schwingungen aufbaut und aufrechterhält. Bezugnehmend auf unser Beispiel finden wir hier den Kapellmeister, der das Bindeglied zwischen Partitur und dem Komponisten herstellt. Diese drei wichtigsten Schritte der Schöpfungsgeschichte werden noch einmal im nachfolgenden Diagramm erläutert.

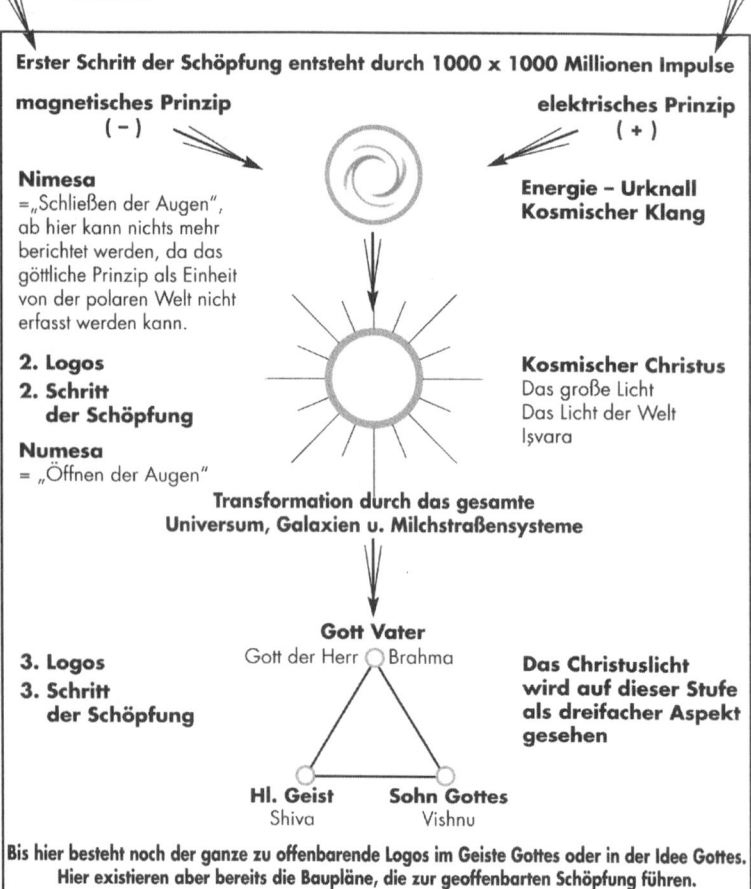

Erster Schritt der Schöpfung entsteht durch 1000 x 1000 Millionen Impulse

magnetisches Prinzip
(–)

elektrisches Prinzip
(+)

Nimesa
=„Schließen der Augen",
ab hier kann nichts mehr
berichtet werden, da das
göttliche Prinzip als Einheit
von der polaren Welt nicht
erfasst werden kann.

Energie – Urknall
Kosmischer Klang

2. Logos
2. Schritt
    der Schöpfung

Numesa
= „Öffnen der Augen"

Kosmischer Christus
Das große Licht
Das Licht der Welt
Işvara

Transformation durch das gesamte
Universum, Galaxien u. Milchstraßensysteme

Gott Vater
Gott der Herr ○ Brahma

3. Logos
3. Schritt
    der Schöpfung

Das Christuslicht
wird auf dieser Stufe
als dreifacher Aspekt
gesehen

Hl. Geist   **Sohn Gottes**
Shiva   Vishnu

Bis hier besteht noch der ganze zu offenbarende Logos im Geiste Gottes oder in der Idee Gottes.
Hier existieren aber bereits die Baupläne, die zur geoffenbarten Schöpfung führen.

Drei göttliche, ewig unsterbliche Ebenen

ERSTER LOGOS:

> *das höchste göttliche Sein*
> *das ewig Seiende*
> *Gottheit – Einheit*
> *der unmanifestierte Gott*
> *Gott ohne Eigenschaften*
> *der nicht benennbare Gott*
> *Parabrahman der Inder*
> *Tohu Wa Bohu der Hebräer*
> *das Chaos der Griechen*
> *das Gestaltlose, das Ungeordnete*

Aus diesem höchsten göttlichen Sein entsteht die Schöpfung durch Vibration. In der indischen Weisheitslehre heißt es, dass es durch 1 000 mal 1 000 Millionen Impulse oder durch die Aussendung des passiven magnetischen Prinzips und die Aussendung des aktiven elektrischen Prinzips zu einer Energieentwicklung kommt, die man z. B. auch als den Urknall oder als den kosmischen Klang bezeichnet.

In der indischen Philosophie sind wir hier im Bereich von Nimesa = »Schließen der Augen«. Über diesen hohen Bereich können wir nichts mehr berichten, weil er von unserem intellektuellen Verstand nicht mehr erfasst werden kann. Die Schöpfung geht in die Polarität und der Intellekt, der in der Polarität entstanden ist und in ihr lebt, kann die Einheit nicht mehr verstehen.

So entsteht der erste Schritt der Schöpfung aus dem ersten Logos.

ZWEITER LOGOS:

Aus diesem Urknall oder aus diesem kosmischen Klang entsteht nun die Widerspiegelung Gottes, der »Kosmische Christus« oder das »große kosmische Licht«. In Indien spricht man von Isvara – dem »Licht der Welt«. Wir sind jetzt im Bereich von Numesa, dem sogenannten »Öffnen der Augen«, d.h., bis zu diesem Bereich können wir uns bewusst entwickeln. Das Einswerden aber mit dem höchsten göttlichen Sein können wir nur noch intuitiv in einer mystischen Schau erfahren. Es entzieht sich jeglichem Willensakt. An dieser Stelle erhält das Christuswort seine Gültigkeit, das besagt: Nur durch mich könnt ihr zum Vater kommen, ich bin das Tor zum ewigen Leben.

So entsteht der zweite Schritt der Schöpfung.

Aus dem zweiten Logos entsteht nun der dritte Logos. Dieses kosmische Christuslicht transformiert sich nun durch das gesamte Universum, durch Galaxien und Milchstraßensysteme, bis es sich in einer tieferen, feineren stofflichen Ebene manifestiert.

DRITTER LOGOS:

Auf dieser tieferen Ebene wird nun dieses göttliche Christuslicht wie durch ein Prisma in drei göttliche Manifestationsformen aufgeteilt. Es entstehen drei göttliche Energiestrahlen, die man wie folgt bezeichnen kann:

> Der Vaterstrahl bringt Willen und Macht zum Ausdruck;
>
> der Christusstrahl oder Strahl des Sohnes bringt Liebe und Weisheit zum Ausdruck;
>
> der Strahl des Heiligen Geistes entspricht der aktiven Intelligenz.

Vater – Sohn – Heiliger Geist	Begriffe der christlichen Religion
Brahma – Vishnu – Shiva	Begriffe der hinduistischen Religion
Wille – Macht – Liebe-Weisheit – Aktive Intelligenz	nach der Lehre der Sieben Strahlen*

* Definition der göttlichen Urkräfte in der theosophischen Terminologie

Bis hierher sprechen wir von der höheren Dreiheit, den geistigen, unsterblichen Gottesaspekten. Nun ist der Gottesaspekt so weit in seiner Schwingung verdichtet, dass es ihm möglich ist, jene Wesenheiten zu erschaffen, die dann die göttliche Idee in der Materie sichtbar manifestieren können. Erst jetzt entstehen die Baumeister, die nach den Plänen Gottes arbeiten. In der Bibel wird hier von den Elohim gesprochen, die die Erde und den Menschen erschufen (2. Buch Moses). Wir finden auf dieser Ebene auch die Erzengel mit ihrer Hierarchie und die Götter der Mythologie. Erst hier beginnt nun der Schöpfungsakt für die Materie, die allerdings noch in ihrer feinsten Substanz, also noch in der Idee der göttlichen Dreiheit vorhanden ist. Für unser menschliches Auge noch nicht sichtbar, unterliegt das jetzt aus dieser Idee Erschaffene aber bereits den Gesetzen der Materie, d. h. dem Gesetz der Polarität und dem von Tod und Vergänglichkeit.

Auf diese Weise entsteht der dritte Schritt der Schöpfung aus dem dritten Logos. Diese drei großen Schöpfungsschritte finden ihre Entsprechung auf der Erde, wenn wir die drei höchsten und unsterblichen Körper des Menschen betrachten. Im Kapitel über den Menschen in seiner siebenfältigen Natur werde ich die verschiedenen Feinstoffkörper genauer beschreiben. An dieser Stelle sei bereits auf den Vergleich hingewiesen, dass wir beim Menschen in seinem höchsten, dem siebten oder dem »himmlischen Körper« jenen Körper finden, in dem wir das Gottesbewusstsein erlangen und mit dem höchsten kosmischen Sein eins werden.
In der sechsten Körperebene finden sowohl die Entwicklung der Intuition als auch das zeitweilige Ein-

tauchen in das Gottesbewusstsein statt. Dieser Bereich entspricht im Kosmos dem Christusbewusstsein.

In der fünften Körperregion, die der höheren Mental-ebene entspricht, findet die Entwicklung der Imaginati-on statt, und diese entspricht im Kosmos der »Heiligen Dreieinigkeit«.

Diese drei höchsten menschlichen Körper können wir auch als unser höchstes Selbst oder als unsere unsterb-liche Seele bezeichnen.

Erst ab der vierten Körperregion, dem Bereich des kon-kreten Wissens oder der niederen Mentalebene, beginnt unsere sterbliche Persönlichkeit, ihre vier materiellen Körper aufzubauen, so wie die Baumeister ab der vierten Ebene die vier Naturreiche im Kosmos erschaffen, die ebenfalls sterblich sind.

Die gleiche Entsprechung finden wir, wenn wir uns der Lehre der Chakren[28] zuwenden. So entspricht das höchste göttliche Sein dem tausendblättrigen Lotos oder, mit anderen Worten, dem Scheitel-Chakra. Die-ses Chakra gehört nicht unserem Körper an, sondern es befindet sich oberhalb des Kopfes. Ausführliches dazu finden Sie im Kapitel über die Chakren.

Das Christusbewusstsein entspricht dem zweiblättrigen Lotos oder dem Stirn-Chakra. Es gibt viele Meditations-techniken, bei denen der Lernende sich bewusst auf die Mitte der Stirn konzentrieren soll, um besser in das Bewusstsein des kosmischen Christus eintauchen zu können.

---

28 sieben feinstoffliche Energiezentren im Körper

Die Heilige Dreieinigkeit entspricht dem sechzehnblättrigen Lotos oder dem Hals-Chakra.

Diese drei höchsten Chakren im Menschen entsprechen
also im Kosmos den drei höchsten göttlichen Ebenen.
Bis hierhin befindet sich noch alles in seiner Vollkommenheit. Sich der Energie dieser drei Chakren bewusst
bedienen zu können, erfordert bereits eine hohe geistige
Entwicklung.

Wir können also noch einmal im übertragenen Sinne
sagen, dass diese drei höchsten Körperregionen und die
drei höchsten Chakren im Menschen die Widerspiege-
lungen der drei höchsten göttlichen Ebenen sind, also
der drei großen göttlichen Schöpfungsschritte.

Erst mit dem dritten Schöpfungsschritt tritt der göttliche Plan, der bis jetzt nur im Geist Gottes war, also nur
in der Idee bestand, in Erscheinung. Jetzt erst entstehen
Zeit und Raum, Leben und Tod, die Polarität wird sichtbar. Maya, die »große Täuschung«, beginnt.

Beim Aufbau des Menschen finden wir dieselbe Entsprechung. Wir haben auch hier die drei unsterblichen
höchsten Daseinsformen, die wir als unser höchstes
Sein bezeichnen können, und wir besitzen die vier
sterblichen Körper der Persönlichkeit. Die entsprechenden Chakren fallen jetzt in das »Haus der Nacht«,
wie die vier unteren Chakren gern bezeichnet werden.

So können wir erkennen, dass wir immer wieder, im
Großen wie im Kleinen, dasselbe Gesetz der Siebenheit
vorfinden.

Der Schöpfungsakt in der geoffenbarten Welt

Erst wenn sich die Schöpfung in diesem Stadium befindet, können die Baumeister oder aufbauenden Kräfte des Universums mit der Entwicklung der vergänglichen Welt sowohl auf unsichtbarer als auch auf sichtbarer Ebene beginnen. Sie bringen nun nach den Plänen der Gottheit Formen und Farben, Gedanken und Gefühle und all das, was in der Schöpfung sichtbar ist, hervor. Wenn ich auf das angeführte Beispiel der Symphonie zurückgreife, haben wir jetzt das ganze Orchester mit allen Musikern und Instrumenten, und sie führen nun die Weltensymphonie auf, bei deren Klängen sich die Materie entwickelt. Wie anfangs schon erwähnt, entsteht aus den tiefen Oktaven mit ihren Bässen und niedrigen Frequenzen das Mineralreich, aus der nächsthöheren Oktave entwickelt sich das Pflanzenreich, und aus der nächsthöheren das Tierreich. Aus den höchsten Tönen und Frequenzen geht schließlich das Menschenreich hervor.

Wenn wir uns jetzt dem dritten Logos zuwenden, betrachten wir die Entwicklung von Geist und Stoff, umso die Natur des Materials zu verstehen, mit dem wir es auf der physischen Ebene, der materiellen Welt, zu tun haben. Denn auf den im »Geist-Stoff« der physischen Welt eingehüllten in ihm ruhenden, inneren Kräften beruht die Möglichkeit der Entwicklung. Dieser ganze Vorgang ist eine Entfaltung, die von innen ausgeht und von außen durch intelligente Wesenheiten unterstützt wird. Diese Wesenheiten können die Entwicklung beschleunigen oder verzögern, sind aber nicht in der Lage, die Grenzen der Möglichkeiten der Materie zu überschreiten.

Aus den Tiefen des ewigen Seins und aus der Einheit, die in allem wirkt, kann der Logos nur hervortreten, indem er sich selbst eine Umgrenzung setzt. Er legt seinem Wesen freiwillig Schranken auf und wird so in der Beschränkung zum geoffenbarten Gott.

Innerhalb dieses Bereichs wird durch die Ausdehnung der Gottheit das Universum geboren. Es entwickelt sich bis zur tiefsten Detailbeschränkung, in der das göttliche Bewusstsein im Menschen durch das erwachte Christusbewusstsein zum Ausdruck kommt. (Der unbewusste Mensch wird sich seines göttlichen Seins bewusst.)

Mit dieser Bewusstwerdung ist die Aufgabe des Logos erreicht, und er beginnt, sich wieder in seine Einheit zurückzuziehen. So lebt und webt die Einheit in ihrem Logos. Der Stoff, aus dem das geschaffene Universum besteht, ist seine Ausstrahlung, sind seine Kräfte und seine Energien, und sie sind Ströme seines Lebens. Er wohnt in jedem Atom, ist alles durchdringend und alles erhaltend. Er ist des Weltalls Anfang und Ende, seine Ursache und sein Ziel, sein Mittelpunkt und sein Umfang. Er ist das sichere Fundament, auf dem es erbaut ist. Indem er atmet, ist er der umschließende Raum. Er ist in allem, und alles ist in ihm.

Derartige Aussagen finden wir immer wieder in den alten Schriften verschiedener Religionen. Des Weiteren wird uns die Selbstentfaltung des Logos zu einer dreifältigen Form überliefert.

Der erste Logos, die Wurzel allen Seins, aus dem sich der zweite Logos, der die beiden Aspekte von Leben und Form offenbart, entwickelt die Urzweiheit, welche die beiden Pole der Natur entstehen lässt. Zwischen ihnen soll das Gewebe des Universums gewoben werden. Er ist Leben und Form, Geist und Stoff, Positives und Negatives, Wirkendes und Empfangendes, Vater und Mutter der Welten.

Dann aber tritt aus dem zweiten Logos der dritte Logos hervor, der All-Geist, in dem alles nach seinem Urbild existiert, der Ursprung der Wesenheiten, der Urquell gestaltender Energien – jenes geistige Reservoir, in dem alle urbildlichen Formen aufbewahrt sind, die im Laufe der Entwicklung des Universums in den vier niedrigeren Stoffzuständen zur Manifestation und Entfaltung gebracht werden sollen.

Der in irgendeinem Universum in Erscheinung getretene Geist und Stoff ist endlich in seiner Ausdehnung und von vorübergehender Dauer. Die Wurzeln von Geist und Stoff aber sind ewig.

Nachfolgend werden im Diagramm noch einmal in Kurzform die wesentlichen Schritte bis zur Bildung der Materie aufgezeichnet.

Diagramm:
Drei unsterbliche und vier materielle sterbliche Ebenen

1. Logos	**Einheit**	**Höchstes göttliches Sein** 7. Ebene
2. Logos	**Polarität**	**Christusbewusstsein** 6. Ebene
3. Logos	**Drei Aspekte in Einem**	5. Ebene

Ab dem 3. Logos beginnt der Schöpfungsakt für die Materie

Die erste Lebenswelle gibt nun den Impuls zur Entstehung der Materie

Vater

Sohn

Hl. Geist

= gasförmige, feinste Schwingung
= Elementaressenz

= flüssig, feine Schwingung

= feste , grobe Schwingung
= Uratom (Idee der Atome)

Bis hierher reicht der Bereich der Unsterblichkeit
Höhere Mentalebene

Wille – Ahamkara – Brücke

Ab hier tritt die Schöpfung in den Bereich der Sterblichkeit!

Entstehung feinster Molekühle	= untere Mentalebene 4. Ebenen
Entstehung großer Molekühle	= Astralebene 3. Ebenen
Entstehung einfacher Verbindungen	= Ätherebene 2. Ebenen
Entstehung großer Verbindungen	= Physische Ebene 1. Ebenen

Dies sind Regionen und Ebenen, die mit Geiststoff gefüllt werden. Die Materie ist aber noch unbeseelt und wurde erst durch das Einfließen des Gottesbewusstseins beseelt. Erst durch diesen Prozess hat alles Erschaffene Anteil an dem Gottesbewusstsein, und es ist jedem Lebewesen möglich, durch einen Entwicklungsprozess wieder in die göttliche Einheit einzutauchen.

Ich möchte mich jetzt der physischen Ebene zuwenden, zu welcher unsere Welt und unsere Körper gehören. Wenn wir die Stoffe dieser Ebene untersuchen, so fällt uns deren ungeheure Mannigfaltigkeit auf. Mineralien, Pflanzen, Tiere und Menschen sind alle in ihrem Aufbau verschieden. Der Stoff, aus dem sie bestehen, ist hart oder weich, durchsichtig oder undurchsichtig, spröde oder biegsam, bitter oder süß, farbig oder farblos. Es gibt also eine unendliche Zahl der verschiedenen Erscheinungsformen.

Wir können nun drei hauptsächliche Unterabteilungen des Urstoffes erkennen: Stoff in festem Zustand, in flüssigem Zustand und in gasförmigem Zustand. Weitere Untersuchungen zeigen uns nun, dass feste Stoffe, flüssige Stoffe und Gase aus Verbindungen weitaus einfacherer Bausteine bestehen – den Elemente und den Atomen. Aus diesen Atomen bauen sich im Laufe der Entwicklung Moleküle auf, die sich dann zu einfachen Verbindungen zusammenfügen, die nach jeder weiteren Verbindung komplizierter werden.

Über die höchste siebte Ebene, die Ebene des höchsten göttlichen Seins, können wir nichts berichten, sie ist die Welt Gottes.

Auf der nächsten Manifestationsebene, der sechsten Ebene, finden wir eine Elementaressenz vor, die in der allerfeinsten Schwingung pulsiert. Diese Elementaressenz ist primär als geistiger Impuls zu betrachten. Es ist sehr schwer, über diese Ebene Aussagen zu treffen, denn wir sind im Bereich des Sohnaspektes, und wir finden hier die Widerspiegelung der höchsten göttlichen Einheit auf einer tieferen Ebene.

Auf der fünften Ebene sind wir im Bereich des Vater-Sohn-Heiligen-Geist-Aspektes – der heiligen Dreieinigkeit. So wie das geoffenbarte Universum zuerst nur in der Idee des ersten Logos entstand, wurzelt hier die Idee einer Ursubstanz und die Idee aller Formen und Farben. Hier befindet sich der Bauplan des Universums.

Es ist am ehesten damit vergleichbar, dass eine erneute Lebenswelle[29] den Impuls zur Entwicklung der Formen gibt, und diese nun aus dem Geist des Logos nach außen projiziert werden und die Baupläne bilden, nach deren Vorgaben die Bildner und Baumeister später arbeiten müssen. Auf der fünften manifestierten Ebene befinden sich also die Bildner und Baumeister des Universums. Sie sind zu Hierarchien zusammengefasste, aufbauende kosmische Kräfte und werden bezeichnet als:

1. Götter in den verschiedenen Mythologien,
2. Erzengel und Engel im christlichen Glauben,
3. Elohim – Schöpfungsgötter der Hebräer,
4. die sieben Planetenenergien.[30]

---

29 Schöpfungsimpuls
30 Das uralte Wissen vermittelt uns, dass wir den ganzen Kosmos in einer siebenfältigen Art und Weise betrachten können. Die sieben Strahlen sind Urenergien oder Urkraftströme, die in ihrer Wirkung

In diesem sehr hohen Bereich, der einer äußerst feinen Schwingung entspricht, entsteht aus Geist-Stoff das Uratom. Wenn wir die Entsprechung zum Menschen suchen, finden wir hier die Ebene, aus der die Intuition stammt und die in Verbindung mit den abstrakten höheren Gedanken des Menschen steht. Bis hierher reicht der Bereich der Unsterblichkeit. Die Grenze zwischen der Unsterblichkeit und der Sterblichkeit, die jetzt überschritten wird, hat mit dem Willen des Menschen zu tun. Hier befindet sich jene Stelle, an der der Mensch sich entscheiden kann, ob er seinen Weg zurück zu Gott nehmen möchte oder ob er weiterhin in der materiellen Welt bleibt. Diese Grenze wird auch »Ahamkara« oder »Kausalebene« genannt. Schreiten wir nun weiter auf die vierte Ebene hinab, finden wir den Bereich der ersten feinsten Moleküle. Wieder in Bezug auf den Menschen, finden wir hier den Stoff, aus dem die konkreten Gedanken gebildet werden. Dies ist der Bereich des Intellekts oder der niedere Mentalbereich. Weiterschreitend existiert auf der dritten Ebene eine Substanz, die bereits große Moleküle bildet. Es ist jener Stoff, aus dem die Gefühle und Begierden entstehen werden. Wir sind auf der Astralebene angelangt.

Auf der zweiten Ebene erkennen wir bereits einfachere Verbindungen. Dann befinden wir uns auf der Ätherebene, in der alle Formen ausdifferenziert entstehen. In diese Formen kann dann die materielle Substanz hi-

---

mannigfaltigst auf einander abgestimmt sind. Sie sind dauernd schwingende Bindekräfte und stellen so gleichzeitig die Gesamtheit des manifestierten Kosmos dar. Die sieben Strahlen sind die schöpferischen Kräfte des Universums und manifestieren sich untereinander durch die sieben Hauptplaneten.

neinwachsen. Bis hierher reicht der gesamte Feinstoff-
bereich, er entspricht der feinen Schwingung, und jedes
Lebewesen, ob Mineral, Pflanze, Tier oder Mensch, baut
sich zuerst aus diesen höheren Regionen seine unsichtbaren »Kleider« auf. Aus jeder Ebene werden somit, im
Auftrag eines jeglichen eigenen unsterblichen Seins,
entsprechend der Resonanz der sterblichen Persönlichkeit und nach deren Entwicklungsstand, die neuen
physischen Körperkleider des Menschen geschaffen. In
diese sind alle Talente, Eigenschaften und Erfahrungen
eingewoben, die jedes Lebewesen irgendwann auf seiner Wanderung über die Erde erworben hat. Dies ist der
Sinn der Inkarnationen. Denn nur auf diese Weise ist
Entwicklung möglich. Nur so können wir stets von einer göttlichen Gerechtigkeit sprechen.
Wenn ich in meinem Leben einen Stein aus seiner Ordnung gebracht habe, habe ich somit irgendwann wieder die Möglichkeit, diesen Stein in seine alte Ordnung
zurückzubringen. Ausschließlich mit dieser Sichtweise empfinde ich Gerechtigkeit im Leben, und kann es
annehmen, unter guten oder auch unter schlechten
Voraussetzungen geboren zu sein. Ich schmiede mein
Schicksal allein, ja, ich suche mir sogar selbst meine
Eltern aus und muss wissen, dass ich, egal wie mein
Elternhaus aussieht, nur dort die Möglichkeit habe,
den größten Lernschritt zu machen, selbst wenn das
manchmal unter bitteren Tränen geschieht.
Mit der untersten erreichen wir die physische Ebene.
Hier sind wir im Bereich der materiellsten Schwingung

und in der Region der komplizierten Moleküle und Verbindungen angelangt, aus der sich sämtliche Lebensformen in der materiellen sichtbaren Welt aufbauen.

Wir können noch einmal zusammenfassen:
ERSTER LOGOS = Einheit, höchstes göttliches Sein
Die erste Lebenswelle gibt den Impuls zur Entstehung einer Schöpfung.

ZWEITER LOGOS = Polarität, Christusbewusstsein
Transformation des göttlichen Aspekts in drei Energiestrahlen:
Wille und Macht – Vater
Liebe und Weisheit – Sohn
Aktive Intelligenz – Heiliger Geist

DRITTER LOGOS = die drei Aspekte in einem zusammengefasst

Die zweite Lebenswelle gibt nun den Impuls zur Entwicklung der Formen. Alle Formen existieren als Ideen im Geist dieses göttlichen Logos. Durch die zweite Lebenswelle jedoch werden sie nach außen projiziert und bilden so die Modelle und Baupläne für die Bildner und Baumeister der Schöpfung. Ab dem dritten Logos beginnt also der Schöpfungsakt in der Materie. Die dritte Lebenswelle gibt nun den Impuls zur Entstehung der Materie.

Wir erleben in der geoffenbarten Welt zuerst noch einmal die Widerspiegelung der drei höchsten Gottesaspekte auf einer tieferen Ebene, die dann die vier sterblichen materiellen Ebenen hervorbringt.

Im nachfolgenden Diagramm finden Sie noch einmal eine übersichtliche Zusammenfassung dieser Entwicklungsschritte.

Diagramm:
Manifestation der sieben Ebenen

1. Logos	Höchstes göttliches Sein	7. Ebene
2. Logos	Christus-Bewusstsein	6. Ebene
3. Logos	Drei Aspekte in Einem	5. Ebene

Vater
Wille – Macht

Hl. Geist   **Sohn**
Aktive Intelligenz   **Liebe – Weisheit**

Bereich der Modelle aller Formen, die noch in der Vollkommenheit der göttlichen Idee bestehen

= Bildner (zu Hierarchien zusammengefasst)
= Die aufbauenden Kräfte des Universums
= Götter in den verschiedenen Mythologien
= Erzengel und Engelhierarchien der Christen
= Elohim der Hebräer
= Die sieben Planetenenergien

All diese bauen nach den Plänen des Allgeistes in und auf ihren speziellen Ebenen.
Auf diesen Ebenen entsteht die unsterbliche Seele des Menschen, also der Stoff, aus dem die höhermentalen abstrakten Gedanken geformt werden, wie Ideale, religiöses Denken, weiter die Imagination und Intuition und das Gottesbewusstsein. Es ist der Bereich, den wir als unser höheres Sein bezeichnen. Bis hierher reicht der unsterbliche Bereich des Kosmos und analog dazu auch der

Unsterblicher Teil des Menschen

Wille – Ahamkara[32] – Brücke

Sterblicher Teil des Menschen		
Entwicklung des Intellekts	**Mensch**	**4. Ebene**

Auf dieser Ebene entsteht der Stoff der konkreten Gedanken, wir sind im Bereich der niederen Mentalebene. Der Mensch ist sich bis in dieser Ebene bewusst. Er ist in seine sterbliche Persönlichkeit eingetreten.

Entwicklung von Instinkt **Bewegung und Trieben**	**Tier**	**3. Ebene**

Auf dieser Ebene entsteht der Stoff, aus dem sich die Gefühle bilden. Wir sind im Bereich der Astralebene, die Tiere sind sich bis zu dieser Ebene bewusst.

Entwicklung von Plastizität **und Empfindung**	**Pflanze**	**2. Ebene**

Auf dieser Ebene entsteht der Ätherstoff, der die Verbindung zwischen den kosmischen feinen Schwingungen und unseren stofflichen Körpern herstellt. Wir sind im Bereich der Ätherebene, die Pflanzen sind bis hier bewusst.

Entwicklung von Stabilität	**Mineral**	**1. Ebene**

Wir sind auf der physischen Ebene, der sichtbaren materiellen Welt. Das Mineral besitzt zwar wie alle anderen Lebewesen alle Feinstoffkörper, ist sich aber nur im untersten materiellen Bereich bewusst.

*Ahamkara oder auch Antaskarana (indische Bezeichnung für die Brücke zwischen Geist und Materie

Was berichtet uns die Bibel über diese Themen?

Wir wollen nun die Aussagen der Bibel betrachten, um herauszufinden, was uns die Weisheitslehre unseres Kulturraumes sagt. Leider haben sich in die heutige Bibel durch ständige Übersetzungen aus einem Sprachraum in einen anderen sehr viele Übersetzungsfehler eingeschlichen. Da bekannt ist, dass jede Übersetzung nur so gut sein kann wie ihr Übersetzer ist, bin ich davon überzeugt, dass viele sehr wichtige Wahrheiten aufgrund des Unverständnisses der Übersetzer verloren gingen.

Vielleicht sollten wir wieder lernen, unsere »Heilige Schrift« nicht mit dem Verstand, sondern mit dem Herzen zu lesen. Wir können dadurch intuitiv in ihre Geheimnisse eindringen. Ich glaube, der größte Fehler besteht darin, dass man die Bibel wortgetreu liest und an jedem geschriebenen Wort hängt. Die Gefahr, die dabei besteht, ist die, den geistigen Inhalt zu verlieren und dadurch leider auch alle Übersetzungsfehler wortgetreu zu übernehmen.

Über den vierfachen Schriftsinn

Der sogenannte »vierfache Schriftsinn« ist in jedem alten Bericht und häufig auch in Märchen zu finden. Er wurde im Laufe der Jahrhunderte vergessen und ist dadurch verloren gegangen, und niemand spricht mehr davon. Jede Schrift hat vier verschiedene Bedeutungen, die nur in ihrer Gesamtheit die in ihr verschlüsselte Botschaft erklären. In der Psychologie versucht man, wenigstens in den Märchen noch nach diesem verborgenen Schriftsinn zu suchen. Aber wie ist es mit der Bibel? Wir kennen folgende vier Auslegungen und Hintergründe der historischen Schriften und daher auch der Bibel:

1. LITERA SENSUS LITERARICUS = direkter Sinn oder der historische Sinn, der jedem Text aus der Bibel zugrunde liegt
2. LITERA MORALIS oder TYPOLOGICUS = der moralische Sinn oder das Vorbildhafte in jedem der biblischen Worte
3. LITERA ALLEGORICUS = der allegorische oder spirituelle Schriftsinn
4. LITERA ANAGOICUS = das Zurückführen der Seele in ihre Göttlichkeit oder in die Erfüllung im Jenseits

Um aufzuzeigen, was damit gemeint ist, möchte ich als Beispiel das Gleichnis vom verlorenen Sohn anführen.

Im direkten oder historischen Sinn ist es eine Geschichte, in der ein Sohn mit seinem Erbe, das er vom Vater bekam, in die Welt zog und dort alles verlor. Arm, verlassen und abgebrannt kam er zurück zum Vater und wurde mit offenen Armen empfangen. Dies ist eine Geschichte, die in vielen Familien passieren kann und deshalb nichts Besonderes ist.

Betrachten wir nun den moralischen oder vorbildhaften Sinn, dann können wir beurteilen, dass der Sohn nicht richtig gehandelt hatte, sein Erbe zu verschleudern, um dann wieder arm zu seinem Vater zurückzukehren und erneut von dessen Hilfe zu leben. Der Vater wiederum zeigt in seiner Freude, dass der Sohn nach Hause gekommen ist, eine sehr positive menschliche Haltung. Der Bruder aber, der durch seine Arbeit das Vermögen des Vaters vergrößert hat, kann diese Haltung nicht verstehen. Hier drücken sich Neid und Unverständnis aus.

Betrachten wir aber jetzt den allegorischen oder spirituellen Schriftsinn, der in erster Linie allen heiligen Büchern zugrunde liegt, dann sieht diese einfache Geschichte auf einmal ganz anders aus:

Hier entspricht der verlorene Sohn der menschlichen Seele, die sich auf dem Weg ihrer Entwicklung vom Vater trennt und sich nun in ihrer sterblichen Persönlichkeit immer mehr in der Materie verliert. Sie vergeudet also das Erbe ihres Vaters, nämlich das Wissen über ihren göttlichen Ursprung. Sie vergisst ihre Spiritualität und sinkt immer tiefer in die Materie ein. So verliert sie sich an die Welt. Erst durch einen langen Weg mit Leid und Kummer findet sie wieder nach Hause zum Vater zurück. Dieser lange Weg hat natürlich die menschliche Seele nicht nur weitergebracht, sondern sie ist sich ihrer Göttlichkeit wieder bewusst geworden. Sie hat den ihr vorgegebenen Entwicklungsschritt vollzogen.

Der Sohn, der zu Hause geblieben ist, hat diesen Bewusstwerdungsschritt noch nicht vollzogen. Er verharrte zwar in seiner Göttlichkeit, blieb aber dafür auch unbewusst, weil seine Reise durch die Entwicklungsschritte noch gar nicht begonnen hatte. Das ist der Grund, warum der Vater seinen verlorenen Sohn mit offenen Armen aufnahm und ihm zu Ehren ein Fest gab.

Im Wortsinn des Litera anacoicus finden wir die Rückkehr der Seele in ihre Göttlichkeit. Die menschliche Seele ist sich ihrer Göttlichkeit erneut bewusst geworden. Sie lässt jetzt die Materie mit Freuden hinter sich. Hier gilt deutlich das Christuswort: »Suchet, so werdet ihr finden, klopfet an, und es wird euch aufgetan.« Als die suchende Seele bewusst geworden ist, klopft sie an des Vaters Haus, und es wird ihr aufgetan.

Der Vater = Gott, nimmt sie mit offenen Armen auf, er kommt also der suchenden und zurückfindenden Seele entgegen, und somit findet sie ihre Erfüllung in der Einheit.

Ich möchte ebenfalls eine andere Geschichte aus einem der heiligen Bücher des persischen Sprachraums nach diesen Gesichtspunkten aufschlüsseln. Es ist die Erzählung »Der Pilger und der Tempel«.

Der Wächter: Herr! Ein armer Wanderer steht vor der Tür und bittet um Einlass!

Der Herr: Lass ihn eintreten und frage ihn, woher er kommt und was er begehrt.

Der Wächter: Tritt herein, lieber Wanderer, und erzähle mir, woher du kommst und womit ich dir dienen kann?

Der Pilger: Heil dir, Bruder! Lang und leidvoll ist mein Weg gewesen. Jetzt aber ist meine Freude groß, denn ich habe mein Ziel erreicht. Seit sieben Tagen und sieben Nächten wandere ich auf dem Weg zu diesem Tempel. Meine ganze Kraft ist erschöpft, aber vor den heiligen Mauern dieses Tempels fühle ich mich schon wieder glücklich und wohl. Ich stamme aus der Familie der Versunkenen und wohnte in der Stadt der Unwissenheit. Von Kindheit an hegte ich große Sehnsucht nach Wanderschaft, doch ist dieser Wunsch jahrelang in meinem Herzen verborgen geblieben, denn ich hatte keinen Mut und keine Möglichkeit, ihn zu erfüllen. Oft hat die Sehnsucht mein Herz verzehrt, aber keine Mittel und keine Hoffnung waren vorhanden, sie zu stillen! In einer Nacht träumte ich, dass ich mich an einem unbekannten Ort befände und eine Hand, die wie ein leuchtendes Bild aussah, mir einen Weg wies, an dessen Ende dieser Tempel sichtbar war. Ich sah dann eine weiße Taube, die über dem Weg entlangflog, diesen Tempel erreichte und darin verschwand.

Am nächsten Morgen fühlte ich in mir eine ungewöhnliche Kraft und Freude und wusste, dass ich nunmehr meine Wanderschaft antreten musste. Ich habe meine Familie und meine Stadt verlassen und den geträumten Weg gesucht. Nach siebenstündigem Wandern gegen Osten kam ich an einen Ort, an dem sich der Weg teilte, und ich wusste nicht, welchem ich folgen sollte. Während ich von Zweifeln erfüllt war, gewahrte ich eine weiße Taube vor mir herfliegen, und ich hörte in meinem Inneren die Stimme dieser Taube.

Sie nahm den Weg, der rechts von mir lag, und ich ging auf diesem Weg bis es Abend wurde. Die Taube war dann längst verschwunden. Müde vom Laufen legte ich mich neben einem Stein nieder und schlief ein. Als ich nach einigen Stunden erwachte, war es schon ganz dunkel. Plötzlich erschien vor mir ein Licht, ein wie in Nebel gehüllter Stern, und die innere Stimme sprach: »Folge diesem Licht!«

Das tat ich freudig bis die Morgendämmerung anbrach und die goldenen Strahlen der Sonne die dunkle Erde mit einem Lichtmeer umgab. Das Licht war verschwunden, aber die weiße Taube erschien jedes Mal wieder, wenn sich Wege vor mir kreuzten, und führte mich auf den richtigen Weg.

So, lieber Bruder, bin ich sieben Tage und sieben Nächte gewandert. Sieben Täler musste ich durchziehen und sieben Berge ersteigen, bis ich diesen Tempel erreichte. Die sumpfig-unheimlichen Täler und die steilen gefährlichen Felsen haben mir oft meine Hoffnung und meine Kraft geraubt – aber mein Glaube war stärker.

Oft waren die weiße Taube und der leuchtende Stern vor meinen Augen verschwunden, und ich fühlte mich ganz verlassen. Jedes Mal, wenn meine Kraft versagen wollte, vernahm ich die innere Stimme, die mir ermunternd zuflüsterte: »Mut, und immer Mut.«

Heute ist der siebte Tag, und als ich diesen Tempel von weitem erblickte, sah ich gerade noch die weiße Taube in den Tempel hineinfliegen. Jetzt weiß ich, dass ich mein Heil nur hier zu suchen habe und dass dieser Tempel mein Ziel ist. Darum lege ich mich mit wunden Füßen vor sein Tor hin und hauche glückselig meinen letzten Atemzug aus!

Der Wächter (nachdem er in den Tempel zurückgekehrt war): Herr! Der arme Wanderer hat mir seine Pilgerfahrt ausführlich geschildert und mit dem letzten Wort hat er auch seinen letzten Atemzug ausgehaucht.

Der Herr: O nein, wer meinen Tempel zu erreichen sucht und meinem Licht und meinem Worte folgt, der kann niemals sterben!

(Der Wächter nimmt plötzlich wahr, dass der Pilger neben dem Herrn erscheint.)

Der Herr: Siehe! Wie königlich er an meiner Seite steht; er, mein geliebter Sohn, der heilige Pilger zum heiligen Tempel!

Diese Geschichte ist in ihrem historischen direkten Sinn und in ihrem moralischen Schriftsinn ganz klar. Anders sieht es aus, wenn wir den allegorisch-spirituellen Schriftsinn anschauen, denn der bleibt uns bei der ersten Lesung verborgen. Erst wenn uns die Symbolik bekannt ist, können wir den tiefen Sinn dieser Geschichte ganz erfassen. Die Bedeutung der Symbole ist folgende:

1.	Der Pilger	= der erwachte Mensch
2.	Der Osten	= wahre Erkenntnis, Weisheit[31]
3.	Weiße Taube	= die Seele
4.	Weißes Licht	= der Glaube
5.	Innere Stimme	= die Intuition
6.	Die 7 Täler	= die 7 Hauptlaster[32]
7.	Die 7 Berge	= die 7 Haupttugenden
8.	Der Wächter	= göttliche Vernunft
9.	Der Tempel	= die erlösende Wahrheit
10.	Der Herr des Tempels	= der Gottesgeist im Menschen

Wenn wir nun diese Symbole in die Geschichte einfügen, offenbart sich erst der tiefe Sinn dieser Erzählung, die den Menschen den richtigen Weg zurück zu Gott zeigen soll.

Die göttliche Vernunft (der Wächter) spricht mit dem Gottesgeist im Menschen (dem Herrn): Ein erwachter Mensch (armer Wanderer) steht vor der Tür und bittet um Einlass!
Der Herr: Lass ihn eintreten, und frage ihn, woher er kommt und was er begehrt.
Der Wächter (die göttliche Vernunft) spricht jetzt mit dem erwachten Menschen: Tritt herein, und erzähle mir, woher du kommst und womit ich dir dienen kann?

---

31 symbolisiert durch den Sonnenaufgang
32 die hauptsächlichen Gründe, aus denen der Mensch immer wieder aus seiner Mitte geworfen wird – sowohl im Positiven wie auch im Negativen

Der Pilger (der erwachte Mensch): Heil dir, Bruder! Lang und leidvoll ist mein Weg gewesen. Jetzt aber ist meine Freude groß, denn ich habe mein Ziel erreicht. Durch sieben Tugenden und sieben Laster wanderte ich auf dem Weg und suchte die erlösende Wahrheit. Meine ganze Kraft ist erschöpft, aber vor den heiligen Mauern der erlösenden Wahrheit fühle ich mich schon wieder glücklich und wohl.

Ich stamme aus der Familie der Versunkenen (die sterbliche Persönlichkeit) und wohnte in der Stadt der Unwissenheit (in der materiellen Welt). Von Kindheit an hegte ich große Sehnsucht, mich auf die Suche nach Gott zu begeben. Doch ist dieser Wunsch jahrelang in meinem Herzen verborgen geblieben, denn ich hatte keinen Mut und keine Möglichkeit, ihn zu erfüllen. Oft hat die Sehnsucht mein Herz verzehrt, aber keine Mittel und keine Hoffnung waren vorhanden, sie zu stillen!

In einer Nacht träumte ich, dass ich mich an einem unbekannten Ort befände, und eine Hand, die wie ein leuchtendes Bild aussah, mir meinen Weg wies, an dessen Ende die erlösende Wahrheit sichtbar war. Ich sah dann meine Seele, die den Weg entlangflog, die Wahrheit erreichte und in ihr verschwand.

Am nächsten Morgen fühlte ich in mir eine ungewöhnliche Kraft und Freude und wusste, dass ich nunmehr meine Wanderschaft antreten musste. Ich habe meine Familie und meine Stadt verlassen und den geträumten Weg gesucht. Sieben Jahrzehnte war ich auf der Suche nach der wahren Erkenntnis und der Weisheit. Da kam ich an einen Ort, an dem sich der Weg teilte, und ich wusste nicht, welchem von beiden Wegen ich folgen sollte. Während ich so von Zweifeln erfüllt war, gewahrte ich, wie eine weiße Taube als Sinnbild meiner Seele vor mir herflog, und ich hörte aus meinem Inneren die Stimme meiner Intuition.

Sie wies mir den Weg, welcher rechts von mir lag, und ich ging auf diesem Weg, bis es Abend wurde. Ich hörte meine innere Stimme längst nicht mehr. Müde vom Laufen legte ich mich neben einem Stein nieder und schlief ein. Ich unterbrach meinen Weg, weil ich mich in dichtester Materie verstrickte und unterbrach meine Gottsuche. Als ich nach einigen Stunden erwachte, war es schon ganz dunkel, und irgendwann wurde ich mir meiner Verstrickungen bewusst und sah, in welche Dunkelheit ich mich begeben hatte. Erst durch diese Erkenntnis erwachte in mir ein tiefer Glauben und meine innere Stimme sprach: »Folge deinem Glauben!« Das tat ich freudig bis die Morgendämmerung anbrach und die goldenen Strahlen der Sonne die dunkle Erde mit einem Lichtmeer umgaben. Mein Glaube war nicht immer fest, aber meine Seele sprach zu mir, wenn sich Wege vor mir kreuzten, und führte mich auf den richtigen Weg.

So, lieber Bruder, bin ich sieben Tage und sieben Nächte gewandert. Sieben Hauptuntugenden musste ich überwinden und zum Ausgleich dafür sieben Haupttugenden erlernen, bis ich die erlösende Wahrheit fand. Die sumpfig-unheimlichen Untugenden und die steilen schwer erlernbaren Tugenden haben mir oft meine Hoffnung und meine Kraft geraubt – aber mein Glaube war stärker.

Oft hörte ich die Stimme meiner Seele nicht, und mein Glaube war vor meinen Augen verschwunden, und ich fühlte mich ganz verlassen. Jedes Mal, wenn meine Kraft versagen wollte, vernahm ich aber wieder die innere Stimme, die mir ermunternd zuflüsterte: »Mut, und immer nur Mut und Gottvertrauen.«

Heute ist der siebte Tag. Dies symbolisiert mir, dass ich die siebte, die höchste Bewusstseinsebene erreicht habe. Als ich die erlösende Wahrheit vor mir erblickte, erkannte ich, dass sich meine Seele mit dieser erlösenden Wahrheit verband. Jetzt weiß ich, dass ich mein Heil nur hier zu suchen habe und dass ich endlich angekommen bin. Darum lege ich mich mit wunden Füßen am Ende meiner Suche hin und hauche glückselig meinen letzten Atemzug aus, denn die Notwendigkeit körperlicher Existenz hat sich nun erübrigt – und mit diesem letzten Atemzug löse ich mich aus der polaren Welt!

Der Wächter (die göttliche Vernunft) sprach nun zum Gottgeist: Die erwachte Seele hat mir ihre Pilgerfahrt, die sie in ihrer sterblichen Persönlichkeit durchführen musste, ausführlich geschildert, und mit dem letzten Wort hat die Persönlichkeit ihren letzten Atemzug ausgehaucht.

Der Herr (der Gottgeist) sprach: O nein, wer die erlösende Wahrheit zu erreichen sucht und meinem Licht und meinem Worte folgt, der kann niemals sterben!

(Der Wächter nimmt plötzlich wahr, dass der Pilger neben dem Herrn erscheint – also eins mit ihm geworden ist.)

Der Herr: Siehe! Wie königlich er an meiner Seite sitzt; er, mein geliebter Sohn, der in seinem höheren unsterblichen Sein erwachte Mensch, der die erlösende Weisheit gefunden hat, und bewusst geworden ist.

So erkennt man den viel tieferen Sinn dieser Erzählung, nämlich, dass sie ein Wegweiser für den suchenden Menschen ist. Man könnte noch viel mehr Geschichten erzählen, wie sie beispielsweise in der Bhagavadgita zu lesen sind. Dieses heilige Buch Indiens offenbart seinen wahren Sinn auch erst dann, wenn man den spirituellen Schriftsinn erkennt.

Mit diesen Beispielen wollte ich nur aufzeigen, dass wir auch unsere Bibel auf alle vier verschiedenen Aussagen hin lesen können. Haben wir nun einen Übersetzer, der von dem dritten und vierten Schriftsinn nichts weiß, bleibt die Übersetzung eine historische Erzählung, die dann nichts anderes als eine Art Roman ist. Ich hoffe, dass Sie jetzt verstehen, warum ich davor warne, die Bibel und andere heilige Schriften wortwörtlich zu lesen. Aber nicht nur die Unkenntnis über die vier verschiedenen Schriftsinne führt zu Missverständnissen beim Studium der Bibel, sondern auch die Tatsache, dass das Alte Testament in der hebräischen Sprache aufgezeichnet wurde. Dies soll unser nächstes Kapitel näher beleuchten.

Über das hebräische Alphabet

Die nächste Fehlerquelle in der Bibelübersetzung finden wir schon allein in der Eigenart des hebräischen Alphabets. Jeder der hebräischen Buchstaben enthält in sich nicht nur einen, sondern drei Begriffe:

den Buchstaben (die Hieroglyphe),
einen Zahlenwert,
eine Idee.

Dann lässt sich das Alphabet noch in drei Zahlengruppen einteilen:

1. Die Buchstaben Aleph (= 1. Buchstabe) bis zum Buchstaben Jod (= 10. Buchstabe), also die Zahlenwerte 1–10, standen für die unsichtbare Welt, die Welt der Engel (erhabene Intelligenzen), die die Ströme des ersten ewigen Lichtes empfingen, das dem Vater zugeschrieben wird, von dem alles stammt und alles erschaffen wurde.
2. Die Buchstaben Caph (= 11. Buchstabe) bis einschließlich Hain (= 20. Buchstabe), die die Zahlenwerte 20–70 haben, wurden den verschiedenen Ordnungen oder Gruppen der Engel zugeschrieben, die die sichtbare Welt bewohnen, d. h. die Welt der

Gestirne, die dem zweiten Logos als Gott Sohn zugeteilt ist, der dieser göttlichen Weisheit entspricht, die in der Unermesslichkeit des Raumes die zahllosen kreisenden Himmelskörper geschaffen hat. Jeder Himmelskörper steht unter der Obhut einer Intelligenz, die vom Schöpfer damit betraut wurde, diesen in seiner Bahn zu halten, damit keines der Gestirne die harmonische Ordnung stören könne.

3. Die Buchstaben Phe (= 21. Buchstabe) bis einschließlich Thau (= 30. Buchstabe), die die Zahlenwerte 80–400 haben, wurden der elementaren Welt zugeordnet, die nach den Philosophen dem Heiligen Geist entspricht, der das innere Sein der Wesen ausfüllt und allen Kreaturen Seele und Leben gibt.

Selbstverständlich ist das nur ein Bruchteil der Interpretationsmöglichkeiten jedes einzelnen Buchstabens des hebräischen Alphabets. Eine intensivere Betrachtung würde den Rahmen dieses Buches sprengen. Die Leser, die sich näher mit dieser Materie befassen wollen, finden im Literaturverzeichnis entsprechende Werke.

Wer von uns, der heute die Bibel liest, weiß noch um den tieferen Sinn, der hinter der hebräischen Schrift liegt, und welcher Übersetzer wusste das überhaupt? Wenn wir z. B. im Hebräischen nur den Zahlenwert betrachten, der sich hinter jedem Buchstaben befindet, bekommen die Berichte bereits einen sehr wichtigen Qualitätsbegriff. Durch ihren Zahlenwert kann oft schon so viel ausgedrückt werden, dass man auf umständliche

Erklärungen verzichten kann. Dieses allein birgt bereits eine ganz große Fehlerquelle für jede Übersetzung in sich, denn die Beigabe von Zahlenwerten finden wir weder im Griechischen noch im Latein, noch im Deutschen.

Ich möchte an einem Beispiel die Fehlerquelle aufzeigen, die durch das Weglassen des Zahlenwertes entstehen kann. Der Zahlenwert, der sich aus der Summe der Buchstaben ergibt, die für eine bestimmte Schilderung benutzt werden, lokalisiert die Bewusstseinsebene, auf der die geschilderte Handlung angesiedelt ist.

Die zehn Schöpfungstaten

Im Talmud, der großen jüdischen Weisheitslehre, steht, dass drei Dinge vor der Erschaffung der Welt bereits erschaffen waren:

> der Feuer-Äon,
> der Luft-Äon,
> der Wasser-Äon.

Wenn wir nun in der Genesis 1, 1–31, über die Schöpfungstage lesen, so heißt es darin vor der Beschreibung jeder Schöpfungstat: »Und Gott sprach:«. Diese Worte kommen insgesamt zehnmal vor. (Im Hebräischen steht die Zahl 1 oder 10 oder 100 oder 1 000 usw. immer für einen vollkommenen Zyklus oder für die Einheit, genauso wie für Gott in der Einheit, also für den noch ungeoffenbarten Gott.)

Diese zehn Schöpfungstaten wurden in sechs Tagen vollbracht. Jede von ihnen resultiert in der Erschaffung einer Zweiheit, also der Polarität.

1. Tag	Licht und Finsternis	= Feuer
2. Tag	Wasser über der Feste und Wasser unter der Feste	= Luft (Firmament)
3. Tag	a) Wasser und Land b) Samentragende und fruchttragende Gewächse	= Wasser = Erde
4. Tag	Sonne, Mond und Sterne	= Feuer
5. Tag	Lebewesen über dem Wasser Lebewesen im Wasser	= Luft = Wasser
6. Tag	a) Vieh und wilde Tiere b) Den Menschen als Mann und Frau	= Erde

Wie wir in dieser Zusammenstellung sehen, berichtet die Genesis genauso wie der Talmud zuerst von der Erschaffung der Elemente, die in Äonen von Jahren entstanden – also in einem für uns unvorstellbaren Zeitraum.

Ich möchte nun noch einmal zum besseren Verständnis der Schöpfungstaten darauf hinweisen, dass die Zahl 1 immer für die Einheit, die Vollkommenheit steht. Im 1. Buch Moses, Kapitel 1, finden wir die Schöpfung noch in ihrer Vollkommenheit vor. Sie besteht ausschließlich in der Ideenwelt Gottes. Es entsteht der Bauplan für eine Schöpfung, aber Gott ruht noch in seiner Einheit. Es ist noch nichts geoffenbart. Der Anfang des ersten Kapitels, also auch der Anfang der Bibel, beginnt mit dem Wort – Bereschit – »im Anfang«. Somit ist der erste Buchstabe in der Bibel »Bet«, der dem Zahlenwert 2 entspricht. Hier können wir bereits die Aussage finden, dass jetzt von einer Schöpfung berichtet wird, die in die Zweiheit, in die Polarität führt.

Im zweiten Kapitel sehen wir die Ziffer 2, die der Zweiheit entspricht, die 1 fehlt. Also hat bereits ein Herausfallen aus der Einheit stattgefunden. Die Schöpfung ist jetzt in den Bereich der Offenbarung, der Polarität, der Differenzierung, also in die geoffenbarte Welt gesunken. Ab dem vierten Vers wird nun von den Elohim oder in anderen Übersetzungen von »Gott dem Herrn« gesprochen. Unter Elohim versteht man in den alten Schriften die sieben Wesenheiten, die das Universum erschufen. Sie sind die sogenannten Baumeister, die nach dem göttlichen Plan wirken. Die Elohim werden zu einem Gottesbegriff zusammengefasst – dem Schöpfergott.

Über die Erschaffung des Menschen

Im fünften Vers des zweiten Kapitels heißt es: »Da gab es noch keinen Steppenstrauch auf Erden, und Grünkraut sprosste noch nicht auf dem Felde; denn Gott der Herr hatte es noch nicht regnen lassen auf die Erde, und kein Mensch war da, den Boden zu bebauen.« Demzufolge wurde die Materie noch nicht aus dem Göttlichen beseelt.

In Vers 7 heißt es dann: »Da bildete Gott der Herr den Menschen aus dem Staub der Ackerscholle und blies in seine Nase den Odem des Lebens; so ward der Mensch zu einem lebendigen Wesen.«

Anhand dieser Berichte ist es jetzt wieder lohnenswert, auf die Zahlenwerte und ihre Aussage einzugehen.

Wir lesen also im ersten Kapitel in Vers 27 »So schuf Gott den Menschen nach seinem Abbild, nach Gottes Bild schuf er ihn, als Mann und Frau erschuf er sie.«

Da wir noch im ersten Kapitel sind, wird hier von der Erschaffung des Menschen als Idee Gottes berichtet und noch nicht der Vorgang in der geoffenbarten Welt.

Im zweiten Kapitel, als die Schöpfung in die geoffenbarte Welt tritt, in die Zweiheit, in die Polarität, wird der Mensch aus dem Staub der Ackerscholle im siebten Vers erschaffen. Jetzt kann uns etwas sehr Interessantes auffallen: In 1,27 findet die Erschaffung des Menschen als Idee Gottes statt. In 2,7 findet die Erschaffung des Menschen in der geoffenbarten Welt statt.

Wir finden also hier wieder die Zahlen 2 und 7, aber

jetzt ohne die Zahl 1, d.h., die Erschaffung des Menschen ist bereits aus der Einheit der höchsten Gottheit herausgefallen, um in der geoffenbarten polaren Welt manifest zu werden.

Ich wollte anhand dieser Beispiele einmal aufzeigen, wie viel mehr Aussagen in der ursprünglich geschriebenen Bibel zu finden sind. Genau diese konnten aber nicht in den Übersetzungen erscheinen, weil in unseren Sprachen die Buchstaben keine Zahlenwerte und keine ideellen Qualitäten besitzen und daher diese Informationen nicht mehr symbolisch wiedergegeben werden können.

Aufgrund dieser Berichte können wir feststellen, dass unsere Heilige Schrift mit der Erschaffung der Welt beginnt. Es wird zwar im 1. Buch Moses von dem göttlichen ungeoffenbarten Einen berichtet, in dessen Idee sich alles geformt und gebildet hat, aber selbst die Elemente, die in Äonen von Jahren erschaffen wurden, sind schon in der Polarität, also in der geoffenbarten Welt und abgespalten von der Einheit. Unsere Bibel beginnt also mit der Botschaft, dass hier im weiteren Bericht der Werdegang der Schöpfung auf ihrem Weg in die Zweiheit und in die sichtbare Manifestation beschrieben wird. Aber wir dürfen nicht übersehen, dass es Religionen gibt, deren heilige Schriften auch über die vorhergehenden göttlichen Entwicklungsschritte berichten. Auf alle diese Quellen einzugehen würde die Grenzen dieses Buches deutlich überschreiten. Jedem interessierten Leser kann ich das Tao Te King, die Lehre Zoroasters, die brahmanische Weisheit der Upanischaden, die Kabbala, usw. empfehlen, denn in all diesen Lehren wird von dem Einen, den Dreien, den Sieben und den Vielen berichtet und verkündet.

Der Suchende wird aber, wenn die richtige Zeit gekommen ist, immer das passende Buch oder den richtigen Lehrer finden, vorausgesetzt, sein Wunsch, wieder den Weg zur Rückbindung ins Göttliche zu gehen, entspringt aus seinem tiefsten Herzen.

Wenn wir zusammenfassen, haben wir bis jetzt Folgendes erfahren: Ehe die Schöpfung ins Dasein tritt, trägt das höchste göttliche Sein oder der erste Logos, das Ganze als Idee in seinem Geist – alle Kräfte, alle Formen, all das, was durch einen entsprechenden Werdegang im objektiven Leben in Erscheinung treten soll. Dieses göttliche Sein begrenzt den Umkreis der Offenbarung, innerhalb dieses will es seine Kräfte entfalten. Es entfaltet sich, indem es sich bis ins kleinste Detail differenziert und ausdehnt. Aber in diesem Prozess ist dann auch gleichzeitig eine Beschränkung enthalten. Das höchste Sein begrenzt sich also selbst, um das Leben und der Inhalt seines Universums zu werden.

Planetenenergien

Beobachten wir weiter, so erkennen wir, dass Schichten fortschreitender Dichte erscheinen, von der göttlichen Substanz über die feinste Materie hinab, bis sich gewaltige Regionen immer dichter werdender Materie gebildet haben. In diesen Regionen erscheinen Kraftzentren und Materiewirbel, die sich voneinander trennen, bis wir endlich, wenn die Vorgänge der Absonderung und Verdichtung vollendet sind, eine zentrale Sonne sehen – das physische Symbol des Logos. Diese Sonne wird von sieben Planetenengeln oder, anders ausgedrückt, von sieben Planetenenergien, die mit ihrer kosmischen Kraft auf die Erde einwirken, begleitet. Die sichtbaren Planeten sind nur die physischen Repräsentanten der kosmischen Planetenenergien. Betrachten wir nun den Planeten Erde, so sehen wir, wie Lebenswellen über ihn hinwegziehen, umso die Naturreiche zu bilden. So entstehen das Mineralreich, das Pflanzenreich, das Tierreich und das Menschenreich gemäß der göttlichen Uridee.

Schränken wir nun unser Blickfeld noch weiter ein und betrachten wir nur unsere Erde und ihre Bewohner, so können wir die Menschheitsentwicklung beobachten, und wir sehen, wie der Mensch durch eine lange Reihe von aufeinanderfolgenden Lebensperioden endlich das Christusbewusstsein entwickelt. Fassen wir schließlich das Leben eines einzelnen Menschen ins Auge, können wir sein Wachstum verfolgen und sehen, dass jede einzelne Lebensperiode aus drei Teilen besteht: aus Vergangenheit, Gegenwart und Zukunft. Jede ist durch ein unbeugsames Gesetz mit allen ihr vorangehenden Perioden verbunden, deren Ergebnisse der Mensch erntet. Genauso ist er mit allen zukünftigen Perioden verbunden, deren Ernte er jetzt sät. Es gibt den schönen, sehr einfachen Satz: »Du bist, was du warst, und du wirst sein, was du bist.«

Wir sehen, dass das der Weg des Menschen zum Aufstieg ist, denn jede Lebensperiode bereichert seine Erfahrungen. Jede Erfahrung lässt ihn an Lauterkeit, Verstandeskraft, Demut und Weisheit wachsen, bis er endlich dort steht, wo er erkennt, dass das wahre ewige Leben nicht von dieser Welt ist. Hat sich diese Erkenntnis in seinem Herzen festgesetzt, dann vermag er alles, was er einst als Leihgabe Gottes in der physischen Welt erhalten hat, wieder dankbar loszulassen. Jetzt endlich kann er losgelöst und ungebunden von allem Irdischen in die Verschmelzung mit dem göttlichen Sein eintauchen. In diesem Fall hat er das Lernziel erreicht und fällt aus dem Rad der Wiedergeburt. Er hat dann aus der Begegnung und Auseinandersetzung mit der Polarität und der Materie sein Ziel erreicht. Somit benötigt das höchste menschliche Sein oder unsere unsterbliche Seele keinen Leihkörper mehr, um in der stofflichen Welt Erfahrungen und Lernschritte zu machen. Der Kreislauf ist beendet, und die unsterbliche Seele kann in das höchste göttliche Sein zurückkehren, aus dem sie sich irgendwann einmal herausgelöst hat. In der Bibel wird dieses Herausfallen mit dem Sündenfall beschrieben. Ich ziehe dem Begriff »Sünde« den Begriff »Absonderung« vor. Es gab sicherlich viele Gründe, ja, sogar Notwendigkeiten für diese Absonderung. Mag es der Wunsch gewesen sein, Macht auszuüben oder der Drang, Neugierde zu befriedigen oder wie bei Adam und Eva der Anspruch, so sein zu wollen wie Gott!

Aus der Apokalypse des Adam

An dieser Stelle möchte ich gern aus der Apokalypse des Adam ein Mysterium zitieren, das er seinem Sohn Seth im siebenhundertsten Jahre enthüllt hat (aus den Schriftrollen aus Nag Hammadi).

»Höre meine Worte: Als Gott mich und deine Mutter aus Erde geschaffen hatte, wandelten wir in einer Herrlichkeit, die wir in dem Äon gesehen hatten, aus dem wir entstanden waren (das höchste göttliche Sein). Wir glichen den großen ewigen Engeln, denn wir waren erhabener als der Gott, der uns erschaffen hatte (der Schöpfergott in der Materie, die Elohim). Dann aber spaltete uns Gott, der Herr der Äonen. Wir wurden zu zwei Äonen (Entstehung der Polarität). Die Herrlichkeit in unseren Herzen verließ uns, mich und deine Mutter Eva, zusammen mit der ersten Erkenntnis, die in uns atmete. Die Herrlichkeit floh von uns, und die Erkenntnis, die nicht aus dem Äon stammte, aus dem wir geschaffen waren, drang ein in den Samen großer Äonen. Nach diesen Tagen zog sich die ewige Erkenntnis des Gottes der Wahrheit von mir und deiner Mutter Eva zurück. Von da an erkannten wir nur noch tote Dinge, eben wie es Menschen tun. Wir wurden nur des Gottes gewahr, der uns geschaffen hatte (den Elohim). Denn wir waren nicht mehr verschieden von seinen Kräften. Nach diesem allen wurde es dunkel in unseren Herzen. Ich schlief im Denken meines Herzens. Da sah ich plötzlich drei Männer vor mir, die den Gott, der uns erschaffen hatte, an Herrlichkeit übertrafen. Und die drei Männer sprachen: Erhebe dich, Adam, aus dem Schlaf des Todes und vernimm alles über den Äon und den Samen des Menschen, zu dem das Leben gekommen ist und der aus dir und deiner Gefährtin Eva stammt.

Als ich diese Worte von den großen Männern hörte, da seufzten wir in unseren Herzen. Da stand aber auch schon der Herr, der Gott, der uns erschaffen hatte, vor uns und sprach: Adam, warum habt ihr geseufzt in eurem Herzen, wisst ihr denn nicht, dass ich Gott bin, der euch erschaffen hat? Ich blies in euch den Geist des Lebens als eine lebendige Seele.

Da legte sich Finsternis über unsere Augen. Dann schuf der Gott, der uns erschaffen hatte, einen Sohn aus sich selbst und deiner Mutter Eva und sprach: ›Ich bin Gott, es gibt keinen anderen außer mir. Du aber bist Erde und sollst wieder zu Erde werden mit Eva, deinem Weibe.‹ Und in meinem Denken und in meinem Herzen trug ich ein süßes Verlangen nach deiner Mutter. Doch da wurde die Kraft unserer ewigen Erkenntnis in uns zerstört und Schwäche überkam uns. Deshalb waren unsere Tage gezählt. Ich wusste, dass ich unter die Gewalt des Todes geraten bin.«

Soweit aus den Apokryphen. Ich fand diesen Bericht sehr lesenswert, spricht Adam doch von der Entstehung der Menschheit und von dem Herausfallen aus dem höchsten göttlichen Sein, um der Macht des »Schöpfergottes« zu verfallen. Damit tauscht er seine Unsterblichkeit für den Preis der Menschwerdung ein und unterwirft sich jetzt der Sterblichkeit und dem Tod.

Ich möchte Ihnen die Apokryphenschriften wärmstens empfehlen, weil man durch sie lernt, die Bibel besser zu verstehen.

Wir wissen nicht, was unsere Seele bewogen hat, sich aus der göttlichen Einheit heraus zu entwickeln. Wir können nur vermuten, dass der tiefe Sinn die Bewusstwerdung des Menschen sein soll.

Wir sind aus der Region des Lichtes herausgefallen und in die Dunkelheit eingetaucht. Wird aber in uns die Welt des Lichtes wieder wirksam, treten wir erneut in diese Sphäre ein, und die Wahrheit wird in uns erkennbar. Erst in ihr erfährt der Mensch seinen wahren Ursprung und den der Schöpfung. Wer aus dem Lichte lebt, erkennt sowohl Licht als auch Schatten. Wer aus dem Schatten lebt, erkennt nur diesen.

All diese Dinge und Prozesse zu verstehen, soll unser Bestreben sein. Dass dieser Wunsch schon Tausende von Jahren alt ist, können wir an den Richtlinien nachvollziehen, die Hermes Trismegistos[33] bereits auf seiner »Tabula Smaragdina« aufgezeichnet hatte. Hierbei handelte es sich um sieben Gesetze oder sieben Prinzipien

---

33 Im Kapitel acht wird alles über Hermes Trismegistos und über seine Gesetze, die er auf der »Tabula Smaragdina« niederschrieb, ausführlich behandelt.

der Wahrheit. »Derjenige, der sie kennt mit vollem Verständnis, besitzt den magischen Schlüssel, bei dessen Berührung alle Tore des Tempels sich öffnen.« (Kybalion)

Ich möchte am Ende dieses Kapitels den Satz eines hermetischen Meisters anfügen, der diesen bereits vor sehr langer Zeit ausgesprochen hat:
»Derjenige, der die Wahrheit der geistigen Natur des Universums begreift, ist weit auf dem Weg zur Meisterschaft fortgeschritten.«
Ich hoffe und wünsche, dass mir mein Versuch gelungen ist, die überaus komplizierten Vorgänge der Schöpfung vereinfacht zu erklären. Sicherlich finden wir den Weg zu diesem großen Wissen nur über Analogien und durch das Studium der heiligen Schriften der Völker. Immer wieder begegnen wir der Siebenheit und ihren Entsprechungen auf jeweils einer tieferen Ebene. Aus diesem Wissen heraus ist sicherlich das zweite hermetische Gesetz entstanden, das Gesetz der Analogie:

»WIE OBEN, SO UNTEN, WIE UNTEN, SO OBEN.«

Ausgehend von der Siebenheit im großen kosmischen Geschehen und von der Entfaltung in drei unsterbliche göttliche Ebenen und vier sterbliche materielle Ebenen, möchte ich jetzt der Analogie entsprechen und die sieben Körper des Menschen ausführlich erklären. Aus jeder Ebene erhalten wir die Substanz, um unsere Körper aufzubauen.

So besitzen auch wir drei göttliche unsterbliche höhere Körper, die wir entweder als unser höheres Sein oder als unsere unsterbliche Seele bezeichnen können. Weiter besitzen wir vier sterbliche materielle Körper, die unsere vergängliche Persönlichkeit bilden. Diese vier Körper zerfallen nach dem Tod und lösen sich wieder in ihre Bestandteile auf. Die Aufgaben dieser einzelnen Körper stelle ich im nächsten Kapitel ausführlich vor.

Bewusstwerdungsprozess in den sieben Ebenen

> *Ich starb als Stein und ward daraus zur Pflanze;*
> *Ich starb als Pflanze, ward erhöht zum Tier;*
> *Ich starb als Tier und ward ein Mensch.*
> *Nicht fürchte ich,*
> *Dass ich bei neuem Sterben je verlier'.*
>
> *Und auch als Mensch muss wiederum ich sterben,*
> *Ersteh'n als Engel; auch der bleib' ich nicht.*
> *Auch übern Engel komme ich hinaus.*
> *Den Engel werd' ich also überwinden*
> *Und etwas werden, was erschaut kein Blick;*
> *Lass mich vergeh'n, O HERR!*
> *Das Nichtsein mahnet mich mit Orgelton:*
> *Zu IHM nun kehren wir zurück.«*

DSCHALAL ED DIN RUMI (1207 nach Christi)

Wie wir im vorherigen Kapitel erfahren haben, ist die Schöpfung jetzt bis zur physischen Ebene in Erscheinung getreten. Alles ist beseelt vom Geist des höchsten göttlichen Seins, und diese Tatsache sollte uns ständig gegenwärtig sein. Andererseits ist alles, was in der sichtbaren Welt in Erscheinung getreten ist, einem Entwicklungsprozess unterworfen, der zur Bewusstwerdung des Göttlichen führt. So beginnt in der stofflichsten physischen Welt das Mineral seinen Entwicklungsprozess, indem es Festigkeit und Stabilität erlangt. Weiterhin entstehen Strukturen durch Hitze, Wasser, Luft und Erde. So bilden sich im Laufe von Millionen von Jahren Steine, Mineralien, Kristalle und Diamanten, die sich, bestehend aus reinem Kohlenstoff, von der dunklen Kohle bis hin zum reinsten lichtreflektierenden Kristall entwickelt haben. Mit dem Härtegrad 10 – denken wir an die Zahlenwerte – kommt zum Ausdruck, dass auf dieser Ebene ein Zyklus beendet worden ist.

Das Mineral entwickelt sein Bewusstsein, um das Göttliche auf der physischen Ebene zu erkennen. Beim Fortschreiten des Lebensprozesses entsteht nun das Pflanzenreich, das sich auf der Ätherebene bewusst wird. Der Ätherkörper ist verantwortlich für die Stoffwechselvorgänge in jeder Zelle. Er steigert die Abwehrkräfte bei Pflanzen, Tieren und Menschen und stellt die Verbindung zur kosmischen Energie her. Die Pflanze reagiert bereits mit Empfindungen auf Kälte und Wärme und auf Licht und Dunkelheit. Sie besitzt eine geringe Fähigkeit der Bewegung. Ihre Hauptaufgabe ist es aber, ihre Perfektion in den chemischen Stoffwechselvorgängen zu entwickeln, die in jeder lebenden Zelle ablaufen. So entwickelt die Pflanze nun Plastizität und Empfindung. Sie verfügt bereits über einen Stoffwechsel, denn sie hat die Fähigkeit, aus Sonnenlicht, Wasser und Erde die mannigfaltigsten Formen aufzubauen. Sie bildet Chlorophyll, das in der chemischen Formel dem Hämoglobin des Blutes sehr nahekommt und vielleicht sogar die Vorstufe des Blutes genannt werden kann. Daraus wird ersichtlich, dass die Pflanze ihr Bewusstsein entwickelt, um das Göttliche auf der Ätherebene zu erkennen.

Der nächste Schritt führt uns zum Tierreich. Dieses erfährt seinen Entwicklungsprozess und seine Bewusstwerdung auf der Astralebene. Hier entstehen Gefühle, Triebe, Instinkte und die Bewegung. Das Tier bezieht aus dieser Astralsubstanz eine Mannigfaltigkeit an Gefühlen. Es entstehen Aggression, Kampflust, Jagdinstinkt, aber auch der Fortpflanzungstrieb, der zur Erhaltung der Rasse nötig ist. Wir entdecken den Mutterinstinkt, die Sorge um den Nachwuchs, und wir finden Furcht und Angst vor. Wir können also erkennen, dass sich bereits im Tierreich ein breites Spektrum an Gefühlen aufbaut. Das Tier entwickelt sein Bewusstsein bis in die Astralebene und wird sich somit des Göttlichen auf der Astralebene bewusst.

Alle Lebensformen, die bis hierher entstanden sind, unterstehen noch einer Gruppenseele. Unter Gruppenseele versteht man im Gegensatz zur Einzelseele, dass noch kein Individualisationsprozess stattgefunden hat. Mineral, Pflanze und Tier besitzen zwar eine Seele, die se bleibt jedoch nach dem Tod des materiellen Körpers nicht wie beim Menschen als Individualität erhalten, sondern sie fließt wieder in eine Seelensubstanz ein, die allen einzelnen Tiergattungen, Pflanzenarten und Mineralien als spezifische »Gruppenseele« übergeordnet existiert. In dieser Gruppenseele sammeln sich Erfahrungen. Sie können dann dem gesamten Tierreich zugute kommen. Bei höher entwickelten Tieren oder bei

Tieren, die sehr eng mit den Menschen zusammenleben, wie Hund, Katze, Pferd usw., kann sich bereits eine beginnende Individualisierung abzeichnen.

Dies müssen wir aber, was folgendes Beispiel zeigt, als Ausnahmen betrachten: Forscher haben bei Tierversuchen mit Ratten, die ein Labyrinth durchqueren mussten, um dessen Ausgang zu finden, festgestellt, dass die Ratten nach einer bestimmten Zeit gelernt hatten, dieses Ziel zu erreichen. Was auffiel war, dass bei dem gleichen Experiment mit anderen Ratten, zu einem späteren Zeitpunkt und an einem anderen Ort, die zweite Gruppe von Tieren ihr Aufgabe wesentlich schneller erlernte. Dieses Phänomen rief in der Zoologie-Forschung großes Erstaunen hervor. Wenn man allerdings über die Feinstoffebenen Bescheid weiß, kann man derartige Erscheinungen gut erklären. Die Erfahrung der ersten Ratte wurde in der sogenannten Gruppenseele aufgezeichnet, die ihren Platz im Astralbereich hat, und somit konnte dieses Wissen jedem Tier der gleichen Gattung übermittelt werden.

Bei der Weiterentwicklung entsteht nun der Mensch, und erst mit der Fähigkeit des Denkens beginnt ein Individualisierungsprozess. Nur der Mensch kann sich seines höheren Selbst bewusst werden, denn er allein entwickelt die Fähigkeit zu differenziertem Denken und Sprechen.

Bis zu dieser Ebene gehört der Mensch der sichtbaren Welt an, der Welt der Wirkungen, der sterblichen Welt. Doch er ist außerdem fähig, Bewusstheit in den unsterblichen Bereich zu tragen, denn er kann auf der fünften Ebene das abstrakte Denken und die Imagination entwickeln. Dies ist der Bereich der höheren mentalen Ebene. Weiterhin kann er auf der sechsten Ebene die Intuition erwerben, um sich letztlich auf der siebten Ebene als »himmlischer Mensch« des Göttlichen in sich und in der Schöpfung bewusst zu werden.

Damit ist der Kreislauf wieder geschlossen und der sterbliche Mensch ist erneut in die Unsterblichkeit zurückgekehrt. Seiner Vereinigung mit dem höchsten göttlichen Sein steht nichts mehr im Weg. Der jetzt wieder unsterbliche Mensch hat sich aus jeder Verwicklung, die mit der sichtbaren Welt in Zusammenhang steht, herausentwickelt. Er kennt keine Wünsche und Sehnsüchte mehr. Er kann seine sterblichen Hüllen, sprich den Körper und die Persönlichkeit, die sich über viele Inkarnationen hinweg diese Hüllen gewoben haben, aufgeben und zurücklassen. Somit ist seine Reise durch die sichtbare Welt endlich beendet, und der Mensch fällt aus dem Rad der körperlichen Wiedergeburt.

Diagramm:
Bewusstwerdungsprozess in den drei unsterblichen und den vier sterblichen Bewusstseinsebenen

1. Logos	Höchstes göttliches Sein
2. Logos	Christusbewusstsein
3. Logos	Drei Aspekte in Einem

	Mineral	Pflanze	Tier	Mensch	Übermensch	Genie	Offenbarer	Prophet	Erleuchteter	
Himmlischer Mensch										**Der unsterbliche Mensch**
Mensch im hohen Olymp										Individualität / Die Welt der Ursachen
Geistseele / Höheres Mental										Die unsichtbare Welt
Vernunftseele / Mentalkörper										**Der sterbliche Mensch**
Tierseele / Siderischer Körper / Astralkörper										Persönlichkeit / Die sterbliche Seele
Archäus / Ätherkörper										Die Welt der Wirkungen
Elementarkörper / Physischer Körper										Die sichtbare Welt
	Mineral	Pflanze	Tier	Mensch	Übermensch	Genie	Offenbarer	Prophet	Erleuchteter	**Bewusstseins-Ebene** / Ebenen der Handlungsfähigkeit

In diesem Diagramm habe ich noch einmal zum besseren Verständnis die Bewusstseinsebenen von Mineralien, Pflanzen, Tieren, Menschen im sterblichen Bereich und die des Übermenschen, des Offenbarers und des Erleuchteten im unsterblichen Bereich aufgezeigt. Das göttliche Bewusstsein, das aus dem Logos ausfließt, breitet sich über die ganze geoffenbarte Schöpfung aus, wobei sich die Bewusstseinsebene oder die Ebene der Handlungsfähigkeit unter den Geschöpfen in den verschiedenen Naturreichen stark voneinander unterscheidet.

Das Bewusstsein des Minerals ruht ausschließlich in dessen körperlicher Erscheinungsform auf der physischen Ebene. Hier liegt also seine Handlungsfähigkeit, d. h., das Mineral entwickelt Stabilität und Struktur, es erfährt Abkühlung, Verhärtung und Auskristallisation. Die Pflanze ist im physischen Körper und im Ätherkörper bewusst. Ihr Lernprozess sind jene chemischen Funktionen, die aus den Mineralien der Erde, dem Wasser und dem Sonnenlicht Lebenssubstanz aufbauen.

Das Bewusstsein steigt wieder etwas höher, und das Tier entwickelt bereits Instinkte und niedere Gefühle, denn es ist bereits im Bereich der Tierseele und sich des Astralbereichs bewusst.

Der Mensch, der sich bis zu seiner Vernunftseele oder dem unteren Mentalbereich entwickelte, hat eine Region erreicht, in der er das ich-betonte, konkrete, praktische Denken erlernte. So wurde er zu einer individuellen sterblichen Persönlichkeit. Er gehört ganz der Welt der Wirkungen, der sichtbaren materiellen Welt an, und so ist sein gesamtes Denken auch nur auf diese Welt ausgerichtet.

Dringt der Mensch nun bewusstseinsmäßig in den Bereich der Geistseele oder des höheren Mentals ein, richtet sich sein Streben immer mehr auf ideelle Bereiche, denn er befasst sich mit abstrakten Gedanken, z. B. mit Philosophie und Religion. Er ist mit seinem Bewusstsein bereits in die unsterbliche Welt eingetaucht. Hier finden wir den überdurchschnittlichen Menschen oder das Genie.

Mit dem Höhersteigen des Menschen in den Bereich des »hohen Olymps« entwickelt sich die Intuition, und er wird Augenblicke des Eintauchens in das Gottesbewusstsein erleben. In diesem Bereich finden wir wahre Propheten und Offenbarer, die sich der Unsterblichkeit bereits bewusst sind.

Das Endziel der irdischen Reise ist die Bewusstwerdung als himmlischer Mensch, denn dann ist man von der stofflichen Welt frei geworden, weil man in das göttliche Sein eingetaucht ist.

Dieser Mensch hat sich aus dem Rad der Wiedergeburt gelöst. Er benötigt keinen Leihkörper mehr. Er kann freiwillig noch einmal in die stoffliche Welt inkarnieren, um für die Menschheit Lehrer zu sein. Dabei folgt er aber keiner Notwendigkeit mehr.

Der Mensch in seiner siebenfältigen Natur

In diesem Kapitel wende ich mich ausführlich den sieben Körpern des Menschen zu. Wie an anderer Stelle bereits erwähnt, waren die Weisheitslehren in den frühen Weltepochen nur den Gottkönigen, Priestern und Eingeweihten vorbehalten. Die Neophyten[34] wurden in den sogenannten Einweihungsschulen über 30–40 Jahre lang unterrichtet und lernten dort, die Seinszustände des Menschen in den verschiedenen Bewusstseinsebenen und Feinstoffkörpern zu erkennen und zu beherrschen. Das Ziel war, das Gleichgewicht in diesen Bewusstseinsbereichen herzustellen und jedem Träger dieselbe Aufmerksamkeit zu schenken.

Diese Zustände waren:

1. im physischen Körper	Bewusstwerdung und Kontrolle über den Körper,
2. im Ätherkörper	Bewusstwerdung und Kontrolle über die Energien,
3. im astralen Körper	Bewusstwerdung und Kontrolle über die Gefühle,

---

34 Neophyte = neue Pflanze, Schüler einer Einweihungsschule

4. im mentalen Körper	Bewusstwerdung und Kontrolle über die konkreten Gedanken,
5. im höheren mentalen Körper	Bewusstwerdung und Kontrolle über die abstrakten Gedanken und die Entwicklung der Imagination,
6. im hohen Olymp	Bewusstwerdung, Kontrolle und Entwicklung der Intuition,
7. im himmlischen Körper	Bewusstwerdung, Kontrolle und die Entwicklung der Vision und das Erlangen des Gottesbewusstseins und das Einswerden mit dem höchsten göttlichen Sein.

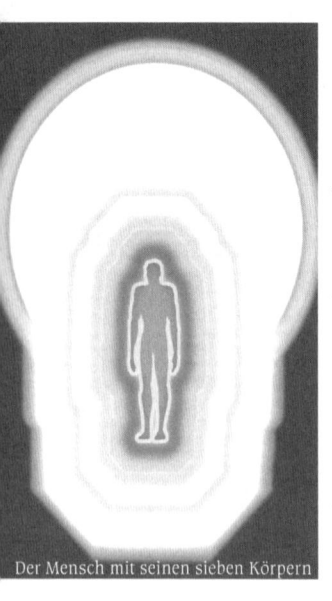

Der Mensch mit seinen sieben Körpern

Wir können uns heute unter diesen Begriffen nicht mehr viel vorstellen, denn das Wissen über die Feinstoffkörper ist in der westlichen Welt leider völlig verloren gegangen. Paracelsus schrieb viel über diese Feinstoffkörper, weil ihm dieses Wissen noch bekannt war. Wir brauchen also nicht nach Indien zu gehen, um über diese Dinge etwas zu erfahren. Wir besitzen diese uralte Weisheit ebenfalls in unserem Kulturkreis. Ich möchte sogar sagen, sie ist so greifbar nahe, dass wir uns nur mit ihr beschäftigen müssen.

Ich bin der Meinung, dass wir einen deutschen Begriff besser verstehen als einen Sanskritausdruck. Deshalb gebrauche ich in erster Linie die deutschsprachigen Begriffe von Paracelsus. Für Paracelsus waren damals, wie in den alten Philosophien üblich, Metaphysik und Physik nicht getrennt. Daher lehrte auch er, dass der Mensch Bestandteil des Kosmos und ein Teil der Ganzheit, ein Teil der Schöpfung ist. Auch für ihn galt zwingend das hermetische Gesetz: »wie oben, so unten«. Paracelsus war Anhänger der Wiedergeburtslehre und davon überzeugt, dass der Mensch durch einen langen »Progressus« (Prozess) von vielen Erfahrungen und durch deren Verarbeitung seiner Vervollkommnung schrittweise näherkommt. Dieser Vervollkommnungsprozess kann sich allerdings nicht in einem einzigen irdischen Leben vollziehen, selbst wenn wir 200 oder 300 Jahre alt werden würden. Hinsichtlich der Vergeistigung und Bewusstwerdung aller Eigenschaften, die zur Vervollkommnung gehören, benötigen wir einen individuellen Lernprozess mit einer Vielfalt von Erfahrungen.

Wie Sie bereits gelesen haben, sind die uns bekannten Körper sterblich, zerfallen nach dem Tod und werden jeweils bei einer nächsten Inkarnation wieder neu gebildet. Diese Körper bauen sich dann nach der Resonanz oder Schwingung auf, die im Laufe des Lebens durch Handlungen, Gedanken und Gefühle ausgelöst wurde. Jene Schwingungen werden in der Äther-, Astral- und Mentalsubstanz als eine gewisse Erinnerung aufbewahrt. So kommt es, dass wir Fähigkeiten, die wir einmal erlernt haben, in ein neues Leben mitbringen. Denken wir nur an Mozart, der bereits in frühester Jugend ein musikalisches Genie war.

Um es noch einmal ganz deutlich auszudrücken: Wenn eine Seele sich wieder erneut inkarnieren möchte, setzt das höhere Selbst einen Impuls in Gang und es entstehen während des Niedersteigens unserer unsterblichen Seele durch die Mental-, Astral- und Ätherebene, entsprechend der bereits entwickelten Schwingungen, sogenannte »neue Kleider« in Form neuer Körper.

Auf der Mentalebene bildet sich der Gedankenkörper, der unsere schon entwickelte Denkfähigkeit enthalten wird, auf der Astralebene entsteht unser Gefühlskörper entsprechend seinen bereits durchlaufenen Entwicklungsstufen. Der Ätherkörper bildet schließlich die Form oder den Bauplan für den physischen Körper. Erst der physische Körper, der stofflichste von allen, der aus reiner Erdsubstanz entsteht, kann dann in die vorgebildete Feinstoffform des Ätherkörpers hineinwachsen. Durch Ei und Samenzelle, die Verbindung von Mann und Frau, wird aus der physischen Substanz der Erde ein neuer Körper aufgebaut. Wichtig ist aber zu wissen, dass diese vier Körper (Mental-, Astral-, Äther- und physischer Körper) keine Erinnerungen an frühere Erdenleben besitzen. Diese können immer nur von dort stammen, wo die Unsterblichkeit des Menschen ruht, – also in seinen höheren drei Körpern oder Aspekten.

Diese Unsterblichkeit des Menschen ist, nicht nur allein nach Paracelsus, das eigentlich Wesentliche des Menschen. Die Körper, die wir teilweise wahrnehmen und die zum Teil sehr subtil sind, machen nicht unser Selbst aus, sondern dienen nur als vorübergehende Selbstausdrucksmittel, durch die wir wiederum in Kontakt mit anderen Wesen und anderen Stoffzuständen geraten. Paracelsus fasst, so wie auch die alten Eingeweihten und Verfasser der »Heiligen Schriften«, den Menschen als ein unsterbliches Wesen auf, als ein geistiges Wesen im eigentlichen Sinne –, also als ein Bruchstückchen aus der geistigen Vollkommenheit unseres Universums. Dieses Bruchstückchen hat sich von der Einheit insofern isoliert bzw. entfernt, als dass es sich aus den verschiedenen Substanzen der sieben Ebenen des Kosmos gewisse Mengen angeeignet hat, um sich daraus eigene Körper zu bilden. Wir können es auch anders ausdrücken: Die Menschenseele, aus der feinsten göttlichen Schwingung kommend, hat in der gröbsten, stofflichsten Schwingung einen festen Körper angenommen. Der Mensch ist aus dem reinsten Seinszustand in die polare Materie gefallen. Er hat sich abgesondert, er ist sündig geworden. Unsere Körper sind bestenfalls ein mangelhaftes Abbild der Unsterblichkeit oder des göttlichen Funkens, dieses winzigen Quantums aus der ursprünglichen Einheit des höchsten göttlichen Seins. Jedes Lebewesen verfügt über solch ein winziges Fünkchen, einerlei ob Mineral, Pflanze, Tier, Mensch oder Übermensch, und in ihm allein liegt die Möglichkeit der Rückschau auf vergangene Erdenleben.

Solange der Mensch die bewusste Verbindung zu seiner Unsterblichkeit noch nicht erreicht hat, bleibt die Reinkarnation für ihn eine Theorie oder Arbeitshypothese, die er aber mangels Eigenerfahrung noch nicht bewusst in sein Leben integrieren kann. Er hat noch nicht die Selbstbestätigung dafür, ob dies nun Realität oder Hypothese ist.

Das ist der gravierende Unterschied zwischen zwei Menschentypen: Derjenige, dessen Bewusstsein im sterblichen Körper ruht, ist primär in der vergänglichen Persönlichkeit verankert, denn er beruft sich auf jene Körper, die nur eine beschränkte Lebensexistenz haben. In diesem Fall ist das Bewusstsein im Physischen, im Ätherischen, im Astralen und im Niedermentalen verhaftet. Anders verhält es sich bei jenen Menschen, die ihren Entwicklungsschritt schon eine Stufe weitergegangen sind, und die den Bewusstseinsbrennpunkt bereits in die eigene Unsterblichkeit verlagern können.

In diesen unsterblichen Körpern werden nun alle Erfahrungen aus Vergangenheit, Gegenwart und Zukunft gesammelt. Die Quintessenz dieser Erfahrungen bildet mit der Zeit das kosmische Bewusstsein eines jeglichen unsterblichen Ichs.

Der Mensch wird sich im Laufe seiner Entwicklung immer höherer Ebenen bewusst, und so wird es auch verständlich, dass er in allen sieben Bereichen einen funktionierenden Körper besitzt. Diese »Kleider« werden allerdings von Stufe zu Stufe immer feinstofflicher, und so bildet der Mensch nicht nur den einen sichtbaren Leib auf der physischen Ebene, sondern er formt sich aus den verschiedenen Materiezuständen oder Schwingungen des Kosmos sieben Körper, in denen er im Laufe seiner Entwicklung Bewusstheit erlangen muss. Betrachten wir nun die einzelnen Körper genauer.

Der physische Körper

Zuerst betrachten wir den physischen oder Elementarkörper des Menschen, den wir auch als ersten Grundbaustein bezeichnen können, weil er der für jedermann wahrnehmbare Teil seines Wesens ist. Er ist aus grobstofflicher Materie aufgebaut, ein Körper, den wir mit unseren Sinnen erfahren und den wir auch wiegen und messen können. Er gehört in die für uns sinnlich wahrnehmbare Welt.

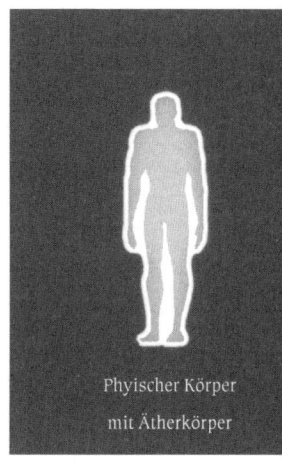

Phyischer Körper
mit Ätherkörper

Dieser dichte Elementarkörper oder, wie wir sagen, physische Körper, ist die Summe all der Organismen, aus denen er zusammengesetzt ist – der Zellen, Zellgruppen, Organe und Organsysteme. Sie weisen allerdings selbst ebenfalls eine individuelle Schwingung und Aktivität auf. Im physischen Körper befinden sich die fünf Sinnesorgane, der Bewegungsapparat, das Gehirn und Nervensystem und all das, was sonst noch erforderlich ist, um die für die Aufrechterhaltung seiner Existenz notwendigen Funktionen zu erfüllen. Wenn wir uns den Elementar- oder physischen Körper noch etwas genauer anschauen, lässt er sich in drei Teile aufteilen. Gemäß den Naturgesetzen finden wir auch im Körper die drei Aggregatzustände der Natur wieder: fest, flüssig und gasförmig. Symbolisch entspricht das jeweils den Begriffen von Körper, Seele und Geist.

Das Feste im Körper sind die Knochen, die Zähne, das Zellgewebe und die Muskeln. Dazu gehört ebenfalls auch die Verdauung, weil sie sich mit der Aufspaltung der festen Bestandteile der Nahrung auseinandersetzt. Ich benutze hierfür gern noch einen zusätzlichen Begriff und nenne diese Ebene »den Körper des Körpers«, weil es sich hier um die festeste Substanz im Körper handelt.

Unter dem flüssigen Bereich verstehen wir dann den Blutkreislauf, die Lymphe und das Herz als wichtigste Pumpstation. All das können wir auch als Seele des Körpers bezeichnen, was aber nicht mit dem seelischen Bereich, den wir in der Astralebene finden, verwechselt werden darf – und erst recht nicht mit unserem unsterblichen Seelenanteil.

Es handelt sich hierbei nur um die sogenannte »Seele« des physischen Körpers, die ich deshalb so genannt habe, weil wir beim Erleben von etwas sehr Schönem sagen, es berühre unsere Seele oder unser Herz, und dabei greifen wir oft an die Körperstelle, unter der unser physisches Herz tatsächlich schlägt. Die Gefühle werden allerdings, wie wir später noch sehen werden, an anderer Stelle erzeugt. Ihre emotionalen Verletzungen werden aber genau in dieser Körperregion als Seele des Körpers in Form eines Symptoms[35] manifest.

---

35 Siehe Herzerkrankungen

Dem Gasförmigen entspricht der Nervenkreislauf, denn die Überleitung der Impulse an den Synapsen des Körpers geschieht unwahrscheinlich schnell. Weil die Schwingung des Gasförmigen feiner als die des Stoffes ist und Gas somit schneller reagiert, bietet sich diese Parallele an. Ich bezeichne diesen Bereich als den Geist des Körpers.

Die Aufgabe des physischen Körpers ist es, mit der physischen Welt in Verbindung zu treten, die Nachrichten über die Berührung nach »Innen« weiterzuleiten, damit das »bewusste Wesen« aus diesen Berührungen und Konfrontationen Erkenntnisse gewinnen kann. Hier möchte ich aber noch etwas sehr Wichtiges erklären: Das rein physische Bewusstsein ist das Bewusstsein der Atome, der Moleküle, der Zellen und der Organe, die dem Blut das entnehmen, was sie brauchen, und zurückweisen, was sie nicht gebrauchen können. Das Herz schlägt unentwegt und treibt das Blut durch den Körper. Die Atmung und Verdauung funktionieren ohne unser Dazutun. Dies sind Beispiele dieses Eigenbewusstseins. Derartige Vorgänge vollziehen sich ohne die Hilfe »unseres« Denkens und ohne unseren Willen. Alles, was in der Medizin als parasympathisch bezeichnet wird, ist Ausdruck des höheren Bewusstseins.

1. Körper	Nervenkreislauf	Die Aufgabe des physischen
= Phyischer Körper	Geist des Körpers	Körpers ist es, mit der
= Elementarkörper	Blutkreislauf	physischen Welt in
Tages-	Lymphe und Herz	Verbindung zu treten und
bewusstsein	Seele des Körpers	die Nachrichten über diese
	Organkreislauf	Berührungen nach »Innen«
	Verdauung, Knochen	weiterzuleiten, damit
	und Muskeln	das »bewusste Wesen«
	Körper des Körpers	aus diesen Berührungen
		und Konfrontationen
		Erkenntnisse gewinnen
		kann.

Was »wir« fühlen, ist nicht das, was die Zellen fühlen. Der Schmerz einer Wunde wird vom Gehirnbewusstsein empfunden, das auf der physischen Ebene tätig ist. Aber das Bewusstsein des Moleküls und jener Ansammlung von Molekülen, die wir Zellen nennen, leitet diese an, sofort die Wiederinstandsetzung des beschädigten Gewebes in Angriff zu nehmen. Dies ist eine Tätigkeit, die sich dem willensgesteuerten Tagbewusstsein entzieht. Der Tod des physischen Körpers tritt ein, wenn sich die lenkende Lebenskraft zurückzieht und die Mikroben sich selbst überlässt. Dann lösen sich diese vielen Lebewesen, die aufeinander abgestimmt sind, voneinander, zerstreuen die Zellteilchen, und es setzt das ein, was wir Verwesung nennen. Der Körper wird zu einem Gewirr ungehemmter und ungeordneter Lebewesen. Seine Form, die aus ihrem wohlgeordneten Zusammenwirken hervorging, wird durch ihre überströmenden Kräfte zerstört. Der »Tod« ist nur ein Aspekt des Lebens und die Zerstörung einer stofflichen Form ist nur das Vorspiel zum Aufbau einer anderen. Dieses gesamte Organsystem wird nun von einem ihm gleichenden feinstofflicheren Körper, dem Archäus oder Ätherkörper, zusammengehalten.

Der Ätherkörper oder der Archäus

Wenn eine unsterbliche Seele wieder auf diese Erde inkarnieren will, baut sie sich während des Niedersteigens in immer stofflichere Ebenen aus den Substanzen der jeweiligen Bereiche neue Körper auf. Nach seiner geistig-seelischen Entwicklung, die der Mensch durch frühere Erdenleben erlangte, hat seine unsterbliche Seele eine höhere oder weniger hohe Schwingung angenommen und gemäß dieser Schwingung werden die Körper gebaut. So bleiben Fähigkeiten und Erfahrungen, die einmal erlangt wurden, ständig erhalten. Aber negative Entwicklung bedingt eine negative Schwingung in den Feinstoffkörpern.

An dieser Tatsache können wir jenes große Gesetz erkennen, nämlich dass es ganz allein an uns liegt, in welche Lebensbedingungen wir hineingeboren wurden, und wir daher die Schuld nicht im Außen oder bei anderen Menschen suchen dürfen. Sondern wir müssen in erster Linie die Suche nach den Ursachen von Schicksal und Krankheit in uns beginnen.

Der nächsthöhere Körper, der schwingungsmäßig über dem physischen Körper steht, ist der Archäus oder

Ätherkörper. Er steht mit der Ätherebene unserer Erde in Verbindung und dient als Matrix oder Modell, in das der physische Körper hineinwächst. Deshalb spricht man auch oft vom ätherischen Doppelgänger. Es gibt nichts im manifestierten Universum, ob wir nun von einer Sonne sprechen oder von einem Planeten oder von einer Erscheinung der verschiedenen Naturreiche, das nicht einen Ätherkörper oder ein Energiefeld besitzt. Dieser Ätherkörper ist fein, unsichtbar und ungreifbar, aber wirklich, denn er bewirkt die Formen. Er kontrolliert und schafft die Bedingungen für den äußeren physischen Körper.

In diese Matrix oder Form entwickelt und wächst der physische Körper, der ausschließlich aus der physischen Erdmaterie entsteht, und sich deshalb auch nach dem Tod wieder in die Elemente der Erde auflöst. Wir sollten endlich einmal begreifen, dass der physische Körper nur ein notwendiges Ausdrucksmittel der unsterblichen Seele ist und es ihr ermöglicht, sich auf der physischen oder materiellen Ebene zu äußern. Er ist nur Teil eines größeren Ganzen. Er ist das Reaktionsmittel, das uns mit der Erde und deren anderen Lebensformen verbindet.

Ein ganz einfaches Beispiel macht das deutlich: Unser Körper ist wie ein Auto, das in der Garage steht und das im eigentlichen Sinne nur ein aus Blech bestehendes Fahrzeug darstellt. Dieses Fahrzeug bekommt erst dann eine Sinnhaftigkeit, wenn ich mich als Fahrer hineinsetze und es sozusagen zum Leben erwecke. Ich als Fahrer bin in diesem Fall die unsterbliche Seele, die nun dieses Auto zum Zweck der Fortbewegung benutzt – genauso wie sich die höchste Instanz im Menschen des physischen Körpers bedient. Hat man das einmal richtig begriffen, misst man dem Körper nicht mehr ausschließliche Bedeutung bei, sondern achtet vornehmlich auf die inneren Werte des Menschen und erlangt dadurch Harmonisierung.

Aber jetzt wieder zurück zu unseren Körpern: Der ätherische Doppelgänger oder der, wie Paracelsus sagt, Archäus, ist auch als Äther- oder Vitalkörper bekannt. Seine Beziehung zum physischen Körper verhält sich wie das Eiweiß zum Eigelb. Er ist das Energiefeld oder Gerüst, welches das physische System aufrechterhält, und ohne dieses Lebens-Stützsystem wäre der physische Körper leblos. Der Ätherkörper ist also aus feinerer Materie aufgebaut, als sie unsere fünf Sinne wahrnehmen können. In diesen feinen stofflichen Bereich gehört das, was üblicherweise Hellsehen, Hellfühlen und Hellhören genannt wird. Dieser Leib ist das genaue Gegenstück des physischen Körpers, zu dem er eigentlich gehört. Er kann sich von ihm trennen, aber nicht sehr weit entfernen. Man berichtet von ca. zehn Zentimeter. Wenn sich der Ätherkörper vom physischen Körper etwas entfernt, ist er für einen Hellseher als ein durchscheinendes Ebenbild des physischen Körpers erkennbar, der mit ihm über einen dünnen Silberfaden verbunden ist. Eine zeitweilige Lockerung des Ätherkörpers vom physischen Körper geht in der Regel mit einer beträchtlichen Abnahme der Lebenskraft im physischen Körper einher, denn der Ätherkörper wird jetzt umso stärker mit Leben erfüllt. Dadurch nimmt die Lebenskraft im physischen Körper ab.

Dieses Phänomen wird verständlich, wenn man weiß, dass der Ätherkörper der Träger des Lebensprinzips und der Vitalität ist. Seine teilweise Entfernung vom physischen Körper muss daher die Kraft vermindern, die er auf die körperlichen Zellen ausübt. Der Ätherkörper ist ständigem Wechsel unterworfen. Es ist zu beobachten, wie sich in allen Naturreichen das Verhalten und die Energiefelder mit der Atmosphäre und der Tages- und Jahreszeit verändern. Der Zustand dieses Körpers ist, wie alle Formen des Lebens, von solaren und planetaren Einflüssen abhängig.

Manche Menschen vermuten die Existenz des Ätherkörpers und spüren seine Ausstrahlung, können ihn aber nicht sehen. Trotzdem hat jeder Mensch solch einen Ätherkörper oder Archäus, der entweder kleiner oder größer ist – je nach Aufenthalt in der Sonne. Er spiegelt das Pflanzenhafte im Menschen wider und ist daher mit dem Stoffwechselgeschehen der einzelnen Zellen im physischen Körper verbunden. So wie die Pflanze mithilfe des Sonnenlichtes ihre chemischen Vorgänge in der Zelle aufrechterhält, so hilft der Archäus, durch die Sonnenenergie die Lebenskraft des physischen Körper zu erhalten. Je mehr wir dem Sonnenlicht tagsüber ausgesetzt sind, desto größer ist der Ätherkörper, und mit ihm wächst die Vitalität. Dann wird unser Immunsystem gestärkt. Wir können depressive Stimmungen abwehren, und negative Gefühlsausstrahlungen der Umwelt können uns nichts anhaben.

Er ist gleichzeitig auch Spiegel für das Temperament. Je kleiner dieser Ätherkörper ist, desto müder und temperamentloser fühlen wir uns, und umso geringer sind die Widerstandsfähigkeit gegen Infektionen und Abwehrmechanismen aller Art. Wenn wir uns aus beruflichen oder privaten Gründen längere Zeit in einem Betonhaus aufhalten oder in fensterlosen, künstlich beleuchteten Räumen, werden wir bald spüren, wie unsere Lebensenergie nachlässt. Wenn wir dann auch noch in unserer Freizeit versäumen, in die Natur zu gehen, um unter freiem Himmel Sonnenlicht aufzutanken, schrumpft der Ätherkörper bald völlig zusammen. D. h. also, dass die Lebenskräfte sehr gering werden, dass die Leistungskapazität auf ein Minimum schwindet und sich somit Müdigkeit, Abgeschlagenheit und Lustlosigkeit in unserem Körper bemerkbar machen. Außerdem wird die Anfälligkeit gegen Infektionen in diesem Zustand sehr groß, weil sich durch diese Körperschwäche auch in unserem seelischen Bereich Mutlosigkeit und Depression breitmachen.

Nachts, wenn der grobstoffliche oder Elementarkörper schläft, regeneriert sich dieser durch die Kraftübermittlung des Ätherkörpers. Aber der Ätherkörper kann dem Elementarkörper nur so viel Energie übermitteln, wie er tagsüber selbst dem Licht entnommen hat. Der Ätherkörper ist aus feinen, ineinandergreifenden Energiekanälchen aufgebaut, in denen beständig Kräfte zirkulieren, die den physischen Körper auf diese Weise mit Lebenskraft versorgen. Dadurch werden wir gleichzeitig in den Energiekörper unserer Erde integriert und sind damit natürlich auch mit unserem Sonnensystem verbunden. Der Ätherkörper ist der Träger der Lebenskraft. Durch Energienetze fließen die kosmischen Kräfte in ihn ein und beleben ihn, genauso wie das Blut durch unsere Arterien und Venen fließt, um unseren physischen Körper zu vitalisieren. Wir können diesen Energiekörper heute für jeden durch die Kirlianfotografie[36] sichtbar machen. Man kann aber auch sein Energiefeld fühlen, wenn man die Hände langsam mit den Handflächen zueinander führt und auf den feinen Widerstand oder die Wärmeausstrahlung achtet, die sich zwischen den Handflächen aufbaut. Es wird auch ein Wärmegefühl spürbar, selbst bei ganz kalten Händen.

Den Ätherkörper können wir ebenfalls wieder in drei Feinstoffebenen unterteilen:

Der grobstofflichste Äther ist der chemische Äther, der für die Stoffwechselvorgänge in jeder Zelle verantwortlich ist. Der nächste ist der Lebensäther, der das Immunsystem des Menschen und seine Abwehrkräfte steigert. Der feinste ist der Lichtäther, der uns vor Umwelteinflüssen schützt und uns mit kosmischer Energie versorgt. Dieser gesamte Ätherkörper wird heute bereits durch die Biophotonenforschung nachgewiesen, Bioresonanztherapie und Akupunktur wirken ebenfalls in diesem Bereich.

---

36 Es handelt sich hier um ein spezielles Hochfrequenzfotografie-Verfahren, das von dem russischen Forscherehepaar Semjon und Walentina K. Kirlian entwickelt und benannt wurde.

2. Körper = ÄTHERKÖRPER = Archäus	Der Lichtäther	schützt uns vor Umwelteinflüssen und versorgt uns mit kosmischer Energie
	Der Lebensäther	steigert unsere Abwehrkräfte
	Der chemische Äther	führt die Stoffwechselvorgänge in jeder Zelle durch

Der Tod bedeutet für den Ätherkörper dasselbe wie für den physischen Körper, nämlich das Zerfallen seiner Teile und Zerstreuung seiner Moleküle. Dieser Träger der Lebenskraft, der den ganzen körperlichen Organismus belebt, sickert aus dem Körper heraus, wenn die Todesstunde kommt. Er kann von Hellsehern als eine hellgrau-violette Gestalt oder ein hellgrauviolettes Licht gesehen werden. Dieses Licht schwebt oftmals über dem Sterbenden, solange der früher schon erwähnte Lebensfaden noch mit dem physischen Körper verbunden ist. Sobald dieser Faden reißt, ist der letzte Atemzug getan. Der Ätherkörper bleibt aber in der Nähe des Leichnams und ist oft jenes »Gespenst« oder jene »Geistererscheinung«, die manchmal von hellsichtigen Personen in der Nähe des Todesortes oder des Grabes gesehen wird.

Nach dem Tod des physischen Körpers löst sich der Ätherkörper nach ca. 72 Stunden auf. Die ätherischen und physischen Stoffe werden nach ihrer Auflösung wieder rasch ihren Daseinsebenen zurückgegeben. Dort werden sie zum Aufbau neuer Formen verwendet. Offensichtlich hatte man früher mehr Zugang zu diesen Dingen, denn es ist bekannt, dass man einen Toten erst nach Ablauf von drei Tagen beerdigen durfte, d. h. nach Ablauf von 72 Stunden – also erst nach Auflösung des Ätherkörpers.

Der siderische oder der Astralkörper

Den nächstgrößeren und beide Körper überragenden Leib nannte Paracelsus den siderischen Körper, weil er nicht mehr mit den irdischen Augen gesehen werden kann, sondern nur durch die innere Schau wahrnehmbar ist. Unsere Sinnesorgane sind für seine Wahrnehmung nicht mehr angelegt. Unter innerer Schau ist eine übersinnliche oder geistige Wahrnehmung zu verstehen, die mit einer Vision oder einem Traumbild vergleichbar ist.

Im siderischen Körper sind jene Substanzen beheimatet, die nur auf den Frequenzen vibrieren, die wir subjektiv als Gefühl bezeichnen – und zwar auf der ganzen Skala der niedersten Emotionen bis empor zu Liebe und Opferbereitschaft. Daher sprechen wir auch vom Gefühls- und Begierdenkörper oder dem Astralleib. Man kann ihn wieder in drei Bereiche einteilen, nämlich in einen niederen, einen mittleren und einen höheren Aspekt. Der niedere Aspekt entspricht nach Paracelsus der »Tierseele« im Menschen. Damit meint er einen Erbteil, den wir aus der Tierwelt übernommen haben. Dieser beinhaltet egoistische Ansprüche bezüglich der Selbsterhaltung und des Existenzkampfes ums tägliche Leben.

Hierher gehören alle Bedürfnisse, die wir mit dem Tier gemein haben, wie Hunger, Durst und geschlechtliches Verlangen und ebenso alle Leidenschaften und Süchte. Weiterhin sind wichtige Eigenschaften der Tierwelt: zur Selbsterhaltung auf Nahrungssuche gehen, Vorräte für den Winter sammeln, sich gegen natürliche Feinde und Witterungseinflüsse schützen, aber auch für die eigene Nachkommenschaft sorgen, sodass die nächste Generation heranwachsen kann und die Art nicht ausstirbt.

Das instinktive Handeln, das immer mit dem Selbsterhaltungstrieb und dem Kampf gegen die Umwelt zu tun hat, ist noch nicht zum reinen selbstlosen Fühlen entwickelt. Paracelsus definiert es als die »Eigenschaften der Tierseele«. Diese Eigenschaften hat der Mensch übernommen, und sie betreffen das gewöhnliche Alltagsleben und äußern sich z.B. als »Futterneid« entweder im Berufsleben gegenüber Kollegen oder im Privatbereich oder ganz allgemein als Kampf um einen Vorteil in der

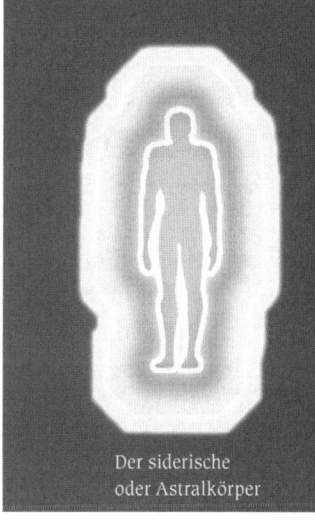

Der siderische oder Astralkörper

materiellen Welt. Auf dieser Ebene finden wir auch die niederen Begierden und Eigenschaften wie Hass, Geiz, Neid, Eifersucht, Alkohol- und Drogensüchte. Ebenso sind hier jene Gefühle zu lokalisieren, die zerstören und anderen Schaden zufügen wollen, ohne Reue zu zeigen. Es sind noch sehr dunkle Energien.

Im mittleren Aspekt des siderischen oder Astralkörpers finden wir dann z. B. Mutterliebe, Zuneigung zur Familie oder Freunden, oder das Verständnis für Kunst, Musik und andere schöne Dinge. Außerdem wurzeln hier Mitgefühl, Harmonie und Hilfsbereitschaft.

Im höchsten Aspekt des Astralkörpers erfahren wir das Gefühl des Verliebtseins. Diese Region ist sehr hell, in ihr erwachen religiöses Empfinden, Begeisterung und das Streben nach höheren Idealen.

Auf der Astralebene ist das Verlangen nach empfindendem Dasein angesiedelt und nach dem inneren Erleben, die uns materielle Freuden und Genüsse vermitteln. Der gesamte Astralkörper ist ein labiler Leib, der je nach der Schwingung seiner Umgebung, in der er sich befindet, höheren oder niederen Neigungen anheim fallen kann. Daher ist dieser Seelenanteil auch sehr stark auf die materielle Seite unserer Natur ausgerichtet und kann uns fest an das irdische Leben binden. Nicht die molekular aufgebaute Materie, am allerwenigsten der menschliche Körper, der zwar der gröbste und materiellste von allen Prinzipien ist, hält uns auf dieser Erde, sondern in Wirklichkeit das mittlere Prinzip, das eigentlich tierische Zentrum.

Während der physische Körper nur eine Schale darstellt, ist der Astralkörper das verantwortliche Medium, durch welches das »Tier« in uns sein ganzes Leben lang handelt. Ohne den sich entwickelnden Verstand, den wir auf der nächsten Ebene finden, bleibt dieses Tier in uns jene Kraft, die am meisten dazu beiträgt, uns erdgebunden zu halten und alles höhere Streben durch das Blendwerk unserer sinnlichen Empfindungen zu ersticken.

Wir können noch einmal zusammenfassen:

3. Körper	siebter Himmel der Verliebten, strahlende Helle, »Sommerland«, Begeisterung, man strebt nach höheren Idealen
= **Siderischer oder**	*Geist der Seele*
= **Astralkörper**	Mutterliebe, Liebe zu Familie und Freunden, Nächstenliebe. Religiöses Empfinden, Liebe zu Musik und Kunst, Himmel der Tiere. Man fängt an, Reue zu zeigen.
= **Tierseele**	
= **Wunsch- und Begierdenkörper**	
	Seele der Seele
Unterbewusstsein	niedere Begierden, Betrug und Diebstahl, Süchte, Alkohol, Drogen, Hass, Brutalität, Zorn, Grausamkeit und Bosheit. Man zeigt keine Reue – dunkelster Seelenbereich
	Körper der Seele

Die unterste Astralregion kann auch als dunkelster, schwarzer und lichtloser Bereich bezeichnet werden, der im religiösen Sprachgebrauch auch Hölle genannt wird, weil aus ihr Grausamkeit, Gier, Mordlust und Brutalität entspringen.

Ein klein wenig heller, aber immer noch im dunkelsten Graubereich angesiedelt, trifft man auf niedere Eigenschaften wie Hass, Zorn, Eifersucht und Alkohol- und Drogensucht.

Der etwas hellere Dunkelgraubereich animiert zu Betrug und Diebstahl, wobei man aber hier bereits beginnt, Reue zu zeigen, und man sich schon bewusst ist, dass die ausgeführte Handlung nicht in Ordnung war.

Diesen gesamten Schwarzgraubereich fasse ich unter der Bezeichnung: »der Körper der Seele« zusammen.

Die Art von Liebe, die man im nächsthelleren Bereich antrifft, ist eine Zuneigung, die aus persönlichen Motiven resultiert. Sie kann bis zur besitzergreifenden Liebe entarten. Die Region entspricht auch dem »Himmel der Tiere«, d. h., wenn sie ihre physischen Körper nach dem Tod verlassen, sammeln sich ihre Seelenanteile auf dieser Ebene. Ich bezeichne diesen Bereich als »die Seele der Seele«.

Den nächsten helleren, schon lichter strahlenden Bereich, den einige Autoren als das »Sommerland« bezeichnen und der das Gefühl für edlere Regionen vermittelt, bezeichne ich als »den Geist der Seele«.

Im Astralkörper sind in der heutigen Zeit die Hauptursachen menschlicher Erkrankungen zu suchen. Hier liegen die Manifestationen der Krankheitssymptome im physischen Körper begründet, denn unsere Gefühle sind nicht mehr in Harmonie und im Einklang mit dem Göttlichen. Daraus entstehen Disharmonie, Angst und Unsicherheit und das Gefühl, all das fresse einem die Seele auf.

Hierin liegt der Schlüssel zum Verständnis von Krankheit und Heilung. Die sichtbar werdende Erkrankung im Körper ist immer zuerst eine Störung in unserem Gefühls- und Begierdenkörper. Erst durch das Herabsinken dieser Seelenanteile in die Stofflichkeit kann eine Erkrankung entstehen. Der Mensch hat aber die Chance, wenn er die Ursache der Erkrankung erkennt, diese als Erleidender zu bearbeiten, und sich dabei der seelischen Störung bewusst zu werden. Die Psychologen sprechen hier gern von einem in die »Stofflichkeit gesunkenen Schattenanteil«.

Wir können also noch einmal zusammenfassen, dass uns das Krankheitssymptom, das sich auf der physischen Ebene im Körper manifestiert, immer anzeigt, dass der Seele des Menschen etwas fehlt. Durch die Krankheit erlebt der Mensch das, was er nicht bewusst erfahren wollte. Daher ist die Krankheit, wenn wir sie richtig erkennen, der wichtigste Lehrer für unsere Weiterentwicklung und Selbsterkenntnis. Sie zwingt den Menschen jetzt, das abgelehnte und verdrängte Prinzip anzuschauen, zu erkennen, zu leben und zu verwirklichen. So wird der Mensch über den Umweg des körperlichen Erleidens wieder heil an Leib und Seele.

Fühlen ist die Auswirkung des Bewusstseins auf der Ebene der Wunschnatur. Wenn sich ein Mensch unter der Herrschaft einer Gefühlserregung oder Leidenschaft befindet, kann man mit Berechtigung sagen, dass sein Bewusstsein auf dieser Ebene weilt und dort den größten Raum einnimmt.

Nach dem Tod dieses Menschen kann es geschehen, dass sich der Astralkörper, dessen Bewusstsein sehr niedrig ist, nicht auflöst. Er besitzt seelenlose Schlauheit und ist gewissenlos, weil sich die höheren Seelenanteile des Menschen bereits von ihm getrennt haben. Diesen seelenlosen Astralkörper kann man auch als »Gespenst« bezeichnen, das umherschweift und von all den Stätten angezogen wird, an welchen tierische Begierden erregt und befriedigt werden. Genauso ziehen ihn Menschen an, deren tierische Leidenschaften stark und ungezügelt sind.

Spiritistische Medien, die eine Resonanz zu niederen Bewusstseinsebenen haben, ziehen diese seelenlosen Astralkörper unvermeidlich an. Deren schwindende Lebenskraft wird in ihren Seanceräumen dann wieder gestärkt. Da auf der Astralwelt Spiegelbilder des gesamten Kosmos existieren, können nun diese Schemen beliebige Gestalten annehmen und die Rolle des in der Seance Herbeigerufenen spielen. Glauben Sie etwa, dass sich der verstorbene Napoleon jedes Mal die Mühe macht, in beliebigen Seancen zu erscheinen? Spirituell weiterentwickelte entkörperte Wesenheiten sind auf derartigen Veranstaltungen nie anzutreffen, weil sie sich auf viel höheren Ebenen aufhalten. Ebenso irren die entseelten Astralleiber verstorbener Alkoholiker, Süchtiger und Selbstmörder auf dieser Ebene umher. Deshalb ist es so schwer, Abhängige von ihrer Sucht zu befreien, weil sie ständig von Astralwesen, d. h., den Seelenanteilen Verstorbener umgeben sind, die durch ihre eigene ehemalige Sucht fest mit der physischen Welt verkettet sind. Sie suchen sich Menschen mit derselben Suchtveranlagung aus, damit sie sich aus deren Astralsubstanz ernähren können, um ihre eigene Sucht noch nach dem Tod befriedigen zu können. So zwingen sie den Süchtigen immer wieder, sich Alkohol oder Drogen einzuverleiben, weil das Verlangen nur durch ein körperliches Medium – oft wider Willen – befriedigt werden kann.

Mehr Süchtige als man denkt, sind daher in Wirklichkeit Opfer einer solchen psychischen Vergewaltigung. Erst nach sehr langer Abstinenz verlassen diese fremden Astralkörper den Süchtigen und suchen nach einem neuen Opfer, bei dem sie ihre Begierden stillen können. Daher bestünde eine sinnvolle Suchttherapie darin, den Kranken aus seiner gestörten Umgebung zu reißen und ihn in ein harmonisches Umfeld zu versetzen, zu dem diese Astralwesen keine Resonanz mehr haben.

Hat ein Mensch im irdischen Leben seiner Tiernatur immer wieder nachgegeben und sie sich austoben lassen, war er voller Begierden und Süchte und hat er die intellektuelle und spirituelle Seite des Menschseins vernachlässigt oder unterdrückt, wächst die Wahrscheinlichkeit, dass sein Astralkörper nach dem Tod noch lange Zeit bestehen bleibt. Dieser kann Jahre, ja, selbst Jahrhunderte überdauern.

Auch wenn das Leben durch einen Unfall oder Selbstmord abrupt beendet wurde, gibt es noch viele ungelebte Wünsche und Begierden, die den Astralkörper noch lange Zeit aufrechterhalten.

Wenn aber die Begierden und Wünsche während des Erdenlebens gezügelt und gebändigt wurden und der Wunsch- und Begierdenkörper geläutert und der höheren Natur des Menschen dienstbar gemacht wurde, dann ist nur wenig Substanz vorhanden, um den Astralkörper mit Lebenskraft zu erfüllen. Dann wird er sich rasch auflösen, wie es eigentlich seiner Natur entspricht.

Wir haben nun die niedere Natur des Menschen ausführlich studiert und sind an jenem Punkt der Entwicklung angelangt, bis zu dem auch das Tier diese durchlebt. Das menschliche Wesen hat diese niederen Körper ehe sie durch die Verbindung mit dem Verstand beeinflusst werden mit jedem Tier gemein. Erst der Verstand macht den Menschen zu dem, was er sein soll – der Krone der Schöpfung. Nur durch die Menschwerdung ist in jedem Wesen latent die Möglichkeit angelegt, sich der höheren Ebenen bewusst zu werden. Ob es davon Gebrauch macht, liegt an seiner Bereitschaft, diesen Weg aktiv zu gehen.

So wurde das menschliche Sein im Laufe der Entwicklung allmählich aufgebaut, Ebene um Ebene, bis der Mensch ein vielschichtiges Wesen wurde, über dem der Geist, ohne eine Verbindung zu ihm zu haben, schwebte. Der Mensch wartete auf das Kommen des denkenden Verstandes, der allein ihn in die Lage versetzen konnte, weiter fortzuschreiten und bewusste Kontakte mit dem Geist herzustellen, umso den eigentlichen Zweck seines

Daseins zu erfüllen. Diese ersten Entwicklungsschritte wurden in den alten Stanzen[37] so erzählt: (Geheimlehre von H. P. Blavatzky)

»Der Atem brauchte eine Form; die Väter gaben sie.
Der Atem brauchte einen groben Körper; die Erde formte ihn.
Der Atem brauchte den Geist des Lebens; die Sonnen-Wesen hauchten ihn in seine Form.
Der Atem brauchte einen Spiegel seines Körpers,
Wir gaben ihm unseren eigenen, sagten die Väter.
Der Atem brauchte einen Träger der Begierden;
Er hat ihn, sagte der Trockner der Wasser.
Der Atem brauchte einen Verstand, das Weltall zu umfassen;
Wir können dies nicht geben, sagten die Väter.
Ich hatte ihn nie, sagte der Geist der Erde.
Die Form würde verzehrt, würde ich ihm meinen geben, sagte das große Feuer.
der Mensch blieb ein leeres, vernunftloses Gefäß.«

Daher ist die irdische Form des Menschen nicht allein der Mensch. Erst als denkendes Wesen wird der Mensch wirklich zum Menschen. Und doch ist dieses werdende Individuum eine klar umrissene Wesenheit – mit seinem physischen Körper, seinem Ätherkörper und seiner tierhaften Seele. Er hat Leidenschaften, aber keine Vernunft; er hat Gefühle, aber keinen Intellekt; er hat Wün-

---

37 Verse, die das Urwissen der Menschheit beschreiben

sche, aber keinen durch Vernunft gelenkten Willen; er wartet auf das Kommen des Denkprinzips, das ihn erst zum wirklichen Menschen machen wird.

Die Vernunftseele oder der niederer Mentalkörper

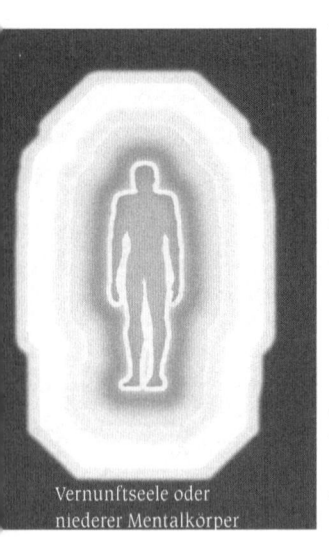

Vernunftseele oder
niederer Mentalkörper

Die Höherentwicklung, die nun folgt, macht uns erst zum Menschen. Der Mensch ist sich nun aller sterblichen Körper bewusst, durch die Vernunftseele oder den Mentalkörper erlernt er Denken und Sprechen. Leider ist die Bewusstwerdung in diesem Körper bei der Menschheit noch nicht stark ausgeprägt. Allerdings müssen wir uns darüber im Klaren sein, dass der Mensch bewusst denkt und handelt und dass er Verstand und ein gutes Denkvermögen besitzt. Daher ist er für seine Handlungen voll verantwortlich.

Jetzt wird der Mensch fähig zu logischem Denken, das sich nicht nur auf die materielle Ebene beziehen sollte. Stattdessen muss er sich langsam in das ethische Bewusstsein hineinentwickeln. Nun ist es für ihn wichtig, die wahren Naturgesetze zu erkennen und diese nicht nur als Theorie zu akzeptieren. Er sollte sich praktisch mit ihnen auseinandersetzen, sodass Denken und Erleben parallel verlaufen. Im Bereich der Vernunftseele sitzen konkretes Denken, Sprache und Oberbewusstsein. Auch das materielle Denken, das persönlichkeits- und ich-gerichtet ist, sowie das objektorientierte und wissenschaftliche Denken sind hier angesiedelt. Es ist jenes Denkprinzip in uns, das wir im Allgemeinen den Intellekt oder den Verstand nennen.

Auch hier sind einige Krankheitsursachen zu finden. Aber es sind noch sehr wenige, denn erst in der Zukunft, wenn wir diese Ebene immer mehr integriert haben, werden auch Krankheiten, die durch fehlgeleitetes Denken entstehen, häufiger auftreten. Der ganze Bereich von der physischen Ebene bis zur niederen mentalen Ebene macht die sterbliche Persönlichkeit oder den vergänglichen Menschen aus. Es ist die sichtbare Welt, also die Welt der Wirkungen. Ich bezeichne diese Region des Mentalkörpers als »Körper des Geistes«.

4. Körper	Intellekt – Verstand, konkrete Gedanken, wissenschaftliches Denken
= **Niederer Mentalkörper**	objektorientiertes Denken,
= **Vernunftseele**	Ichgerichtetes Persönlichkeitsdenken,
Oberbewusstsein	
	materielles Denken, Sprache
	Körper des Geistes

Jegliches Philosophieren soll uns eigentlich zu höherem Denken oder dem Vernunftdenken führen. Nach Paracelsus findet dieses im Vernunftkörper oder in der Vernunftseele und in der Geistseele statt. Diese entsprechen zusammen dem nieder- und dem höhermentalen Bereich.

Wenn wir uns nun weiterentwickeln, überschreiten wir die Grenze der Sterblichkeit und wir werden uns unseres unsterblichen Anteils bewusst. Dann stoßen wir an eine bedeutsame Grenze, die die Vernunftseele von der Geistseele trennt oder anders ausgedrückt wird hier die niedere Vierheit von der höheren Dreiheit geschieden.

In diesem mittleren Bereich finden wir den »Denker« oder den Willen. Im indischen Kulturkreis spricht man von Ahamkara oder auch Antaskarana, der Brücke zwischen Geist und Materie, dem »Ich-Macher« oder dem Impulsgeber zur sterblichen Persönlichkeit. Wenn wir diesen Begriff aufmerksam betrachten, erkennen wir, dass mit dem »Denker« auf eine Wesenheit hingewiesen wird, die durch uns denkt. Sie ist unser unsterbliches Sein, unser wirkliches Ich, das sich immer wieder in vergängliche Persönlichkeiten kleidet, selbst aber ewig besteht. Dieses wahre Ich ist das wirkliche Zentrum des Menschen, das war, das ist und das sein wird.

In diesem Bereich befindet sich auch der Sitz des Willens, mit dem sich der Mensch bewusst oder unbewusst entscheiden muss, ob er noch von Wünschen und Begierden gelenkt werden will oder ob er das Denken auf sein höheres Selbst und den Weg zum Licht richten will.

Muss er auf dieser Erde noch lernen, ist seine Neugierde noch zu groß oder wird er noch von materiellen Gedanken und Wünschen beherrscht, wird der Wille auf die stoffliche Welt gerichtet. Dies führt nach dem Tod der Persönlichkeit erneut zu einer Inkarnation in einem sterblichen Körper.

Das hat folgende Gründe: Unser höchstes Sein ist in seiner wesentlichen Natur göttlich, aber der Entwicklungsweg unserer sterblichen Persönlichkeit hat noch nicht jenen Reinheitsgrad erreicht, der nötig ist, um sich mit diesem göttlichen Sein vereinigen zu können. Die sterbliche Persönlichkeit muss dazu ihre Natur reinigen. Es ist allerdings nur möglich, wenn sie auf allen Daseinsebenen Erfahrungen und jede Empfindung durchmacht, die es in dem mannigfaltigen und differenzierten Universum zu erleben gibt. Deshalb muss sie, nachdem sie Erfahrungen auf den niederen Ebenen gemacht hat, jede Stufe auf der Leiter des Lebens hinaufsteigen und auch dort in jedem Bereich immer wieder neue Erfahrungen sammeln.

Wir sollten uns immer wieder vergegenwärtigen, dass Gott sich selbst, in der Differenziertheit bis ins kleinste Teil erkennt. Daher ist das wahre menschliche Ich, diese höhere denkende Wesenheit, nun in einem Gehäuse aus Fleisch und Knochen eingekerkert. Deshalb ist es wichtig zu erkennen, dass nicht in uns Menschen ein unsterbliches Sein schlummert, sondern wir ein unsterbliches Sein in einem vergänglichen Körper sind.

Der Zwischenbereich oder die Brücke zwischen niederem und höherem Mentalkörper ist:

Der Denker – der Wille – Grund für unsere sterbliche Persönlichkeit – Ahamkara – Kausalkörper

Seele des Geistes

Hier liegt also die Ursache für die ständige Wiederkehr unserer sterblichen Persönlichkeit. Es ist der »Ich-Macher«, der Denker, der Kausalkörper oder das Ahamkara der Inder.

Von hier an wird uns das Wissen über frühere Leben zugänglich, und wir erkennen immer mehr Zusammenhänge und können diese intuitiv besser erfassen. All die medial veranlagten Künstler, die bereits aus einer inneren Schau heraus tätig sind, schöpfen aus dieser Ebene. Eine solche innere Schau unterscheidet sich gänzlich von dem, was man heute von vielen, sogenannten medial veranlagten Menschen an jeder Ecke erfahren kann. Sie halten sich im Astralbereich auf und beginnen, Dinge zu sehen, die andere Menschen noch nicht wahrnehmen können. Es ist legitim, solange sie wissen, aus welcher Ebene sie ihre Informationen beziehen. Gefährlich wird es allerdings dann, wenn diese Menschen glauben, bereits die Himmelsleiter erklommen zu haben und andere beeinflussen.

Mit der Höherentwicklung des Menschen kann sich dann endlich der »Denker« in uns, auf den Weg zu Gott besinnen. Der Mensch versucht nun, sich von allen ma-

teriellen Gedanken und Gefühlen zu lösen. Er richtet sich auf den Weg aus, der wieder zurück zu Gott führt. In seinem Herzen brennt die Sehnsucht, die Wiedervereinigung mit dem Göttlichen zu finden. Er sucht die chymische Hochzeit[38], die »Unio mystica«.
Ich nenne diesen Bereich »die Seele des Geistes«.

Die Geistseele
oder der höhere Mentalkörper

Auf der fünften Ebene, der Region der Geistseele oder des höheren Mentals, herrscht das abstrakte Denken vor. Es ist nicht länger mehr persönlichkeitsgebunden und ist als höhere Vernunft formlos auf Gott gerichtet. Hier erkennt man den Menschen jenseits von Antipathie und Sympathie, weil man nun in jedem den göttlichen Funken erkennt. Weiterhin durchschaut man das Gesetz der Polarität und weiß, dass beide Pole Ausdruck der polaren Welt sind und auf einer

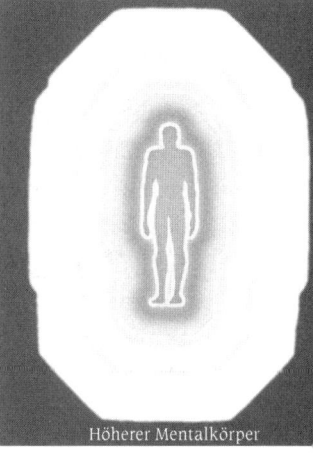

Höherer Mentalkörper

höheren Ebene zusammengehören. Nur durch den Weg der Mitte sind die Kräfte der Polarität zu neutralisieren.

---

38 Begriff der Rosenkreuzer und Alchemisten für die Vereinigung des Menschen mit Gott.

Aus diesem Wissen heraus entwickeln sich Toleranz, Gleichmut und selbstlose Liebe.

Hier, in diesem universellen Geist, wurzelt unser freier Wille – das Gefühl der Grenzenlosigkeit. Hier entspringt das Wissen, dass wir uns selbst lenken können. Die höhere Natur in uns kann die niedere prägen und beherrschen, selbst wenn diese noch so sehr dagegen revoltiert. Unsere sterbliche Persönlichkeit hat dann ihre Macht verloren, und all ihr Stürmen und Ringen nach Vorherrschaft berührt unser höheres Sein nicht länger. Wir sind es, die »die Zügel in der Hand halten« und dieses »Tier« beherrschen – so wie man ein störrisches Pferd zügelt und zähmt.

Der freie Wille ist allerdings in der Welt der Offenbarung nur relativ frei, denn er ist den Beschränkungen der Polarität unterworfen. Innerhalb seiner eigenen Wirkungssphäre jedoch, im Bereich der Unsterblichkeit, ist er absolut frei, denn er ist dort das Abbild des universellen Willens der Schöpfung. Das höhere Bewusstsein des Menschen kann somit auf das niedere Bewusstsein einwirken, wird aber durch die träge Reaktion der irdischen Persönlichkeit gehemmt, weil die hohen Schwingungen dort stark verlangsamt werden.

Mit dem Willen der niederen Mentalebene sind wir alle vertraut. Er wird durch Wünsche, Begierden, Leidenschaften und von außen kommende Eindrücke beeinflusst. Aber auch er hat die Fähigkeit, sich gemäß seiner inneren Natur zu entscheiden. Er ist eins mit jenem höheren Ich, dessen Widerspiegelung der freie Wille ist. Er ist von allem, was unter ihm ist, unabhängig und kann daher frei auf den Astral-, Äther- und physischen Körper einwirken.

Wenn der Wille nur ein Ausdruck des physischen Körpers und unserer Wunschnatur wäre, woher sollte dann das Empfinden eines Ichs kommen, das zwar Wünsche hat, diese aber auch überwinden kann?

Wenn die Bewusstwerdung des Menschen so weit fortgeschritten ist, er aber trotzdem noch einmal auf die Erde zurückkommt, schwingt sein Körper schon so hoch, dass er keine tierische Nahrung mehr benötigt. Er ist bestrebt, für andere da zu sein und ihnen den Weg in die Unsterblichkeit zurück zu Gott aufzuzeigen. Ich bezeichne diesen Bereich als »den Geist des Geistes«. Die Geistseele ist nicht mehr an eigenen Vorteilen interessiert, sondern sie ist sich ihrer Verantwortung gegenüber dem Kosmos bewusst, und sie ist bestrebt, diesen zu harmonisieren. Daher sollte unsere wichtigste Frage lauten: »Wie können wir aus den chaotischen Umweltbedingungen kosmisch wohl organisierte, harmonisierte Verhältnisse schaffen, damit die Menschheitsentwicklung ungestört ihren weiteren Bewusstwerdungs- und Entwicklungsprozess durchlaufen kann?«

Diese Ebene ist nicht mehr mit den bisher besprochenen Regionen vergleichbar, die alle der sterblichen Persönlichkeit angehören und somit einem Auflösungsprozess und dem Tod unterworfen sind.

5. Körper	abstraktes Denken, nicht
	persönlichkeitsgebunden
	höhere Vernunft, formloses Denken
= Höherer Mentalkörper	Man erkennt den Menschen jenseits
= Geistseele	von Antipathie und Sympathie.
= Sitz des abstrakten Denkens	religiöses auf Gott gerichtetes Denken
	Geist des Geistes

Das höhere Denken ist jedoch noch nicht die höchste Instanz des Menschen. Wenn Empfindungen und Denken vollkommen schweigen, weiß der fortgeschrittene Mensch, dass es jenseits davon etwas Vitales, Pulsierendes gibt, das eigentlich immer existiert und nur darauf gewartet hat, dass er sich dessen bewusst wird. Wir dringen nicht in eine neue Welt ein, wir müssen uns nur empfänglich machen für Dinge, die in noch subtileren Welten vorhanden sind. Hierzu sagt Paracelsus: »Das ist der Mensch im hohen Olymp.«

Der Mensch im hohen Olymp

Hier finden wir dann echte Propheten und Offenbarer, wie sie oft in der
Bibel beschrieben sind. Diese Menschen erfahren den Urzustand der
göttlichen Einheit und empfinden die
universelle Liebe, die niemals fordert,
sondern sich stets gebend und sich
verströmend zeigt. Sie strahlt aus
dem Quell der göttlichen Vollkommenheit. Die Menschen mit diesem
Bewusstseinsgrad fühlen sich eins
mit dem All. Sie sind All-Eins und in
der stofflichen Welt auch oft allein.

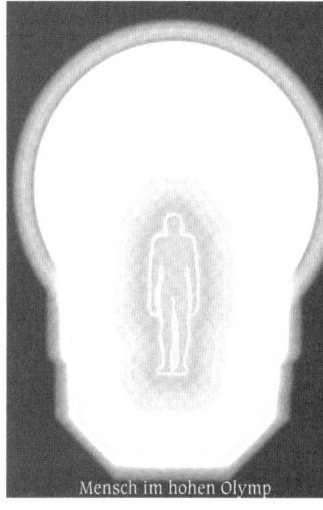

Mensch im hohen Olymp

Auf der Ebene des Menschen im hohen Olymp ziehen
wir – nur Kraft unserer Geistesenergie – eine gewisse
Materiemenge an und halten sie fest. Wir können sie
aber nicht mehr gegenüber irgendwelchen anderen
Energien oder Substanzen abgrenzen, weil die Unterschiede aufgehoben sind. Es gibt nur noch eine universale Energie im ganzen Universum. Jedes Lebewesen
hat ein größeres oder kleineres Quantum davon durch
eigene Anziehung in seinen Besitz gebracht. Die Tren-
nung zwischen dem Ich und dem Nicht-Ich, zwischen
Subjekt und Objekt ist aufgehoben. Das Gefühl für das
größere Ganze entsteht. Sobald er sich einmal auf dieser Ebene aufgehalten hat, betrachtet sich der Mensch
mit diesem Gefühl nicht mehr als abgespaltene Wesen-

heit. Von da an fühlt er sich mit jedem Ding verschmolzen und nimmt am Erleben seiner Mitgeschöpfe teil – je nachdem, worauf er seine Bewusstseinsgrade ausrichtet. In diesem Bereich erleben wir den Zustand der All-Liebe und erfahren in kurzen Erleuchtungsmomenten die Vereinigung mit dem gesamten Universum. Wenn wir einen solchen Bewusstseinsblitz erfahren, bezeichnen wir dies als höchste Intuition.

Wir können weder die Herkunft einer intuitiven Erkenntnis bestimmen noch eine irdische Quelle für sie nennen, sondern wir bemerken nur, dass wir eine neue Botschaft empfangen, die sich allen irdischen Belehrungsmöglichkeiten entzieht.

Parallel zu dieser Wahrnehmung gibt es ein Einheitsempfinden, das uns bestätigt, dass hier keine fremde Nachricht übermittelt wurde, sondern dass wir selbst für einen kurzen Augenblick in die Einheit des ganzen Universums eingetaucht sind.

Darin besteht der große Unterschied zu den Übermittlungen aus der Astral- oder Mentalwelt, die oft durch Medien, Spiritisten oder durch den Genuss bewusstseinserweiternder Drogen empfangen werden.

6. Körper = **Menschen im hohen Olymp** **Sitz der Intuition**	Intuition kommt plötzlich ohne unseren Willen

Der himmlische Mensch

Der letzte Schritt zur Vervollkommnung liegt auf dieser Ebene, die noch weniger als der Mensch im hohen Olymp als Körper bezeichnet werden kann. Denn von einer Begrenzung kann nun wirklich nicht mehr die Rede sein. Sie ist aber trotzdem noch als eine Instanz über der Intuition zu verstehen.

In der höchsten Bewusstseinsstufe finden wir nun den himmlischen Menschen oder den, wie wir ihn nennen, Erleuchteten. Hier wird Gott bzw. das eigene göttliche Selbst des Menschen gänzlich in seiner Vollkommenheit durch absolutes Bewusstsein geoffenbart. Ein Gottmensch kann die göttlich schöpferischen Kräfte in ihren ursprünglichen nicht transformierten Schwingungen oder Frequenzen erleben und selbst ausstrahlen.

Hier ist sich der Mensch seines göttlichen Ursprungs voll bewusst. Er ist der unsterbliche Mensch, die ewige Individualität. (Bitte nicht mit der Persönlichkeit verwechseln, die wir im sterblichen Bereich vorfinden.)

Wir erkennen in diesem Zustand die Welt der Ursachen – die unsichtbare Welt.

Während wir auf der Ebene der Vernunft- und Geistseele das Denken vorfinden, in der Welt des Menschen im hohen Olymp ganz passiv nur intuitiv die Wirklichkeit auf uns einstrahlen lassen, ohne dabei selbst etwas zu tun, besitzt der Mensch hier die Fähigkeit, mittels Willenskraft, die in der eigenen Unsterblichkeit liegt, aktiv einen Schöpfungsakt zu vollbringen oder, wie es der Mystiker nennt, mit dem erweckten göttlichen Willen in sich, das Universum zu gestalten.

Diese höchste Ebene kann nur aus eigener Kraft erarbeitet werden, denn hier wird uns die Unsterblichkeit unseres höchsten Seins voll bewusst, und wir erreichen das Gottesbewusstsein. Wir fühlen jetzt eine ständige Allverbundenheit, sind nur noch Liebe, weil wir das Aufleuchten des Christusbewusstseins in uns spüren. So vollzieht sich nun die chymische Hochzeit wie die Mystiker sie erlebt haben, das Einswerden mit Gott.

Einen solchen Menschen bezeichnen wir als Erleuchteten. Paracelsus nannte ihn »den himmlischen Menschen«. Er hat das Rad der Wiedergeburt endgültig verlassen, sich von der sterblichen Seite des Universums gelöst und ist in das ewig Seiende, unveränderliche, göttliche Sein eingetaucht.

Der himmlische Mensch symbolisiert einen Reifegrad und keinen besonderen Körper. Der Mensch hat jene Vollendung erreicht, in der die irdischen Reinkarnationen unnötig geworden sind. Dieser himmlische Mensch ist ein »befreiter Mensch«.

7. Körper	Bewusstwerdung der Unsterblichkeit
	Dieser Zustand muss willentlich
= **Himmlischer Mensch**	erarbeitet werden.
Sitz des Gottesbewusstseins	Eins sein mit allem

Diagramm: Gesamtschau

1. Logos	Höchstes göttliches Sein
2. Logos	Christusbewusstsein
3. Logos	Drei Aspekte in einem

Ab dem dritten Logos beginnt der Schöpfungsakt in der Materie
Uratom = Ab diesem wird nun Materie gebildet
Tempel der Allwissenheit = Akashachronik = Gedächtnis der Natur

7. Körper = Himmlischer Mensch Sitz des Gottesbewusstseins	Bewusstwerdung der Unsterblichkeit Dieser Zustand muss willentlich erarbeitet werden. eins sein mit allem
6. Körper = Mensch im hohen Olymp Sitz der Intuition	Intuition kommt plötzlich ohne unseren Willen
5. Körper = Höherer Mentalkörper = Geistseele Sitz des abstrakten Denkens	Abstraktes Denken, nicht persönlichkeitsgebunden höhere Vernunft, formloses Denken Man erkennt den Menschen jenseits von Antipathie und Sympathie. religiöses, auf Gott gerichtetes Denken <div align="right">*Geist des Geistes*</div>

Der Denker – der Wille – Ahamkara – Kausalkörper

Grund für unsere sterbliche Persönlichkeit   *Seele des Geistes*

4. Körper = Niederer Mentalkörper = Vernunftseele Oberbewusstsein	Intellekt – Verstand konkrete Gedanken, wissenschaftliches Denken objektorientiertes Denken ichgerichtetes Persönlichkeitsdenken materielles Denken, Sprache <div align="right">*Körper des Geistes*</div>
3. Körper = Siderischer Körper oder Astralkörper = Tierseele = Wunsch- und Begierdenkörper Unterbewusstsein	siebter Himmel der Verliebten, strahlende Helle, »Sommerland«, Begeisterung, man strebt nach höheren Idealen <div align="right">*Geist der Seele*</div>Mutterliebe, Liebe zu Familie und Freunden, Nächstenliebe, religiöses Empfinden, Liebe zu Musik und Kunst, Himmel der Tiere, man fängt an, Reue zu zeigen <div align="right">Seele der Seele</div>niedere Begierden, Betrug und Diebstahl, Süchte, Alkohol, Drogen, Hass, Brutalität, Zorn, Grausamkeit und Bosheit, man zeigt keine Reue, Hölle <div align="right">*Körper der Seele*</div>
2. Körper = Ätherkörper = Archäus	Der Lichtäther — schutzt uns vor Umwelteinflüssen und versorgt uns mit Energie Der Lebensäther — steigert unsere Abwehrkräfte Der chemische Äther — führt die Stoffwechselvorgänge in jeder Zelle durch
1. Körper = Physischer Körper = Elementarkörper Tagesbewusstsein	Nervenkreislauf *Geist des Körpers* Blutkreislauf Lymphe und Herz *Seele des Körpers* Organkreislauf Verdauung, Knochen und Muskeln *Körper des Körpers* — Die Aufgabe des physischen Körpers ist es, mit der physischen Welt in Verbindung zu treten und die nachrichten über diese Berührungen nach »Innen« weiterzuleiten, damit das »bewusste Wesen« aus diesen Berührungen und Konfrontationen Erkenntnisse gewinnen kann.

Die vier sterblichen Körper: der physische, der ätherische, der astrale und der niedere Mentalkörper (indisch wird dieser als Manas oder manasischer Körper bezeichnet), bilden zusammen die vergängliche Persönlichkeit.

Die drei unsterblichen Körper höheres Mental (indisch = Buddhi-Manas), der Mensch im hohen Olymp (indisch = Buddhi) und der himmlische Mensch (indisch = Atma) bilden die unsterbliche Seele oder das lichte göttliche unsterbliche Sein im Menschen.

Ich möchte diese indischen Bezeichnungen nur der Vollständigkeit halber hinzufügen, denn wenn Sie an anderer Stelle auf diese Begriffe stoßen, ist es Ihnen möglich, diese einzuordnen. Leider herrscht über die sieben Ebenen oder über diese sieben Körper oft Unklarheit, weil sie häufig in falscher Reihenfolge geordnet werden. Ich habe mich deshalb bemüht, in diesen Graphiken die beschriebenen Gedanken noch einmal ganz klar darzustellen.

Im Laufe der Erklärungen wurde von mir immer wieder die Unterteilung in Körper, Seele und Geist vollzogen. So können wir mit einem Blick erkennen, in welchem Bereich diese drei Prinzipien ihre größte Wirksamkeit entfalten. Überall dort, wo wir den Doppelbegriff vorfinden, ist dieses Prinzip zu Hause. So finden wir auf der physischen Ebene den »Körper des Körpers«, im astralen Bereich die »Seele der Seele« und im geistigen Bereich den »Geist des Geistes«, als die jeweils wichtigste Ebene in den angesprochenen Bereichen.

Der Aufbau des Menschen ist natürlich in das ganze

Schöpfungsgeschehen eingebunden, und so finden wir auch hier wieder die Analogie zum kosmischen Geschehen. Die ersten drei Schöpfungsschritte spiegeln sich wie folgt wider:

ERSTER LOGOS, das höchste göttliche Sein, entspricht im Menschen dem himmlischen Menschen. Es ist jener Zustand der Einswerdung mit dem Göttlichen.
ZWEITER LOGOS, das Christusbewusstsein, entspricht im Menschen dem Bereich, den wir den Menschen im hohen Olymp nennen. Hier finden wir den Sitz der Intuition, die uns befähigt, durch Konzentration und Meditation in die Christusliebe einzutauchen und wir haben hier bereits eine Ahnung von der höchsten göttlichen Einheit.
DRITTER LOGOS, Dreieinigkeit, entspricht unserer Geistseele, unserem höheren Mental. Hier herrscht noch das unsterbliche, vollkommene Ich. Dieses birgt aber in sich die Möglichkeit, in der sichtbaren Welt einen Körper aufzubauen, so wie im kosmischen Bereich ab dem dritten Logos der Schöpfungsakt in der Materie beginnt.

Bisher sprachen wir von der geistigen Dreiheit, die sich über der materiellen Vierheit befindet. Jetzt treten wir in die sterbliche Materie ein und finden die vier Weltenebenen, die die vier Naturreiche repräsentieren.
Der Mentalebene entspricht in den vier Naturreichen jener Bereich, in dem sich die Menschheit entwickelt,

denn hier wurde das Denkprinzip erschaffen. Die Astralebene entspricht dem Tierreich, denn hier wurde der gesamte Gefühlsbereich erschaffen. Die Ätherebene entspricht dem Pflanzenreich, und so schafft sich der Mensch aus dieser Ebene den Ätherkörper. Die physische Ebene entspricht dem Mineralreich. Der Mensch kann nun aus dieser Materiensubstanz seinen physischen Körper aufbauen.

Wir haben also wieder ein Gedankenprinzip kennengelernt, das in seiner siebenfältigen Einteilung genau dem siebenfältigen System des Kosmos entspricht. Wenn wir einmal ein Gedankengebäude richtig verstanden haben, finden wir immer wieder die Analogie, und so wird uns das nächsthöhere oder das nächstniedrigere System leichter verständlich. Denken wir an das hermetische Gesetz: wie oben, so unten.

Dies war noch einmal ein kurzer Überblick. Ich halte das Wissen über diese Welten, Bereiche, Ebenen und Körper für unendlich wichtig, weil unser Entwicklungsweg nur gelingen kann, wenn wir wissen, wo wir stehen und uns bewusst wird, was wir noch zu bearbeiten und zu lernen haben. Nur so können wir ganz gezielt unseren Weg zurück in die Unsterblichkeit und zurück zu Gott antreten.

Mit der Betrachtung der sieben Ebenen des Kosmos und des Menschen wollen wir uns nun mit einer der wichtigsten Menschheitsfragen befassen, die in allen Zeiten Philosophen der Völker beschäftigt hat:

Hat der Mensch einen freien Willen?

Bis in die Gegenwart bemühen sich Gelehrte noch immer, das Problem des freien Willens zu lösen. Es ist eines der wichtigsten Themen, denn die Frage, ob der Wille des Menschen frei oder nicht frei ist, berührt die Natur und das Wesen der Menschheit. Eine Antwort auf diese Frage löst gleichzeitig das Weltenrätsel.

Die Frage nach der Willensfreiheit ist auch deshalb so wichtig, weil die Art, wie man ihre Lösung angeht, das Denken und das sittliche Leben und Tun des Einzelnen bestimmt und daher auf die soziale Struktur eines Volkes Einfluss nimmt. Denken wir nur an die Gesetzgebung und Erziehung, denn von der Freiheit oder Unfreiheit des Willens hängt es ab, ob und wie weit man den Menschen für seine Handlungen verantwortlich machen kann.

Ich möchte bei dieser Betrachtung nicht auf die verschiedenen Meinungen und Ansichten der Philosophen aller Zeiten und Völker eingehen, sondern eine Lösung anbieten, die mir richtig und verständlich erscheint und die ebenfalls in den okkulten Wissenschaften angeboten wird.

Es soll jedoch jedem freigestellt sein, die hier gegebene Lösung des Problems anzuerkennen oder zu verwerfen. Die Lehren der okkulten Wissenschaft sind keine Dogmen, welche blinden Glauben fordern, sondern sie haben vor allem den Zweck, zum selbst Denken anzuregen. Sie wollen dem Schüler, welcher den Weg zur

Selbsterkenntnis sucht, eine Anleitung geben, wie und wo er diesen Weg finden kann, welcher jeden, der ihn bis an das Ende zurücklegt, zu Freiheit und Unsterblichkeit führt.

Die Lehre von der Wahrheit ist längst noch nicht die Wahrheit selbst. Wahrheit und Erkenntnis sind keine Lehre und können auch nicht auswendig gelernt werden, sondern müssen erfahren werden. Zu wissen, was ein anderer gelehrt hat, ist noch keine eigene Erkenntnis, und nur dadurch, dass man die verschiedenen Theorien über die Willensfreiheit reproduzieren kann, erlangt man sie nicht selbst.

Bevor wir uns dem Problem nähern, müssen wir zuerst folgende Fragen beantworten:

> Was ist der Wille? Gibt es überhaupt einen freien Willen?
>
> Warum und inwieweit ist der Wille des Menschen frei?
>
> Welche Folgerungen ergeben sich aus der Willensfreiheit des Menschen?

Was verstehen wir also unter dem Willen? Wille ist Kraft oder Energie. Wäre er seiner Natur nach nicht Kraft, so könnte er nichts bewirken. Wo immer in der Natur Bewegung herrscht, ist ein Wille vorhanden, der dazu anregt.

Jedem Ding in der Natur liegt ein bestimmter Wille zugrunde. Jedes Wesen dieser Welt, sei es ein Atom oder ein Sonnensystem, ist der Ausdruck oder die Form eines ihm zugrunde liegenden und in ihm wirkenden Willens. Das Wesen des kleinsten Dinges wie auch des gesamten Universums ist Wille, Energie, Bewegung und Kraft.

Es gibt in Wahrheit nur eine Kraft im gesamten Universum, und diese Kraft nennen wir Wille, weil sie mit dem Bewusstsein verbunden ist. Wille ist daher bewusste Kraft.

Der Bewusstseinsgrad, der in den verschiedenen Naturreichen wirkt, ist allerdings sehr unterschiedlich und oft so gering, dass das Bewusstsein auf den niederen Daseinsstufen von der geistig wenig entwickelten Persönlichkeit der heutigen Kulturstufe nicht wahrgenommen werden kann. Je höher ein Wesen auf der Stufenleiter der Entwicklung steht, desto größer ist der Wille und das mit diesem stets verbundene Bewusstsein, welches in seinem Organismus zum Ausdruck gelangt. Das ganze Weltall mit seinen Millionen Sonnensystemen schwebt und bewegt sich in einem Meer von Kraft und Leben. Also ist Wille Bewegung, ja, das ganze Weltall ist Bewegung. Es gibt nichts ohne Bewegung, nur der Grad, in dem die universelle Bewegung in einem Körper zum Ausdruck kommt, ist verschieden. Der Mensch offenbart ein höheres Maß an Bewegung als das Tier oder die Pflanze, weil er sich bewusst auf höheren Ebenen als diese bewegen kann. Selbst der Stein ist in Bewegung. Auch wenn wir dies nicht mehr erkennen können. Jeder Chemiker oder Physiker weiß, dass sich die kleinsten Teilchen auch in der festen Materie bewegen und sich in einer beständigen Schwingung befinden.

Bewegung ist also die Seele der Natur. (Siehe auch das 3. Hermetische Gesetz: »Nichts ist in Ruhe, alles bewegt sich, alles ist in Schwingung.«) Der Wille ist die Substanz aller Dinge. Wie die Pflanze, das Tier und der Mensch, so sind auch die Erde und unser Sonnensystem Formen ein und desselben Willens oder Geistes in der Natur.

Der Wille im metaphysischen Sinne ist alles. Durch die Bewegung des Willens im Reich des Geistes wurden und werden auch noch heute alle Dinge ins Dasein und zur Offenbarung gebracht. Der Wille ist die allen Geschöpfen innewohnende Lebenskraft – sei sie ihnen bewusst oder nicht. Da die ganze Natur eine Offenbarung des Göttlichen ist, kann es in ihr nichts absolut Unbewusstes geben, wenn auch die Gefäße, in denen dieses Bewusstsein wirkt, die in ihnen tätige Kraft nicht erkennen.

Jakob Böhme, der große deutsche Mystiker, sagt: »Gott ist der Wille der ewigen Weisheit und hat alle Dinge in seiner Weisheit erschaffen.«

Gibt es also einen freien Willen? Diese Frage beantwortet sich eigentlich von selbst, sobald wir wissen, was der Wille ist. Wenn der Wille das Höchste ist, was es in der Schöpfung gibt, muss er auch frei sein! Da dieser Wille alles Dasein mit seiner Kraft und seinem Bewusstsein umfasst, durchdringt und belebt, gibt es außer ihm nichts, was ihn irgendwie einschränken könnte. Der höchste Wille ist weder an einen Raum noch an eine Zeit gebunden, auch verändert er sich nicht. Der Wille ist der in der Natur wirkende höchste göttliche Geist.

Der göttliche oder universelle freie Wille ist unveränderlich. Dieser eine höchste Wille, der über alle Schranken der Natur erhaben ist, ist auch das eine höchste Gesetz in der Natur, nach welchem sich alle Veränderungen vollziehen und alles, was entsteht und vergeht, geleitet wird.

Es herrscht daher im ganzen Weltall keine Willkür, lediglich Gesetzmäßigkeit. Alle Lebensäußerungen und Entwicklungsprozesse geschehen aus Notwendigkeit, nach dem Gesetz von Ursache und Wirkung.

Der eine Wille ist alles und daher Allkraft und Allwissenheit, weil nichts da ist, was ihn einschränken könnte. Er ist durch nichts bestimmt, weil er Wesen und Gesetz selber ist. Es ist leicht einzusehen, dass es in der Welt nur eine Freiheit geben kann, d. h. also, frei ist nur der höchste, alles umfassende, göttliche Geist.

Der Mensch und alle anderen Geschöpfe in der Natur sind nicht frei, weil sie nur Formen oder Gefäße des göttlichen Willens sind. Alles Geoffenbarte als Willensform göttlicher Energie ist örtlich und zeitlich beschränkt. Es hat einen Anfang und vergeht irgendwann wieder.

Wie ist es dann zu verstehen, dass wir dem Menschen einen freien Willen unterstellen? Dazu müssen wir uns auf die vorherigen Kapitel berufen:

Der freie Wille des Menschen ist sein höherer Wille, der in seinen unsterblichen Körpern verankert ist. Der unfreie Wille, sein niederer oder persönlicher Wille, hängt mit seiner sterblichen Persönlichkeit zusammen. Wenn wir diese Doppelnatur des Menschen verstanden haben, halten wir den Schlüssel zum Verständnis des freien Willens in der Hand. Ich möchte noch einmal ganz klar diese Doppelnatur herausstellen:

Unser sterbliches Sein besteht aus physischem, Äther-, Astral- und niederem Mentalkörper. Diese Körper verflüchtigen sich nach dem Tod alle auf ihren betreffenden Ebenen. Die sterbliche Persönlichkeit hat nur ein beschränktes Bewusstsein und besitzt keinen freien Willen, sondern ist dem Gesetz von Ursache und Wirkung unterstellt.

Anders ist es bei dem höheren, unvergänglichen Anteil des Menschen – seiner unsterblichen göttlichen Seele. Diese immerwährende Instanz besteht aus den drei höchsten Daseinszuständen: dem höheren Mentalkörper, dem Menschen im hohen Olymp oder dem buddhischen Körper und dem himmlischen Menschen oder Atma – dem höchsten Seinszustand. Die Wurzel liegt hier in der Ewigkeit und im göttlichen Sein. Nur in diesem Bereich finden wir den freien Willen, denn hier ist der Wille des Menschen identisch mit dem göttlichen Willen.

Der Bereich des »Denkers«, des Willens oder des Kausalkörpers, kann als energetisches Kraftfeld angesehen werden, durch das wir uns zum ersten Mal unseres freien Willens bewusst werden können, denn hier liegt der Scheideweg, ob wir uns für unsere sterbliche Persönlichkeit oder für unser höheres Selbst entscheiden.

Das höhere Selbst, als ein Teil des göttlichen höchsten Seins, ist auf seiner eigenen Ebene bedingungslos allwissend und somit der Träger allen Wissens der Vergangenheit, Gegenwart und Zukunft. Wenn dieses höhere Selbst beginnt, durch seinen Strahl auf den niederen Mentalkörper, also auf die Gedanken des Menschen einzuwirken, kann dieser Mensch ungewöhnliche Fähigkeiten entwickeln. Er kann ein Genie oder ein Seher werden.

Der Mensch selbst ist es, der sich aus Unwissenheit das physische Gefängnis gezimmert hat. Die verschiedenen menschlichen Persönlichkeiten, mit denen er während seiner Lebenszyklen konfrontiert wird, sind Ausdruck seiner Zu- und Abneigungen, seiner Gedanken, Wünsche und Handlungen. Der Mensch ist zu jedem Augenblick seines Daseins das Produkt seiner eigenen Tätigkeit. Die geistige Freiheit liegt in der Befreiung der Seele von Täuschung. Nur die reine Erkenntnis der Wahrheit macht frei. Wollen und Denken sind nicht frei, solange sie noch an das verblendete Ich gebunden sind. Nur in dem, was der in uns zum Bewusstsein gekommene göttliche Geist denkt und will, sind wir frei. Wer dies begreift, sieht ein, dass der Mensch seinem wahren geistigen Wesen nach nicht ein in Zeit und Raum beschränktes Geschöpf ist, sondern dass er selbstlos, allgegenwärtig und unendlich ist. Alles, was den Menschen an den Körper fesselt, sind Motive oder Gesinnungen, welche seinem Eigenwillen und Selbstwahn entspringen. Solange er noch nicht selbstlos denkt, also Ursachen schafft, bleibt er an die Wirkungen gebunden, die seine Gedanken, Wünsche und Handlungen hervorbrachten. Nach dem Gesetz, das alles Geschehen in der Welt lenkt, kehren die Wirkungen, die er ausübt, zu ihm als Urheber zurück. Der Mensch hat so lange zu leiden, solange er Leiden erzeugt. Er erntet in dem einen Leben, was er in seinem früheren Dasein säte. Somit ist der geistige Mensch für alle seine Handlungen, je nach dem Grad seines Bewusstseins, in welchem er die Tat beging, selbst verantwortlich.

Wie erlangt der Mensch seine Freiheit? Der Mensch gleicht einem Vogel in einem Käfig, dessen Tür offen steht. Er bildet sich ein, nicht hinaus zu können. Deshalb kann er auch nicht hinaus. Dabei hält ihn in diesem Gefängnis nichts zurück. Nur weil er seine wahre Natur nicht erkennt und es ihm an Willenskraft mangelt, tritt er nicht in die Freiheit. Wir hängen an unseren beschränkenden Eigenheiten fest, und daher hängen sie an uns.

Edwin Arnold lässt Buddha in seinem Buch »Leuchte Asiens« sagen:

»Ihr leidet durch euch selbst. Kein anderer zwingt, kein anderer hält euch, dass ihr sterbt und lebt, dass ihr des Rades Speich' umarmt und küsst, an der ihr wirbelnd klebt.

Jedes Geschöpf liebt das, was seinem eigenen Wesen entspricht. Die Fledermaus liebt das Dunkel, der Adler das Licht. Solange das Sinnliche in uns die Oberhand hat, lieben wir es und werden davon beherrscht.«

Die Philosophen streiten sich schon seit Jahrtausenden darüber, ob der Mensch einen freien Willen hat. Sie werden dieses Rätsel niemals lösen, solange sie nicht zwischen dem freien, inneren Gottmenschen und dem in seiner selbst angenommenen Eigenheit gefangenen, sterblichen Menschen unterscheiden können. Der in die Materie Verstrickte hat nicht nur keinen freien, sondern gar keinen Willen. Die instinktiven und intellektuellen Kräfte in der Natur erwecken seine Begierden und bestimmen sein Handeln. Der Wille Gottes ist der einzige freie Wille im Menschen.

Ein im Selbstwahn Gefangener kann keinen freien Willen haben, weil er nicht selbst frei ist. Erst mit der Erkenntnis der Einheit und Unabänderlichkeit des göttlichen Willens und seiner Vereinigung mit dem, was man den höheren menschlichen Willen nennt, kann von der Freiheit des Willens die Rede sein. Zu dieser Willensfreiheit kann man auf keine andere Art als durch diese Einsicht gelangen. Durch sie wird der Mensch Gott, der er in Wahrheit ist, und er wird Herr über die Natur. Diese Herrschaft wird durch Gehorsam und Liebe erlangt. Wer über die Naturgesetze herrschen will, muss sie kennen und befolgen, dann gehorcht ihm die Natur. So muss auch derjenige, welcher zum Selbstbewusstsein des unsterblichen Daseins erwachen und zur Freiheit gelangen will, die Gesetze des geistigen Lebens kennen und ihnen gehorchen. Er kann nicht Repräsentant des Lichtes werden und in der Finsternis bleiben.

Wir müssen endlich wieder begreifen, dass Gott und Mensch nicht zwei voneinander getrennte Wesen sind, denn der Mensch wäre ein Nichts ohne Gott. Gottes Wille ist das Gesetz im gesamten Universum und in der ganzen Natur. Wenn der Mensch die Einheit seines Wesens mit Gott und ihn als das Gesetz anerkennt und befolgt, dann erkennt er sich auch selbst in Gott als das Gesetz. Indem er das Gesetz befolgt, gehorcht er keinem anderen, sondern nur sich selbst. Dann ist der Wille frei.

Echte Willensfreiheit wird somit nicht durch ein erkenntnisloses Aufgeben des Willens und des Denkens erlangt, denn dann würde der Mensch auf die Tierstufe zurückfallen, sondern in der Vereinigung des menschlichen Willens mit dem göttlichen Willen auf dem Weg der Erkenntnis. Diese wird durch die von aller Begehrlichkeit befreite, selbstlose Liebe erlangt. Je mehr der Mensch dieser Liebe seinen Eigenwahn opfert, umso mehr wird er von seiner sterblichen Persönlichkeit mit all ihren Wünschen und Begierden befreit. Die wahre Liebe ist die erlösende Kraft in uns. Sie zieht uns zum Höchsten hinauf und macht uns zum göttlichen Wesen. Der Weise findet in der Liebe seine Zuflucht. Er nimmt Teil am Ganzen, und die göttliche Kraft, die darin verborgen liegt, wird ihm dann, ohne dass er sie sucht, durch das Gesetz der Gnade zuteil.

Der Mystiker Angelus Silesius sagt dies in folgenden Worten:

»Soll ich mein letztes End' und meinen Anfang finden, so muss ich mich in Gott und Gott in mir ergründen, muss werden was er ist; ich muss ein Schein im Schein, ein Wort in Gott, Gott in der Gottheit sein.«

Die siebenfältige Natur der Chakren

Wie wir nun bereits gelesen haben, lebt der Mensch in verschiedenen Bewusstseinsebenen. Zwischen physischem und Astralkörper fungiert als überaus wichtiges Verbindungsglied der Ätherkörper, der den rein materiellen Körper mit den übrigen Feinstoffkörpern und den kosmischen Energien verbindet.

Dieser Ätherkörper überragt den physischen Körper um ca. zwei bis zehn Zentimeter und kann als helles Band, das sich um den physischen Körper legt, von hellsichtigen Menschen gesehen werden. Er besteht aus verschiedenen Qualitätszuständen, und man kann allgemein drei Feinstoffqualitäten oder Anteile unterscheiden:

der chemische Äther,
der Lebensäther,
der Lichtäther.

Dieser Ätherkörper ist also jener Energiekörper, der die kosmischen Energien und die Kräfte der physischen Materie aufnimmt und sie verbinden kann, um sie dann in unseren Körper weiterzuleiten. Wie an anderer Stelle bereits erwähnt, widmet sich unter anderem die Biophotonenforschung ebenfalls diesem Bereich. Dieser neue Forschungszweig kann heute bereits die Existenz des Ätherkörpers wissenschaftlich nachweisen. Paracelsus beschrieb vor 500 Jahren allerdings den Ätherkörper schon so perfekt, dass wir uns zu Recht wundern können, woher er dieses Wissen hatte. Es ist verblüffend, wie durch die Entwicklung der Wissenschaft Dinge bestätigt werden, die für die alten Weisen längst gesicherte Tatsachen waren. Wichtige Wahrnehmungen wurden schon immer von Unwissenden bekämpft, solange es noch nicht möglich war, diese zu erforschen oder sichtbar zu machen. Daher stoßen wir immer wieder auf jene engstirnige geistige Einstellung, dass Dinge, die man noch nicht verstehen kann, strikt abgelehnt werden.

Es gibt in der Geschichte so viele Beispiele, in denen Wissende einfach belächelt oder bekämpft wurden oder, noch schlimmer, gerade aufgrund ihres großen Wissens umgebracht wurden. Man muss nur daran denken, welch schweren Stand Galileo Galilei hatte, nachdem er das kopernikanische Weltsystem als richtig erkannt hatte. Der Gedanke, dass sich die Erde um die Sonne dreht, galt in der damaligen Zeit als so unglaublich und ketzerisch, dass Galilei gezwungen wurde, öffentlich diesem »Irrglauben« abzuschwören. Erst im letzten Jahrhundert wurde seine Verurteilung von der Kirche für ungültig erklärt, und er wurde endlich rehabilitiert. Zum besseren Verständnis des Nachfolgenden muss ich noch einmal auf diese drei in sich differenzierten Anteile des Ätherkörpers eingehen und ihre speziellen Aufgaben erklären.

1. Der chemische Äther sorgt mit seinem Anteil für die Aufrechterhaltung der Stoffwechselvorgänge in jeder einzelnen Körperzelle.

2. Der Lebensäther stellt die Verbindung zu jenen kosmischen Energien her, die auf den gesamten Körper einwirken. Halten wir uns täglich mindestens eine halbe Stunde in der freien Natur und im Sonnenlicht auf, lagern sich in diesen Lebensäther sehr starke Energien ein, und wir erhalten dadurch eine Stärkung unserer Abwehrkraft. Unser Immunsystem funktioniert dann perfekt, und wir sind weniger anfällig für Infektionskrankheiten. Die Vitalität wird gestärkt und gekräftigt, und man reagiert nicht mehr so schnell auf Stimmungen depressiver Art oder auf negative Schwingungen aus der Umwelt.

    Dieser Lebensäther wird auch durch die Akupunktur angeregt, und man hat zusätzlich mit der Bioresonanztherapie die Möglichkeit, über diesen Energiekörper den physischen Körper zu harmonisieren und krank machende Schwingungen zu neutralisieren. Daher setzt man heute die Bioresonanztherapie mit sehr gutem Erfolg bei Allergien ein.

3. Der Lichtäther: Hier liegt dann die Verbindung zur gesamten Persönlichkeit, und somit können die Energien unserer Gedanken, Gefühle und Wunsche über diesen Lichtäther auf den gesamten Ätherkörper und damit natürlich auch auf den physischen Körper übertragen werden. Diese feinstofflichen mentalen und astralen Energien leiten nun über den Ätherkörper jene Störungen weiter, die sich im Seelisch-Geistigen ereignet haben. Sie verursachen

die Krankheitssymptome im physischen Körper und machen sie dadurch auf dieser manifestierten Ebene sichtbar. Der Ätherkörper interessiert uns besonders, wenn wir uns mit der Lehre der Chakren beschäftigen wollen.

Im Ätherkörper haben die alten hellsichtigen Weisen energetische Punkte und Energiekanäle festgestellt. Man spricht im indischen Bereich von den 72 000 Nadis. Die Chinesen und Japaner nennen diese Energiekanäle Meridiane, und aus dieser Kenntnis hat sich die Akupunktur entwickelt. Wer darüber noch nichts weiß, kann sich auch nicht vorstellen, wie die Akupunktur wirkt, aber dass sie wirkt, hat sie während ihres 3 000 Jahre dauernden Bestehens und durch ihre Erfolge tausendfach bewiesen. Die Akupunkturnadel funktioniert wie eine Antenne, die in den Ätherkörper hineinragt. Dadurch werden die feinstofflichen Energiekanäle harmonisiert. Diese Antennenfunktion bewirkt wieder das erneute ungestörte Fließen der von außen kommenden kosmischen Energien in unseren physischen Körper. Diese Kanäle sind es, die die kosmische Energie aufnehmen und bis in die Zellen des physischen Körpers weiterleiten.

Man kann sie wie bei der Akupressur durch Druck oder wie bei der Akupunktur durch Stich aber auch durch Farblicht, Laser, Farbplättchen und Energiemassage beeinflussen. Der Ätherkörper ist für therapeutische Zwecke demnach ein ausgesprochen wichtiger Arbeitsbereich.

Wir sollten uns vergegenwärtigen, dass wir von reiner kosmischer Energie leben könnten, wenn unser gesamtes System in Ordnung und Harmonie wäre und die Ströme frei im Ätherkörper fließen könnten.

Ich möchte dies mit einer Erfahrung belegen, die ich am eigenen Körper gemacht habe. Wie ich zu Beginn des Buches schon berichtet habe, war ich mehrmals in Indien im Aschram von Swami Muktananda. Bei meinem letzten längeren Aufenthalt bemerkte ich folgendes Phänomen:

In der ersten Zeit war ich mit meinen Gedanken oft noch zu Hause, und ich konnte teilweise die ständigen Sorgen, die mit meiner Arbeit und meiner Familie zusammenhingen, nicht ganz vergessen. Im Laufe der Zeit verblassten diese Gedanken immer mehr, und nach zwei Wochen fand ich zu einer tiefen inneren Ruhe. Ich fing an, mich ausgesprochen wohlzufühlen. Ich hatte meine Mitte und meine innere Harmonie gefunden.

Plötzlich trat ein sehr interessantes Phänomen auf: Ich verspürte den ganzen Tag keinen Hunger mehr. Es gab, außer den einfachen Mahlzeiten, viermal täglich Schwarztee mit etwas Milch und Zucker. Wenn man noch Durst hatte, gab es frisches Quellwasser. Nach diesen zwei Wochen hatte ich auf einmal kein Bedürfnis mehr, zu den Mahlzeiten zu gehen. Der Tee allein war für mich völlig ausreichend. Ich habe dort zweieinhalb Monate nur von Tee und Quellwasser gelebt, fühlte mich wunderbar und hatte nie Hunger. Das kam mir sehr entgegen, denn ich dachte, dass mir ein paar Kilo weniger nicht schaden könnten. Aber zu meinem

Erstaunen hatte ich, als ich nach meiner Rückkehr zu Hause auf die Waage stieg, kein Gramm Körpergewicht abgenommen.

Erst dann begriff ich einen Bericht, den ich im Stillen angezweifelt hatte: Im Innenhof des Klosters befand sich ein Standbild des verstorbenen Sri Nityananda. Er war der Begründer dieses Klosters und hatte dort lange Jahre als Leiter und Lehrer gelebt. Er wurde schon zu Lebzeiten in Südindien als Heiliger verehrt. Obwohl dieser Mann sehr korpulent war, hatte er, so erzählte man mir, in den letzten drei Jahren seines Lebens nur noch von reinem frischem Quellwasser gelebt. Ich konnte mir nicht vorstellen, dass diese Geschichte der Wahrheit entsprach und habe sie zuvor ernsthaft angezweifelt.

Nun stand ich also zu Hause auf meiner Waage und rätselte, was geschehen war. Erst ganz langsam erkannte ich, dass ich dieses unwahrscheinlich wichtige Phänomen am eigenen Körper erfahren durfte. Es heißt: »Lebe dein Leben in ständiger innerer Harmonie und Ausgeglichenheit.« Nur dann ist es dem Menschen möglich, durch kosmische Energie zu existieren.

Im Volksmund ist dieses Wissen in dem Ausspruch, dass Verliebte von Luft und Liebe leben können, noch lebendig. Ein liebender Mensch ist glücklich und befindet sich somit in Harmonie.

Es war eine wunderbare Zeit. Nur habe ich in Deutschland nach einigen Monaten diesen Zustand der inneren ständigen Harmonie wieder verloren. Wir können zwar diesen ausgeglichenen Zustand durch häufiges Meditieren erreichen, aber es ist schwer, ihn in unserem hektischen Tagesablauf ständig aufrechtzuerhalten. Dennoch sollten wir lernen, uns nicht immer durch unseren Alltag aus der Ruhe bringen zu lassen.

Aus der Geschichte kennen wir immer wieder Berichte von Menschen, die ausschließlich von kosmischer Energie gelebt haben und die jahrelang keine Nahrung zu sich nahmen. Pater Pio gehörte zu diesen Menschen und Theresia von Konnersreuth. In der heutigen Zeit lebt Frau Jasmuheen[39] bereits seit 1993 nur noch von kosmischer Energie und hat ihre Erfahrungen in ihrem Buch »Lichtnahrung, die Nahrungsquelle für das kommende Jahrtausend« zusammengefasst.

Wenn die Energien ohne Blockaden den Körper durchströmen können und wir uns in innerer Harmonie befinden, kann der Ätherkörper die Energien, die er aus dem Kosmos aufnimmt, ungestört in den physischen Körper weiterleiten. Nur so ist es möglich, diesen zu ernähren und am Leben zu erhalten, ohne dass ein Mensch tägliche Nahrung aufnimmt. Genauso fließen die Energien aus dem seelisch-geistigen Bereich über den Ätherkörper auf den physischen Körper herab, und wir werden uns im physischen Körper unserer Gedanken und Gefühle bewusst.

Die Harmonisierung des Ätherkörpers kann dann stattfinden, wenn auch der seelisch-geistige Bereich in Harmonie schwingt. Dann allerdings könnte der absolute Idealfall eintreten, dass es keinerlei Erkrankungen

---

39 Jasmuheen: *Lichtnahrung. Die Nahrungsquelle für das kommende Jahrtausend.* Koha 1997 sowie *In Resonanz. Das Geheimnis der richtigen Schwingung.* Koha 1998

mehr gibt. Logischerweise wären dann Ärzte und Therapeuten arbeitslos. Das wäre wunderbar, aber ich glaube nicht, dass dieser Zustand in den nächsten Jahrhunderten erreicht werden kann.

Was wir als die Organe des Ätherkörpers oder als die Schaltstellen für die aufzunehmenden Energien bezeichnen, sind die Chakren, die Räder oder die Lotosblumen.

Die sieben Chakren

In diesen Chakren fließen zwei Energieströme: eine aktive und eine passive Energie. Die Arbeit der Chakren hängt sehr stark mit der Bewusstseinsentwicklung des Menschen zusammen. Je höher ein Mensch entwickelt ist, desto größer, schneller und heller ist seine Schwingung. Bei den höherentwickelten Menschen schwingen sie also bereits in höheren Frequenzen und lichteren Farben und die Schwingungen weiten sich aus. Beim noch unterentwickelten Menschen schwingen sie in niedrigen Frequenzbereichen. Die Farben sind unklar und dunkler, und der Durchmesser ist wesentlich kleiner.

Die Chakren kann man nun unterschiedlich betrachten: als Organ für die Energieversorgung oder, wie in der klassischen hinduistischen Philosophie, als Symbol. Darin verkörpert ein Symbol immer eine Grundqualität oder ein Urprinzip.

Bei den Energiebahnen gibt es drei wesentliche Hauptstränge:

Ida ist weiblich, dem Prinzip Mond unterstellt und hat Yin-Qualität.

Pingula ist männlich, dem Prinzip Sonne unterstellt und hat Yang-Qualität.

Sushumna ist die Vereinigung. Sie ist der Ausgleich. Sie ist die Mitte.

Das Symbol dieser drei im Körper fließenden Energiekräfte ist vielen Menschen bekannt. Es ist das Symbol des Hermesstabes, um den sich zwei Schlangen winden.

Durch diese drei Kanäle besteht die Verbindung der Chakren untereinander. Die Aktivierung der Chakren geschieht durch die drei göttlichen Kräfte, die aus dem Universum einströmen und sich dann mit den drei Energiekräften des menschlichen Körpers, die von der Erde her gespeist werden, verbinden. Diese Energien verlaufen über Ida und Pingula, die dann die Schlangenkraft oder Kundalini erwecken, die aufgerollt im untersten Chakra schlummert. Sie lassen die

Schlangenkraft aufsteigen, und sie wandern von einem Chakra zum anderen – von einem Bewusstseinsgrad zu einem anderen. Im Bereich der Medulla oblongata, der Verbindungsstelle zwischen Hinterhaupt und Halswirbelsäule, verbinden sich beide Kräfte, die göttlichen von oben kommenden und die von der Erdenergie gespeisten, die von unten aufsteigen.

Der Ätherkörper zieht über das dritte Chakra im Bereich des Solarplexus Lebensenergien aus der Sonne und über das Steißbein-Chakra Lebensenergie aus der Erde an. Er speichert diese Lebensenergien und führt sie über die Chakren und Nadis, die sämtliche Chakren verbinden, dem physischen Körper ununterbrochen zu. Diese beiden wichtigen Energieformen des Lebens sorgen für ein lebendiges Gleichgewicht in den Körperzellen. Sie strahlen auch über den physischen Körper hinaus und bilden die ätherische Aura.

Es handelt sich hier um Strahlen, die sich wie ein Schutzmantel um den physischen Körper legen. Sie verhindern das Eindringen von Krankheitskeimen und Schadstoffen in unseren Körper. Außerdem geben sie gleichzeitig in einem beständigen Strom Lebensenergie in die Umgebung ab.

Wenn wir begreifen, dass der Ätherkörper mit seinen ausstrahlenden Lebensenergien einen so sicheren Schutz bildet, dass keine Krankheitskeime eindringen können, dann begreifen wir vielleicht endlich einmal, dass kein Mensch grundsätzlich durch äußerlich bedingte Ursachen erkranken kann. Die Ursachen der Erkrankung liegen immer in ihm selbst: negative Emotionen und Gedanken sowie eine falsche Lebensweise, die nicht im Einklang mit den natürlichen Bedürfnissen des Körpers steht.

Dann verliert die natürliche Energieausstrahlung an Stärke und Intensität, und es entstehen in dieser ätherischen Aura Schwachstellen, Löcher und Verletzungen. Ein hellsichtiger Mensch kann die Löcher und Risse erkennen, durch die nun negative Schwingungen eindringen und den physischen Körper schwächen und verletzbar machen können. Durch negative Gedanken, Mutlosigkeit oder Minderwertigkeitskomplexe oder durch ungute Gefühle wie Hass und Wut, Trauer und Leid, Eifersucht usw. entsteht ebenfalls eine massive Schwächung des Ätherkörpers. So entstehen ebenfalls Schwachstellen in der Ätherschicht, durch die nun die Lebensenergie »auslaufen« kann. Die Krankheitskeime werden magnetisch angezogen, sodass der Mensch erkrankt.

Andererseits basiert gerade hierauf der Erfolg des positiven Denkens, das sich günstig auf Gesundheit und Harmonie auswirkt. Mit gezielt eingesetzten positiven Suggestionen lässt sich die Gesundheit unseres Körpers stärken, denn durch positives Denken baut sich der Ätherkörper sehr intensiv auf und erhält dadurch wieder eine harmonische, gesunde, starke Ausstrahlung.

Krankheiten zeichnen sich zuerst im Ätherkörper ab, bevor sie sich im physischen Körper manifestieren. Sie können bereits auf dieser Ebene durch verschiedene, in den letzten Jahrzehnten entwickelte Methoden erkannt und behandelt werden. Durch die Kirlianfotografie konnte diese Energieausstrahlung, die jedem Lebewesen eigen ist, erstmalig sichtbar gemacht werden. Auf der Grundlage dieser Erfahrung kann man heute schon sehr treffsichere Diagnosen stellen und die Krankheiten bereits in ihrer Latenzphase erkennen, also noch ehe sie sich im physischen Körper manifestiert haben. Um die Funktionsweise der Chakren besser verstehen zu können, muss man sich zuerst mit dem Ätherkörper vertraut machen.

Da in alten Überlieferungen eine Anzahl von 88 000 Energiestellen erwähnt wird, gibt es am menschlichen Körper kaum einen Punkt, der nicht ein sensibles Organ für die Aufnahme, Weitergabe, und Umwandlung von Energien darstellt. Sicherlich sind diese Energiezentren sehr klein und von untergeordneter Rolle. Weiterhin spricht man von 40 Neben-Chakren, die im Milz- und Nackenbereich und an Handflächen und Fußsohlen liegen.

Die sieben Haupt-Chakren, über die ich noch schreiben werde, liegen also im Ätherkörper des Menschen. Sie ähneln trichterförmigen Blütenkelchen mit einer unterschiedlichen Anzahl an Blütenblättern. Sie werden im östlichen Raum daher auch als Lotosblumen bezeichnet. Sie sind entscheidend für die Hauptfunktionen der Energieübertragung auf Körper, Seele und Geist des Menschen. Die sogenannten Blütenblätter stellen Nadis oder Energiekanäle dar, durch die kosmische Energien in die Chakren einfließen können und dann von dort in den ätherischen Feinstoffkörper des Menschen weitergeleitet werden. Von der Mitte jedes Chakras zieht sich ein weiterer Kanal zur Wirbelsäule hin und läuft direkt in diese hinein. Er verbindet die Chakren mit Sushumna, dem wichtigsten Energiekanal, der durch das Innere der Wirbelsäule aufsteigt und sich bis zum Scheitelpunkt fortsetzt.

Die Chakren befinden sich in einer ständigen kreisenden Bewegung. Daher haben sie auch ihren Namen, denn »Chakra« bedeutet im Sanskrit »Rad«. Durch die Drehbewegung entsteht ein Sog, und so wird Energie in ihr Zentrum eingesogen. Die Drehbewegung der Chakren verläuft entweder nach rechts oder nach links. Interessant ist, dass sich hierbei ein entgegengesetztes Prinzip bei Mann und Frau feststellen lässt. Das führt zu einer Ergänzung im Ausdruck der verschiedenartigen Energien.

So dreht sich z. B. das Basis-Chakra bei der Frau linksherum und beim Mann rechtsherum, das zweite oder Sakral-Chakra dreht sich jetzt bei der Frau rechtsherum und beim Mann linksherum und so weiter.

Jede Rechtsdrehung ist vorwiegend aktiv, männlich oder yangbetont, und repräsentiert Wille und Aktivität. Liegt im Chakra eine Blockade vor, führen die Energien zu Aggressivität und Gewalt. Jede Linksdrehung ist passiv, weiblich oder yinbetont und repräsentiert Empfänglichkeit, Hingabe und Einverständnis. Durch eine Blockade können sich die Energien als Schwäche ausdrücken.

Die Drehrichtung wechselt von Chakra zu Chakra. So dreht sich das Basis-Chakra des Mannes wie schon gesagt rechtsherum und drückt somit seine Eigenschaften aktiver aus. D. h., der Mann versucht, durch Eroberung und Bemeisterung des materiellen und sexuellen Bereiches und durch Aufnahme der Erdenkräfte diese Eigenschaften bewusst zu erfahren. Bei der Frau hingegen schwingt das erste Chakra linksherum. Sie ist so empfänglicher für die zeugende, belebende und schöpferische Kraft der Erde, die über das Wurzel-Chakra in den Körper einströmt.

Im nächsten, dem sechsblättrigen oder zweiten Chakra wechselt die Drehrichtung. Die Rechtsdrehung bei der Frau führt zu einer größeren aktiven Kraft im Ausdruck der Gefühle, der Sinnlichkeit, der Erotik und der Kreativität. Die Linksdrehung beim Mann lässt ihn hier eher eine empfangende oder häufig auch passive Haltung einnehmen.

Das dritte Chakra, der zehnblättrige Lotos oder das Solarplexus-Chakra, schwingt beim Mann rechts. Das Chakra ist ein aktives Zeichen und untersteht der Sonne, unserem kosmischen Kraftzentrum. Hier entfaltet sich das sterbliche Ich, und man setzt die Energien zur Gestaltung der Persönlichkeit ein. Der Mensch spürt Kraft und Fülle, und er erlangt im täglichen Leben Einfluss und Macht. Bei der Frau schwingt das Chakra linksherum, daher ist sie fähiger in der Verarbeitung der Gefühle und Erlebnisse. Aus dieser Verarbeitung wächst aus Erfahrung Weisheit.

Das vierte Chakra, das Herzzentrum oder der zwölfblättrige Lotos, schwingt bei der Frau rechts. Sie erlebt aktiv die Entfaltung der Herzensqualitäten. Sie erfährt Mutterliebe, Mitgefühl, Selbstlosigkeit und Hingabe an das Sein. Beim Mann schwingt es linksherum, und er empfindet die Entfaltung der Herzensqualitäten eher passiv.

Im fünften Chakra, dem Kehlkopfzentrum oder sechzehnblättrigen Lotos, finden wir den Mann aktiv im kreativen Selbstausdruck, in Kommunikation, in Offenheit, in Unabhängigkeit und in Inspiration. Er sucht aktiv den Zugang zu den feineren Ebenen des Seins. Die Frau findet diesen Zugang zu den feineren Ebenen des Seins eher passiv durch inspiratives Erleben.

Im sechsten Chakra, dem Stirn-Chakra oder dem zweiblättrigen Lotos, dreht sich das Chakra bei der Frau rechtsherum. Sie erlebt in diesem Bewusstseinsgrad aktive Intuition und entwickelt bewusster ihre inneren Sinne. So lernt sie leichter, hellzusehen, hellzufühlen und hellzuhören. Beim Mann entwickeln sich diese inneren Sinne aus seiner Geisteskraft eher unbewusst.

Im siebten Chakra, dem tausendblättrigen Lotos oder dem Scheitel-Chakra, findet die Vollendung des Menschen statt. Er erlebt jetzt die höchste Erkenntnis durch direkte innere Schau. Hier vollzieht sich die Vereinigung mit dem All-Seienden, dem universellen kosmischen Bewusstsein. Der Mann ist bei diesem Prozess eher aktiv beteiligt, die Frau passiver und intuitiver.

Durch den Wechsel in der Drehbewegung kommt es zu einer unterschiedlichen Prägung von Mann und Frau. Diese beinhaltet aber auch gleichzeitig die Möglichkeit einer wundervollen Ergänzung.

Ich möchte Sie bitten, in die Drehrichtung der Chakren keine Wertigkeit zu projizieren, denn es ist das Gesetz des Lebens, dass auf jede aktive, nach außen gerichtete

Lebensphase eine passive Zeit des Empfangens und des Insichhineinhörens kommt. Aktive Arbeit und passive Ruhe müssen aufeinanderfolgen wie Tag auf Nacht. Denn nur so entsteht in der Polarität wieder eine Einheit.

Die Größe der Chakren beträgt im Durchmesser ungefähr zehn Zentimeter. In ihnen schwingen alle Farben mit. Doch nur jeweils eine Farbe ist in jedem Chakra dominant. Je höher sich ein Mensch entwickelt und je mehr höhere Energien und feinere Frequenzen er aus dem Kosmos aufnimmt, umso größer wird das Chakra, und seine Farben werden klarer heller und leuchtender. Die beiden wichtigsten Energieformen werden über das Wurzel-Chakra und das Scheitel-Chakra aufgenommen. Zwischen beiden Zentren verläuft der Hauptenergiekanal, die Sushumna, an die sämtliche Chakren angeschlossen sind und dadurch mit Lebenskraft versorgt werden. Durch diesen Kanal steigt im Laufe der Entwicklung die Kundalini- oder Schlangenkraft auf, die zusammengerollt wie eine Schlange an der Basis der Wirbelsäule ruht. Die Kundalini-Kraft stellt die kosmische Schöpfungsenergie dar, die sich in der Erde manifestiert und verwirklicht hat.

In einem alten Text habe ich einmal Folgendes gelesen: Das Heruntersteigen der göttlichen Energie bis in die Materie erzeugt den Impuls, in der Materie die Formen zu erschaffen. Dies führt zur Spaltung der Ganzheit, d. h., es entsteht die in Geist und Materie getrennte geoffenbarte Schöpfung (die Weltenmutter, die Schöpferin der Formen).

Wenn alles geschaffen ist, ringelt sie sich dreieinhalbmal zusammen und schläft die dreieinhalbfache Dauer als Schlangenkraft oder Kundalini. Sie wird dabei unbewusst. So wartet sie darauf, erweckt zu werden, um den Weg durch Sushumna (die Mitte) zu Shiva[40] zu finden. Dann vereinigt sie sich unter Verlust ihrer Form im siebten Chakra mit Shiva. Durch diese Vereinigung bleibt dann nur noch das reine göttliche Bewusstsein. Das ist der Tod des sterblichen Ichs – die Auflösung der Persönlichkeit.

Schöner kann man die Schöpfung und somit den Sinn des Lebens gar nicht ausdrücken, gibt dieses Bild doch dieselben Vorgänge wieder, wie sie in den früheren Kapiteln beschrieben wurden. Es ist der Entwicklungsweg des Menschen, der ihn aus der Unbewusstheit wieder zur Bewusstheit führt. Dadurch erlangt er erneut das Gottesbewusstseins und kann aus der Polarität zu der Einheit mit Gott zurückfinden, wenn er gelernt hat, jegliche materiellen Wünsche und Begierden als unwichtige trügerische Scheinbilder loszulassen. Der Mensch stimmt dann gern der Auflösung seiner materiellen Form zu und zieht sich ganz in seinen unsterblichen göttlichen Anteil zurück. Die Form löst sich auf und kann als reine Materie in ihren Atomen und Molekülen der Erde zurückgegeben werden. Der Geist, das unsterbliche Sein, geht jetzt den herrlichen Weg ins reine Licht und kann nun die Vereinigung mit Gott finden.

---

40 Siehe Diagramm auf Seite 174: indische Gottesbegriffe der Dreieinigkeit, Brahma – Vishnu – Shiva

Ein weiteres sehr schönes Beispiel, das ebenfalls auf dieses Wissen aufmerksam macht, sah ich während einer Reise durch Griechenland im Nationalmuseum in Athen. Man fand im Heiligtum des Asklepios in Epidauros eine Darstellung eines Arztes, der später zum Gott erhoben wurde. Er stützt sich auf einen Stab, an dem sich eine Schlange ebenfalls dreieinhalbmal nach oben ringelt. Ich bin überzeugt, dass dieser Arzt, Asklepios, sowohl über die Erweckung der Kundalini-Kraft als auch über die kosmischen Zusammenhänge Bescheid wusste. Denn es wird berichtet, dass Asklepios in seinem heiligen Hain durch die Errichtung eines Heilstabes echte Wunderheilungen durchführen konnte.

Aber was versteht man wohl unter der Errichtung eines Heilstabes? Man weiß durch Überlieferungen, dass Asklepios im Kreis seiner Priester sogenannte »Geistheilungen« durchführte, indem die Priester einen Kreis bildeten, in dessen Mitte sich die Kranken aufhielten. Priester wie Kranke mussten sich in eine tiefe Meditation begeben, und Asklepios fungierte nun als Kanal zwischen den allerhöchsten heilenden göttlichen Energien und den Kranken. Dies wurde als das Aufrichten eines Heilstabes bezeichnet. Bis heute hat sich in diesem heiligen Hain noch eine sehr hohe Energie erhalten.

In der indischen Weisheitslehre wird eine solche Kraft auch Shakti genannt. Shakti ist der weibliche Aspekt der Gottheit, jener Aspekt, der aus dem göttlichen

Sein die Ideen empfängt und somit wirken kann, um die Schöpfung zur Manifestation zu bringen. Sein Gegenpol ist der reine Geist, der in sich ruhende nicht geoffenbarte Logos, das höchste göttliche Sein. Diese Kundalini-Kraft fließt bei den meisten Menschen nur in sehr geringem Maße durch die Sushumna. Erst durch zunehmende Bewusstseinsentwicklung kann sich die Kundalini-Kraft immer weiter entfalten, steigt auf und versetzt so jedes Chakra nach und nach in eine höhere Schwingung. Diese Entfaltung kann sich jedoch nur dann vollziehen, wenn gleichzeitig eine Höherentwicklung mithilfe des Scheitel-Chakras stattfindet und die göttlichen Energien in den menschlichen Körper einfließen und von hier aus die Kundalini-Kraft erwecken.

Wenn wir die Kundalini-Kraft, die eine universale Kraft von hoher Intensität ist, richtig verstehen, können wir durch die Transmutation dieser Kraft den Körper für übersinnliche Kräfte schulen. Es ist aber größte Vorsicht geboten, denn bei Missbrauch kann sie eine zerstörende Wirkung haben. Dies wäre mit folgendem Beispiel vergleichbar: wenn man in ein Haus zieht, in dem eine elektrische Spannung von 350 Volt herrscht, man aber nur Geräte und Lampen hat, die für 110 Volt ausgelegt sind. Dann wäre der Anschluss dieser Geräte an die höhere Spannung verheerend, denn sie würden beim Einschalten sofort durchbrennen.

Genau dasselbe kann beim Menschen passieren. Darin besteht auch die größte Gefahr, wenn er versucht, die Kundalini-Kraft durch Chakren-Arbeit zu erwecken. Dies ist eine Technik, bei der man den Chakren Energien von außen zufließen lässt oder man versucht, durch übertriebene Yogaübungen mit aller Gewalt die Kundalini-Kraft zu erwecken. Wenn die Verbindung zu jener göttlichen Energie noch nicht hergestellt ist und der Bewusstseinszustand noch nicht diese höhere Frequenz erreicht hat, kommt es zum Kurzschluss. Schwere gesundheitliche Schäden können dann auftreten. Das Krankheitsbild reicht von der Neurose bis hin zur Schizophrenie. Krankheiten, die durch diese Praktiken entstanden sind, haben nur ganz geringe Heilungschancen. Ich habe zweimal solche extremen Zustände in Indien erlebt, als junge Menschen unbedingt die Kundalini-Kraft durch Körperübungen erwecken wollten. Irgendwie ist es ihnen gelungen. Aber die Wirkung war furchtbar. Ein junger Mann schrie plötzlich auf, schlug mit Händen und Beinen um sich und fing an, sich total zu verkrampfen. All das hatte sehr viel Ähnlichkeit mit einem epileptischen Anfall, nur währte dieser Zustand tagelang. Es blieb eine schwere Nervenschwäche zurück, die zum Teil in eine Art Bewusstseinsspaltung überging und nicht mehr geheilt werden konnte. Im zweiten Fall war es nicht ganz so schlimm, aber auch hier blieb jahrelang eine schwere Nervenerkrankung bestehen. In beiden Fällen konnten kein Arzt und keine Medizin helfen.

Nur durch ständige Selbstlosigkeit und All-Liebe, innere Harmonie und Gottvertrauen, Loslassen des Materiellen und durch Bewusstwerdung der eigenen Göttlichkeit, können die feinen menschlichen Nervendrähte auf diese höhere »Voltstärke« vorbereitet werden.

Die Kundalini-Kraft versorgt die Chakren mit jener Energieschwingung, die notwendig ist, um den Menschen im Laufe seiner Evolution zu befähigen, allmählich alle Möglichkeiten und Kräfte zu erfahren – Kräfte, die auf den verschiedenen energetischen und materiellen Ebenen der Schöpfung tätig sind. Der Mensch muss dabei versuchen, sie aktiv in sein Leben zu integrieren.

Während des Aufsteigens der Kundalini-Kraft wird ihre Energie in jedem Chakra auf eine höhere Ebene transformiert, die den Aufgaben des jeweiligen Chakras entspricht. Die transformierten Schwingungen werden an die Feinstoffkörper oder den physischen Körper weitergeleitet und dort als Gefühle, Gedanken oder physische Empfindungen wahrgenommen.

Inwieweit nun die Kundalini-Kraft im Menschen wirken kann, hängt natürlich mit seiner Entwicklung und seiner Bewusstheit zusammen. Jedes Chakra repräsentiert einen wichtigen Lebensbereich, der positiv oder negativ gelebt werden kann. Je mehr sich der Mensch seiner göttlichen Herkunft bewusst wird, umso kräftiger und lichter arbeiten die Chakren und umso mehr fließt göttliche Energie vom Scheitel-Chakra kommend in den Menschen ein und umso kräftiger kann dann die Kundalini-Kraft nach oben steigen, um sich mit der göttlichen Kraft zu verbinden und so die Chakren nacheinander zu harmonisieren. Wir sehen also, dass nicht nur die Kundalini-Kraft durch die Sushumna fließt. Viel wichtiger ist stattdessen die göttliche Kraft, die über das Scheitel-Chakra in die Sushumna einfließt und die Chakren mit Energie erfüllt.

Hier handelt es sich um die Energien des reinen göttlichen Seins, des unmanifestierten Aspektes der höchsten Gottheit. Sie tritt durch das Scheitel-Chakra ein und bewirkt, dass der Mensch auf allen Ebenen des Daseins die unwandelbare und alles durchdringende Präsenz der Gottheit erkennt. Hier liegt der Urgrund jeglicher Manifestation, und hier liegt auch das Ziel, das die Menschheit im Laufe ihrer Entwicklung erreichen soll – ein Ziel, das wir nur durch Harmonisierung und Bewusstwerdung in jeder Lebensebene erreichen können. Diese Energie hilft uns, jene Blockaden zu lösen, die in unseren Chakren Disharmonien erzeugen. Wir können dann die Chakren in immer höheren Frequenzbereichen schwingen lassen.

In der indischen Weisheitslehre wird diese Kraft Shiva zugeordnet, jener Gottheit, die der große Zerstörer der Unwissenheit ist, und die allein durch ihre Gegenwart eine Transformation zum Göttlichen hin auslöst. So bewirken die beiden Gottesaspekte, Shiva und Shakti, die ganzheitliche Entwicklung des Menschen und auch der Menschheit, die uns veranlasst, das Göttliche wieder in unser Leben zu integrieren, genauso wie wir zuvor das Materielle in unser Leben integriert haben.

Es fließt ein ständiger wechselseitiger Kräftefluss, und dadurch findet gegenseitige Befruchtung statt. Wenn die Kundalini-Kraft dann in einem starken Strom höher steigt, erzeugt sie eine aktive Schwingung in den Chakren. Erst dadurch kann dann größere Bewusstwerdung erweckt werden. Dieser höhere Bewusstseinszustand macht es dann wieder möglich, dass der göttliche Energiestrahl, der aus dem Kosmos kommt, ebenfalls ungehindert das Chakra durchfließen kann.

So gleichen sich beide Kräfte einander an und erzeugen ein Gefühl von Harmonie und Einheit. Dieser Vorgang ist ein natürlicher Entwicklungsprozess und birgt keinerlei Gefahren in sich. Der erzwungene Weg jedoch, der ohne vorherigen Bewusstwerdungsprozess beschritten wird, kann zu massiven Störungen in den Chakren und in der Psyche des Menschen führen und somit dem ganzen Körper Schaden zufügen.

Nun möchte ich noch die beiden weiteren Energiekanäle näher vorstellen, die in unserem Kräftesystem ebenfalls eine wichtige Rolle spielen.

Im Sanskrit sprechen wir von Ida und Pingala. Durch Pingala fließen die solaren Energien, die voller Glut und Antrieb sind. Dieser Energiestrom beginnt rechts vom Wurzel-Chakra, schlingt sich um die Sushumna nach oben und endet im oberen Teil des rechten Nasenlochs. In Ida fließen die kühlenden und beruhigenden lunaren Energien. Dieser Energiestrom beginnt links vom Wurzel-Chakra, fließt in entgegengesetzter Richtung um die Sushumna nach oben und endet im oberen Teil des linken Nasenlochs. Die beiden Energieströme haben die Fähigkeit, durch die Atmung direkt kosmische Energien aus unserer Atmosphäre aufzunehmen und beim Ausatmen Giftstoffe auszuscheiden. Sushumna, Ida und Pingala stellen also die drei wichtigsten Hauptkanäle in unserem Energiesystem dar.

Ich möchte nun noch die einzelnen Chakren ausführlich beschreiben.

Erstes Chakra = vierblättriger Lotos
= Wurzel-Chakra
(Basis-Chakra, Steißbeinzentrum, Muladhara-Chakra)

Das erste oder das Wurzel-Chakra liegt zwischen Anus und Genitalien und ist mit dem Steißbein verbunden. Es öffnet sich nach unten und verbindet uns mit der physischen Welt. Seine Hauptaufgabe ist es, die kosmischen Energien auf der stofflichen irdischen Ebene zu manifestieren und sie gleichzeitig mit der Energie der Erde zu verbinden. Bei einem geöffneten ersten Chakra sagen wir Ja zum Leben, und wir versuchen, harmonisch in einer tiefen Verbundenheit mit der Kraft der Erde zu leben.

Es ist dem Erdelement zugeordnet und besitzt die Farbe Rot, die wiederum Energie und Aktivität ausdrückt. Dieses Chakra gibt uns Festigkeit, Durchsetzungskraft und die Sicherheit, auf dieser Erde zu existieren. Hier wird das Leben von einem unerschütterlichen Urvertrauen getragen, und man stellt seine Energien ganz in den Dienst, das Leben auf der Erde schöpferisch mitzugestalten.

Das Wurzel-Chakra bildet das lebenswichtige Fundament für die höheren Chakren, denn wir sind mit der unerschöpflichen Quelle der Kundalini-Kraft verbunden. Hier haben auch die drei Energiekanäle ihren Anfang. Wenn wir uns die Wirkung dieser drei Energiekräfte im menschlichen Körper im untersten Chakra betrachten, so gibt der weibliche Aspekt Sicherheit, Nahrung und

Schutz. Ist dieses Chakra noch blockiert, finden wir Verstopfung, Gier, Habsucht und Aggression. Hier unten am Steißbein ist der Sitz des Selbstbewusstseins, der Ich-Identität. Ist dieses Chakra geöffnet, fühlt der Mensch Sicherheit und Urvertrauen, und er verspürt keine Todesangst mehr.

Der zweite Energiestrom steht für sexuelle Identität und für ein natürliches sexuelles Verhalten.

Der dritte Energiestrom steht für soziales Verhalten. Man versucht, seine ganzen Energien in den Dienst der Erde und ihrer Geschöpfe zu stellen. Weiterhin ist hier der Sitz des kollektiven Unterbewusstseins, dessen gespeicherte Informationen uns von dort übermittelt werden. Wer seine Identität gefunden hat, braucht nichts mehr voller Gier zu verlangen, sondern er kann von Herzen geben und die Begehrlichkeiten, viel Besitz und Geld anzuhäufen oder alles haben zu wollen, gehen verloren. Der Mensch lernt die wichtigste Voraussetzung für seine höhere Entwicklung kennen – die Notwendigkeit, von der Materie loszulassen.

Das bedeutet allerdings nicht, dass er sich jetzt in Einsiedelei zurückziehen soll, um in völliger Armut und innerer Einkehr zu leben. Nein, er kann und soll seinen erworbenen Besitz sogar genießen. Er kann sich weiterhin an all den schönen und wertvollen Dingen erfreuen, allerdings mit dem Unterschied, dass sein Herz nicht mehr an diesen irdischen Gütern hängt. Es ist ihm nicht mehr wichtig, ob er Reichtümer besitzt oder nicht. Er kann mit offenen Händen geben, wird notleidenden Menschen helfen und eher ein gemeinnütziges Leben führen, weil er sich vom egoistischen Streben nach persönlichem Besitz abgewandt hat. Erstaunlich ist, dass gerade jenen Menschen, die gelernt haben, materiellen Besitz loszulassen, die meisten Reichtümer zufallen, mit denen sie dann viel Gutes bewirken können.

Ganz anders verhält es sich bei Blockaden. Hier entwickelt sich ein ausgeprägter Egoismus. Das Denken des Menschen kreist nur um materiellen Besitz und um Befriedigung seiner Wünsche und Begierden. Etwas haben und es sein Eigen nennen zu wollen, stehen an erster Stelle. Wir finden ein deutlich übertriebenes Sicherheitsdenken und einen Mangel an Urvertrauen. Daraus resultieren wiederum Gewalt, Wut und Ärger aus Angst, etwas von seinem Besitz zu verlieren. Es ist egal, ob es den anderen Lebewesen schlecht geht. Hier wird rücksichtslos Besitz angehäuft, und so werden die Natur und unsere Erde sinnlos ausgebeutet. Der Raubbau auf unserem Planeten, das Abholzen der Regenwälder, übertriebener Fischfang, sinnlose Atombombenversuche und rücksichtsloser Umgang mit den Mitgeschöpfen sind Dinge, die das Gleichgewicht unserer Erde stören, und sie zeigen an, dass das Wurzel-Chakra bei der Mehrzahl der heutigen Menschen blockiert ist.

Zu dieser Ebene gehören auch alle Schlaginstrumente, Trommeln und alle rhythmischen Instrumente. Auch aggressive Popmusik verursacht Störungen im ersten Chakra.

Bei der körperlichen Zuordnung finden wir alles Feste, wie Knochen, Zähne, Nägel, die Wirbelsäule und beide

Beine. Außerdem Anus, Rektum, Dickdarm, Mastdarm, Enddarm, das Blut, das in den festen Knochen gebildet wird und den Zellaufbau.

Die zugeordnete Drüse ist die Nebenniere, und die zugeordneten Hormone sind Adrenalin und Noradrenalin.

Das Lebensthema und die Lernaufgabe bestehen darin, Urvertrauen aufzubauen und eine adäquate Beziehung zur Erde und zur materiellen Welt herzustellen. Ebenso muss man Stabilität und Durchsetzungskraft entwickeln und die ursprüngliche Lebensenergie kennenlernen.

Das Sinnesorgan ist die Nase und das Riechen, das Arbeitsorgan ist der After und die Ausscheidung.

Wenn der Mensch vorwiegend durch dieses Chakra lebt, hat er das Bedürfnis, zwölf bis vierzehn Stunden zu schlafen.

Zweites Chakra = sechsblättriger Lotos = Sakral-Chakra

(Kreuzzentrum, Svadhisthana-Chakra)

Das zweite Chakra befindet sich oberhalb der Genitalen und ist mit dem Kreuzbein verbunden. Es öffnet sich nach vorn und ist das Zentrum des ursprünglichen, noch ungezügelten Gefühlsbereichs (entspricht der Tierseele). Hier finden wir die sexuellen Energien und schöpferischen Kräfte, die zur Zeugung und zum Entstehen allen biologischen Lebens notwendig sind. Ihm entspricht die Farbe Orange

Es ist dem Wasserelement zugeordnet, und so wie das Wasser in der Natur befruchtend wirkt und neues Leben entstehen lässt, haben auch wir teil an den Schöpfungsprozessen des Lebens. Wir erfahren uns eingebettet in die empfangenden und befruchtenden Energien der Natur. Unsere Schöpfungskraft drückt sich durch kreative Handlungen und ursprüngliche echte Gefühle aus.

Wir finden beim Mann die Zeugungsorgane, die den Impuls zur Schöpfung neuen Lebens beinhalten, und bei der Frau den empfangenden Aspekt, der die Basis für ein neues heranwachsendes Leben schafft, das jetzt in Geborgenheit, beschützt und ernährt, heranwachsen kann. Das Wasserelement schwemmt alles Erstarrte aus und entwickelt so seine reinigende Kraft. Wir finden dies auf der körperlichen Ebene durch die Ausscheidungs- und Entgiftungsfunktion von Niere und Blase. Auf der seelischen Ebene erleben wir das Fließenlassen und das Loslassen der Gefühle. Man ist anderen Menschen gegenüber offen und natürlich. Die sexuelle Vereinigung mit einem geliebten Menschen führt zu einem Ganzheitsempfinden, und man spürt, wie die göttlichen Schöpferkräfte hier wirksam werden.

Gefühle sind spontan und natürlich. In den Handlungen finden sich Kreativität und Einfallsreichtum. Man wirkt befruchtend auf sein eigenes Leben und kann durch seine kreative Begeisterung ebenso auf das Leben anderer einwirken.

Bei Blockaden im zweiten Chakra stellen sich Störungen im Sexualleben ein. Leider wurde in den letzten Jahrhunderten dieses Thema tabuisiert, was häufig dazu führte, dass der heranwachsende Mensch in der Zeit der Pubertät sich selbst überlassen blieb. In dieser Phase spürt der junge Mensch plötzlich, wie sich in seinem Körper fremde Energien regen, und er weiß nicht, wie er damit umzugehen hat. Dies führt zu starker Verunsicherung. Aus dieser Unsicherheit heraus sucht er oft Hilfe bei Freunden, die jedoch selbst nicht gelernt haben, mit diesen Schöpfungsenergien umzugehen. So kann er erst recht auf falsche Bahnen gelenkt werden.

So kann es zu einer Verneinung und Zurückweisung der Sexualität kommen. Die Gefühle der Liebe werden blockiert, und der Mensch kann weder Gefühle zeigen noch kann er welche annehmen. Das echte natürliche Schöpfungspotenzial geht dadurch verloren.

Es kann nun zu übersteigerten sexuellen Fantasien kommen oder zur unterdrückten Triebhaftigkeit, die dann zu plötzlichen Entladungen und Ausschweifungen führt. Beide Fälle bewirken Spannungen und Unsicherheit dem anderen Geschlecht gegenüber. Das sinnliche Empfinden ist grob, und man stellt die eigene sexuelle Befriedigung in den Vordergrund. Das Du ist in diesem Fall nicht wichtig, und man hat Zärtlichkeit und sanfte Berührung verlernt. Man ist sich nicht bewusst, dass gerade im harmonischen Fluss der sexuellen Kräfte der Mensch in die kosmischen Schöpferkräfte eintauchen kann.

Durch die Vereinigung von Shiva und Shakti, die Verschmelzung des männlichen und weiblichen göttlichen Schöpfungsprinzips, wurden das Universum und die Welt erschaffen, in welcher sich so der Geist Gottes offenbaren kann. Auf die gleiche Weise hat der Mensch jene göttlichen Schöpferkräfte empfangen, um einer unsterblichen Seele einen Körper zu erschaffen, mit dem sie in der sichtbaren stofflichen Welt agieren und sich offenbaren kann. Hier ist der Mensch also fähig, im göttlichen Sinne schöpferisch tätig zu sein.

Wenn wir uns dies vergegenwärtigen und erkennen, welch göttliche Kräfte uns zur Verfügung stehen, gehen wir vollkommen anders mit der Sexualität um. Dann würden wir uns scheuen, diese Kräfte nutzlos zu vergeuden. Wir wären den Schöpferkräften gegenüber offen und würden die Wunder des Lebens in unserem tiefsten Sein erkennen.

Da das zweite Chakra dem Wasserelement und dem Mond zugeordnet ist, kann man diese Erkenntnis zu Heilzwecken verwenden. Ein Bad in einer reinen Quelle oder in einem See bei Vollmond reinigt und harmonisiert das zweite Chakra. Diese Erkenntnis wurde von den Druidenpriesterinnen genutzt, die Kranke in Vollmondnächten in Karstquellen badeten und untertauchten. Damit reinigten und harmonisierten sie deren Seele und Körper und befreiten sie so von emotionalen Blockaden.

An der Quelle Vencluse in der Provence befand sich ein solches Druidenheiligtum, und die größte Heilkraft wurde in der Nacht des Ostervollmonds festgestellt.

Noch heute ist das Wissen um die Heilkraft des Osterwassers, das man in der Nacht zum Ostervollmond aus einer sauberen Quelle schöpfen soll, in verschiedenen Bevölkerungsschichten lebendig. All diese Überlieferungen haben einen tiefen Sinn, der uns modernen Menschen mit unserem rationalen Verstand einfach nicht mehr zugänglich ist. Daher geht leider immer mehr davon verloren.

Die Menschen, die das Bewusstsein bis zu diesem zweiten Chakra entwickelt haben, töten jetzt nicht mehr aus bloßer Freude am Töten, sondern nur noch, um Nahrung zu erhalten, schauen sich aber noch gern blutige Kämpfe wie Hahnen- oder Stierkämpfe an.

Die Musikinstrumente, die im zweiten Chakra erwachte Menschen bevorzugen, sind Harfe und Saiteninstrumente, also Instrumente, die mit direkter Berührung durch die Finger gespielt werden.

Die körperliche Zuordnung dieses Energiezentrums ist der ganze Beckenraum und die Fortpflanzungsorgane, Sperma, Nieren, Blase, und alles Flüssige wie Blut, Lymphe und die Verdauungssäfte.

Die zugeordneten Drüsen sind die Keimdrüsen, die Eierstöcke, die Prostata und die Hoden. Wer mit diesen Organen Probleme hat, sollte sich bewusst mit der Musik der oben genannten Instrumente auseinandersetzen. Die zugeordneten Hormone sind die Sexualhormone.

Das Lebensthema und die Lernaufgabe dieses Chakras ist es, die Emotionen und Gefühle mit dem Leben fließen zu lassen: Sinnlichkeit, Erotik, Kreativität, Begeisterungsfähigkeit. Hier liegt das Zentrum der Persönlichkeit und Individualität.

Das Sinnesorgan ist die Zunge mit dem Geschmacks-
sinn. Das Arbeitsorgan sind die Genitalien, hier liegt
der Bereich der Zeugung und der Fantasie. Der Mensch
benötigt in diesem Bewusstseinsbereich zehn Stunden
Schlaf in embryonaler Haltung.

Drittes Chakra = zehnblättriger Lotos = Solarplexus-Chakra

(Nabelzentrum, Manipura-Chakra)

Dieses Chakra liegt etwa zwei Finger breit über dem Na-
bel und ist dem Element Feuer zugeordnet. Seine Farbe
ist Gelb bis Goldgelb, und es stellt unser großes Kraftzentrum dar. Durch dieses Kraftzentrum in der Mitte
unseres Körpers nehmen wir die Energien der Sonne
auf, die aus dem kosmischen Bereich kommend unseren
Ätherkörper stärken, nähren und mit Kraft versorgen.
Nur durch das Eintreten der Sonnenenergien über das
Solarplexus-Chakra kann der Ätherkörper aufgeladen
werden. Er kann somit dem physischen Körper Energien zuführen, ihm Vitalität verleihen und sein Immunsystem stärken.
Über dieses Chakra treten wir aber auch aktiv mit der
Welt in Verbindung, mit anderen Menschen und Lebewesen. Hier finden wir jenen Bereich, aus dem unsere
emotionalen Kräfte nach außen fließen. Dort laufen die
zwischenmenschlichen Beziehungen ab, hier empfindet

man Sympathie und Antipathie, von hier aus werden dauerhafte emotionale Verbindungen geknüpft. Bei normaler Entwicklung steht das dritte Chakra für den Sitz der Persönlichkeit. Hier ist der Ort, an dem der Mensch seine Identifikation in der Gesellschaft findet und versucht, sie durch eigene Kraft, Machtstreben, Leistung oder durch Anpassung an gesellschaftliche Normen zu erhalten und zu bestätigen.

Da das dritte Chakra in enger Beziehung zum Astralkörper steht, der der Träger unserer Emotionen ist, hat es die wichtige Aufgabe, alle Wünsche, Begierden und Emotionen zu läutern und zu transformieren. So wirkt das dritte Chakra auch auf die sexuellen Wünsche der unteren Chakren ein, um ihre kreativen Energien bewusst zu lenken und zu verfeinern. Außerdem stellt es die Verbindung zu den höheren Chakren her, um deren geistige Kraft in der materiellen Welt zu manifestieren. Bei positiver Lebenseinstellung entspannt und öffnet sich das dritte Chakra. Das kosmische Licht kann ungehindert eindringen und nimmt immer mehr zu. Es erhellt uns, unser Leben, unsere Umwelt, und so haben wir die Möglichkeit, durch unser inneres Leuchten auch das Licht in der Welt zu vermehren.

Es hängt also viel von der Stimmungslage ab, in der wir uns befinden. Wir fühlen uns froh, harmonisch und glücklich, wenn das dritte Chakra geöffnet ist.

Bei Blockaden sind wir unausgeglichen und unser Gemüt und unsere Gedanken sind düster. Es ist also überaus wichtig, dass wir lernen, so viel Licht wie nur möglich in uns aufzunehmen und zuzulassen, denn nur die

Menge des Lichtes in uns erzeugt eine klare Sichtweise und wirkt sich auf die Art wie wir Dinge betrachten aus. Entweder definieren wir ein Glas als halb leer oder halb voll.

Über das dritte Chakra nehmen wir auch direkt die Schwingungen anderer Menschen auf. Werden wir mit negativen Schwingungen konfrontiert, zieht sich das Chakra zusammen, und wir empfinden über dem Solarplexus ein unangenehmes Gefühl. Es kann sich manchmal sogar das Gefühl einer drohenden Gefahr einstellen. Werden wir mit positiven Schwingungen konfrontiert, haben wir das Gefühl, dass wir uns dem Gegenüber öffnen, und Ströme von Sympathie fließen in freier Bahn.

Wenn unsere Entwicklung so weit fortgeschritten ist, dass das Chakra voller Licht strahlt, leuchtet es so kraftvoll nach außen, dass es unseren physischen Körper mit einem Licht- und Schutzmantel umgibt. Jetzt ist unser Leben hell und harmonisch, und wir spüren inneren Frieden. Wir akzeptieren uns auf unserem Lebensweg, ebenso die Gefühle und Eigenarten anderer Menschen, und wir können unser Schicksal dankbar annehmen, weil wir dessen Sinn erkannt haben. Denn wir wissen, dass alles, was uns zuteil wird, zur Ganzheitlichkeit führt. Wir erkennen die Gesetzmäßigkeit des Universums an und handeln spontan im Einklang mit diesen Gesetzen. Wir sind voller Licht und voller Kraft, und die Helligkeit in uns umstrahlt auch unseren Körper und hält so negative Schwingungen fern.

Bei Blockaden im dritten Chakra versucht der Mensch,

alles nach seinem Willen zu gestalten. Er will Macht ausüben, andere beeinflussen, wird aber dabei von einer stetigen inneren Unruhe und Unzufriedenheit getrieben.

Diese Menschen haben oft in der Kindheit wenig Anerkennung erfahren und konnten daher kein wirkliches Selbstwertgefühl aufbauen. Sie versuchen jetzt, im täglichen Arbeitsprozess oder in der Familie jene Bestätigung und Zufriedenheit zu finden, die sie innerlich nie gefunden haben. Diese Menschen entwickeln eine enorme Schaffenskraft und Aktivität, um ihre Unsicherheit und Unzulänglichkeit zu überdecken. Es fehlt an innerer Gelassenheit und Ruhe, und sie können schwer loslassen und sich entspannen.

Das ganze Streben richtet sich auf Reichtum und Anerkennung aus. Unerwünschte Gefühle werden unterdrückt, und so werden viele Emotionen gestaut. Diese Menschen werden oft einsam, weil sie sich auf ein Du nicht mehr einlassen wollen, bis sie feststellen, dass das ganze Streben nach äußeren Werten gar keine innere Zufriedenheit geben kann.

Zur Belebung des dritten Chakras ist es gut, sich immer wieder täglich eine halbe Stunde der Sonne auszusetzen, denn Sonnenlicht und Wärme öffnen es. Für den Frühaufsteher gibt es nichts Schöneres, als schon vor Sonnenaufgang draußen in der freien Natur zu sein und irgendwo zu sitzen, am Meer oder auf einem Berggipfel, und sich in die Schönheit eines Sonnenaufgangs zu versenken. Genauso beglückend kann ein Spaziergang am Nachmittag an einem Sonnenblumenfeld sein. Wir betrachten das strahlende Licht der goldgelben Blütenblätter, auffallend ist die spiralförmige Anordnung der Samenkörner, die ein herrliches Mandala[41] nachzeichnen und so die ordnenden Kräfte der Natur in voller Schönheit darbieten. Fühlt man sich nach einem solchen Spaziergang nicht ausgeglichen und beglückt? Immer wenn sich in uns innerer Friede ausbreitet, ist es ein Hinweis dafür, dass sich das dritte Chakra geöffnet hat.

Nach Erweckung des dritten Chakras tötet der Mensch nur noch zur Verteidigung.

Die Instrumente, die jetzt bevorzugt werden, sind gestrichene Saiteninstrumente wie Violine und Cello.

Zur körperlichen Zuordnung gehören Magen, Leber, Milz, Gallenblase, unterer Rücken, Bauchhöhle, Verdauungsorgane und das vegetative Nervensystem.

Die zugeordneten Drüsen sind die Bauchspeicheldrüse und die Leber. Die zugeordneten Hormone sind das Insulin und der Gallensaft.

Das Lebensthema und die Lernaufgabe sind in diesem Bewusstseinsbereich die Entfaltung der Persönlichkeit und die Verarbeitung von Gefühlen und Erlebnissen, die Erfahrung der Egodominanz und das Gefühl der Macht. Ist das Chakra geschlossen, strebt man nach Kontrolle, die man über andere Menschen ausüben kann. Ist es allerdings geöffnet, wird der Mensch durch seine Erfahrungen weise und lernt, die eigene Mitte zu finden und sich im Hara[42] zu zentrieren. Menschen, die ein gesun-

---

41 Tibetische bildliche Darstellung verschiedener Schöpfungsvarianten, immer von dem Punkt in der Mitte = der Einheit ausgehend

42 Begriff aus dem Zen-Buddhismus, der die »Mitte« des Menschen bedeutet und im Bereich des Solarplexus liegt

des Lachen haben, verbreiten Fröhlichkeit und wirken mit dieser Fröhlichkeit ansteckend auf ihre Umgebung, denn dieses Lachen kommt aus der Mitte und wirkt sich wohltuend auf die gesamte Umgebung aus.

Die Sinnesorgane sind die Augen und damit die Funktion des Sehens. Arbeitsorgane sind der Magen und die Füße.

Jetzt benötigt der Mensch noch acht Stunden Schlaf, und zwar auf dem Rücken liegend.

Je stärker dieser Bereich blockiert ist, desto hektischer und getriebener wird der Mensch. Hier liegt der Dynamo der menschlichen Psyche, der sowohl harmonische als auch disharmonische Aktivität verursachen kann. Alle Buddha-Darstellungen aus dem Zenbuddhismus stellen Buddha mit dickem Bauch dar und betonen damit den Bereich des Hara. Buddha weilt in seiner Mitte und strahlt dadurch Ruhe aus.

Viertes Chakra = zwölfblättriger Lotos
= Herz-Chakra
(Herzzentrum, Anahata-Chakra)

Das vierte Chakra sitzt am Ende des Sternums in der Mitte der Brust auf Höhe des Herzens. Ihm ist das Element Luft zugeordnet, und seine Farben sind Grün, Rosa und Gold.

Die wichtigste Aufgabe des Herz-Chakras ist es, Erlebtes und Gesehenes in Gefühle umzusetzen. Wir nehmen die Schönheit der Natur wahr, und empfinden sie in Kunst, Literatur und Musik. Hier lebt die Sehnsucht nach Harmonie und Liebe. Hier befindet sich der Motor für unser Streben nach Idealen, Höherentwicklung und der Einswerdung mit dem höchsten Sein. Ist das Herz-Chakra vollständig entwickelt und geöffnet, wird es zum Sitz der selbstlosen Liebe – einer Liebe, die sich verströmt, die nicht fordert und nicht besitzen will. In der Verbindung mit den höheren Chakren wird diese Liebe zur göttlichen Liebe und führt zur Erkenntnis der Schöpfung, in der sich das Göttliche offenbart.

Im Herz-Chakra reift das Ja zum Leben, das Ja zu uns selbst und zu allen anderen Geschöpfen auf dieser Erde. Diese Lebensbejahung lässt uns unser Schicksal liebevoll annehmen. Wir erkennen Sinn und Lernaufgaben, und wir erspüren die Liebe, die uns hilft, den richtigen Weg zu gehen, der uns sicher zur Höherentwicklung führt.

Das geöffnete Herz-Chakra besitzt ein großes Potenzial an Heilkräften und wirkt auf andere Menschen spontan heilend. Hier ist der Kanal zur göttlichen Liebe geöffnet. Er wirkt auf andere Menschen nicht nur heilsam, sondern auch positiv verändernd. Dies schlägt sich selbst positiv auf die Umwelt nieder, sodass sie sich zu verändern beginnt. Streit und Hass haben keinen Platz in der Nähe eines Menschen, dessen Herz-Chakra geöffnet ist und der die Verbindung zu seinen höheren Chakren bereits erreicht hat. Die Ausstrahlung des geöffneten Herz-Chakras verwandelt negative Emotionen in positive. So entstehen Herzlichkeit, Mitgefühl, Hilfsbereitschaft, Fröhlichkeit und Herzenswärme.

Durch die allumfassende Liebe verfeinert sich die Wahrnehmung. Man erkennt und akzeptiert die kosmischen Gesetze und versucht, die getrennten Pole in ihrer Mitte zu vereinigen. Der Mensch lebt dann innerlich ausgeglichen. Immer mehr reift in ihm das Bewusstsein, dass all das Leid auf der Welt nur deshalb über die Menschen kam, weil er sich innerlich von seinem göttlichen Ursprung abwandte. So erwachsen in der Seele des Menschen der Wunsch und die Sehnsucht, wieder eins zu werden mit Gott. Hier reift die Sehnsucht nach der Religio, der Rückbindung ins höchste göttliche Sein.

Bei Blockaden im Herz-Chakra werden die Gefühle sehr stark vom Intellekt bestimmt. Man versucht zwar, Hilfsbereitschaft und Nächstenliebe zu leben, doch steht oft unbewusst ein Anerkennungsanspruch dahinter. Man will zwar helfen und für andere da sein, empfindet Mitleid, d. h. aber auch, man leidet mit, und das ist nicht die richtige Hilfe. Hätte der Mensch die Verbindung mit dem unerschöpflichen Quell der göttlichen Liebe, dann würde er mitfühlen und könnte so dem leidenden Mitmenschen wesentlich mehr Hilfe durch seine Liebe geben. So aber hat er Schwierigkeiten, sich der selbstlosen Liebe zu öffnen, und kann auch nur sehr schwer Liebe annehmen. Diese Menschen sind leicht verletzbar und werden daher auch oft enttäuscht, weil sie unbewusst Bestätigung und Anerkennung erwarten.

In diesem Bewusstseinsgrad finden wir den liebenswürdigen Geschäftsmann, der zu allen Kunden gleich freundlich ist, aber nicht mehr fähig ist, sich auf einen einzelnen Menschen besonders einzulassen. Sein Herz ist verschlossen, und er ist ein einsamer Mensch.

Zur Harmonisierung und Anregung des Herz-Chakras sollten wir die Stille der Natur suchen, indem wir über eine kleine Waldlichtung gehen, auf der man dem Spiel der Sonne mit den grünen Blättern der Bäume nachspürt, oder eine Wanderung über eine sommerliche Wiese machen, auf der uns jede Blüte und jeder Grashalm von der Schönheit der Schöpfung berichtet, oder bei einem Herbstspaziergang die Farbenpracht der Natur oder an einem Wintertag die Stille und Erhabenheit genießen.

Das Herz-Chakra steht in der Mitte aller Chakren (auch der Neben-Chakren an Händen und Füßen), und in diesem Bereich vollzieht sich jetzt die Gegensatzvereinigung. Der Mensch versucht, die gegensätzlichen Pole, die Energien der Materie mit den göttlichen unsterblichen Energien im Herz-Chakra zu vereinigen und bringt sich so wieder in die eigene Mitte, um sich dort zu harmonisieren. Analog dazu kann man sagen: Wir sind im Schnittpunkt des gleichschenkligen Kreuzes und haben oben und unten vereinigt.

Ab diesem Bewusstseinsgrad hat der Mensch gelernt, andere Menschen und alle Ereignisse nicht mehr subjektiv zu bewerten, denn er hat sein Vertrauen in die Schöpfung wiedergefunden, und er fängt an, mit dem göttlichen Plan einverstanden zu sein.

Das Töten wird jetzt abgelehnt, auch wenn es nur zur Selbstverteidigung sein soll.

Die Instrumente, die bevorzugt werden, sind die Flöte und alle Blasinstrumente.

Die Sinnesorgane sind die Haut und der Tastsinn. Die Arbeitsorgane sind die Haut, das Herz, die Lunge und die Hände.

Das Prinzip zeigt Egoüberwindung, wodurch selbstlose Liebe erst möglich wird, weiterhin Harmoniestreben, Gnade und Seinshingabe.

Bei der Blockade des Herz-Chakras entwickeln sich Hass, Neid, Eifersucht und noch andere schlechte Eigenschaften, die mit einem starken Egoismus gepaart sind. Diese Eigenschaften sind die Grundgifte, die der Höherentwicklung des Menschen im Weg stehen.

Ab diesem Zeitpunkt benötigt der Mensch nur noch sechs Stunden Schlaf, und er schläft vorwiegend auf der linken Seite.

Wenn eine Frau zur Mutter wird und unter ihrem Herzen ein Kind zu wachsen beginnt, fließt automatisch zusätzliche göttliche Liebesenergie ins vierte Chakra.

Der Schritt vom vierten zum fünften Chakra ist ein wesentlicher, denn mit dem vierten Chakra haben wir das »Haus der Nacht« durchwandert, und hiermit enden die Energiequellen, die für unsere sterbliche Persönlichkeit von Wichtigkeit sind. Ab dem fünften Chakra beginnt nun die spirituelle Entwicklung zur Bewusstwerdung unseres höheren unsterblichen Seins.

Fünftes Chakra = sechzehnblättriger Lotos = Kehlkopf-Chakra

(Hals-Chakra, Vishuddha-Chakra)

Dieses Chakra befindet sich zwischen der Halsgrube und dem Kehlkopf, es entspringt an der Halswirbelsäule und öffnet sich nach vorne. Seine Farbe ist Hellblau bis türkisfarben mit silbernem Schimmer.

Ihm ist das Element Äther oder indisch Akasha zugeordnet. Unter Äther versteht man jenen Grundstoff, durch dessen Verdichtung sich die vier Elemente der unteren Chakren, Erde, Wasser, Feuer und Luft, entwickelt haben. Äther ist weiterhin der Träger des Klangs und der Sprache.

Daher ist die wichtigste Aufgabe dieses Hals-Chakras die Kommunikation, der Austausch von Wissen und Erfahrung, die Vermittlung von höherer Weisheit und Erkenntnis. Die Entsprechung ist der höhere Mentalkörper. Je weiter das Hals-Chakra geöffnet ist, desto mehr sind wir uns des höheren Seins bewusst, und unser Geist wird nicht mehr von unseren Gedanken, Emotionen und dem physischen Körper beherrscht.

So stellt das fünfte Chakra eine Verbindung der unteren vier Chakren mit den drei oberen her. Über dieses Chakra drücken wir alles aus, was uns bewegt, ob Freude oder Traurigkeit, ob Liebe oder Hass, ob Vertrauen oder Angst, ob Wissen und Weisheit. Hier liegt das große Kommunikationszentrum, in dem wir durch das gesprochene Wort unser inneres Erleben nach außen projizieren können. Durch Wort und Sprache kommunizieren wir mit anderen Menschen und haben über diesen Weg teil an ihrem Leben.

Öffnen wir dieses Chakra, erleben wir Selbstreflexion und werden uns unserer höheren Führung immer bewusster. Das Vertrauen in das Leben und unser Schicksal steigert sich. Da diesem Chakra das Hören zugeordnet ist, beginnt jetzt das Hören des inneren Klanges, wir lauschen tief in uns hinein, und es offenbaren sich die verborgenen Töne der Schöpfung. Wir werden uns unserer inneren Stimme bewusst und erhalten so Verbindung mit unserem höheren Sein, über das wir Imagination und Inspiration erfahren können. So erleben wir die höheren Welten, die dann genauso wirklich für uns sind wie die physische Welt. Wir tauchen in feinere geistige Bereiche ein und können nun aus ihnen Informationen erhalten, zu denen wir früher noch keinen Zugang hatten. Beispielsweise können wir jetzt Vorgänge sehen, die mit vergangenen Inkarnationen zusammenhängen, sodass wir unsere Lebensaufgaben, die mit unserer Umwelt verknüpft sind, erkennen. Wir erhalten Zugang zu höherem Wissen und durchschauen die Gesetze der Schöpfung. Im Alltagsleben wird es gut sein, über die jetzt erfahrenen Erkenntnisse und Weisheiten zu schweigen, denn die meisten Menschen schwingen erst in den drei untersten Chakren und für sie ist dieses Wissen noch nicht annehmbar.

Anders ist es jedoch, wenn man mit Menschen zusammenkommt, die Fragen stellen und mehr über die verborgenen Weisheiten erfahren möchten; dann fällt jedes Wort auf fruchtbaren Boden. Dann spricht man ohne Furcht und voller Aufrichtigkeit über seine Erkenntnisse, Erfahrungen und Gedanken. Es liegt einem fern, sich durch Wissen profilieren zu wollen, denn das persönliche Ich wurde von dem höheren unsterblichen Sein abgelöst. Man hat jetzt einen Entwicklungszustand erreicht, in dem der Wunsch »Dein Wille geschehe und nicht der meine« immer mehr Gewicht erlangt.

In jenem Menschen, der sich bis zu dieser Stufe entwickelt hat, herrscht große innere Freiheit, weil er sich von anderen Menschen nicht mehr beeinflussen lässt. Er entwickelt in sich innere Unabhängigkeit und erkennt somit Selbstbestimmung und Eigenverantwortlichkeit an. Immer mehr hört er auf seine innere Stimme und deren Informationen und lässt sich von ihr sicher durch das Leben leiten.

Menschen mit Blockaden in diesem Chakra sind unsicher, können mit Sprache nicht umgehen, stottern oft oder reden sehr laut über belanglose Dinge. Es entsteht häufig eine geistige Sperre, und diese Menschen lehnen höheres Wissen ab, leben starr in einem rationalen Denkschema und können weder Gefühle noch Gedanken äußern. Unbewusste Schuldgefühle und Furcht hindern sie, sich so zu verhalten, wie sie sind. Sie haben Angst vor Kritik und fürchten, ihr Gesicht zu verlieren. Durch vieles Reden und Gestikulieren versuchen sie, ihr innerstes Wesen zu verbergen. Diese Menschen wirken nach außen hin stark, denn sie wollen sich auch keine Schwäche eingestehen. So kommt es oft zur totalen nervösen Überforderung im täglichen Leben. Jetzt lasten die Sorgen der Lebensaufgaben auf den Schultern des Menschen, er verspannt dort und zieht den Kopf ein, wodurch geistige Enge und Halsstarrigkeit im physischen Bereich ihren Ausdruck finden.

Sehr heilsam wirkt die Weite des blauen Himmels auf das Hals-Chakra. Legen Sie sich auf eine Wiese, eventuell an einen See oder an eine Quelle, und träumen Sie sich in den Himmel hinein.

Nada – der Klang, d. h., der innere Ton wird hörbar. Der Ton des Universums erklingt im Menschen.

In diesem Bereich finden wir das Tor der großen Befreiung, den Übergang zu den höheren Überwelten. Das Schweigen in sich selbst wird spürbar und wird auf einmal begriffen.

Meditative Musik, Obertongesang und Obertonmusik wirken heilsam. Sinnesorgane sind das Gehör und der Klang.

Arbeitsorgan sind die Stimmbänder, die Kehle und der Kehlkopf.

Das Prinzip ist die Idee der Reinheit. Es gibt kein Besitzstreben mehr. Wir finden hier Angstfreiheit und kosmisches Wissen.

Der Mensch braucht jetzt nur noch vier bis fünf Stunden Schlaf und schläft links und rechts. Es ist keine Dominanz mehr zu erkennen, er schläft meistens traumlos.

Sechstes Chakra = zweiblättriger Lotos = Stirn-Chakra
(Drittes Auge, Ajna-Chakra, Christusbewusstsein)

Dieses Chakra befindet sich einen Finger breit über der Nasenwurzel in der Mitte der Stirn. Es öffnet sich nach vorne. Wenn sich im Menschen die Intuition einstellt, erstrahlt es in einem hellen Indigoblau. Es leuchtet gelb bei rationalen oder intellektuellen Denkvorgängen und violett bei übersinnlicher Wahrnehmung. Das Stirn-Chakra ist ein Repräsentant des Christusbewusstseins. Wir finden hier also den zweiten geoffenbarten Aspekt Gottes, jenen göttlichen Aspekt, der sich in der Polarität offenbart. So wird hier die Polarität in ihrer ganzen Tiefe bearbeitet. Hier erfährt man die Bewusstwerdung des Seins. Man erkennt die Schöpfungsprozesse in all ihren Manifestationen. Die Intuition macht sich immer deutlicher bemerkbar. Man erhält tiefe Einsichten in alle Schöpfungsebenen, die hinter der physischen Realität liegen. Was man früher nur vage erahnt hat, wird jetzt zur Gewissheit. Mit dieser Erkenntnis wird der Wunsch nach der Rückbindung zum Göttlichen immer stärker, und die Loslösungsprozesse in der Materie fallen immer leichter.

So wie sich im Menschen alle Ebenen der Schöpfung vom höchsten Sein bis zur dichten Materie widerspiegeln, so repräsentieren die verschiedenen Schwingungsebenen der Chakren in uns ebenfalls diese Ebenen.

In der heutigen Zeit gibt es allerdings noch sehr wenige Menschen, deren drittes Auge vollkommen geöffnet ist, denn seine Entfaltung geht immer mit einer fortgeschrittenen Bewusstseinsentwicklung einher. Hier kann man das Phänomen beobachten, dass dieses Chakra bereits harmonisch funktioniert, auch wenn es erst anfängt, sich zu öffnen. Ein wacher Verstand und ein ganzheitlich betrachtendes Forschen oder Erkenntnisse tiefer philosophischer Wahrheiten können bereits ein Zeichen für das beginnende Öffnen des Stirn-Chakras sein. Jetzt wird es möglich, große Zusammenhänge intuitiv zu erfassen, und man begreift die großen kosmischen Gesetze, die sich auf allen Ebenen als Ausdruck des Göttlichen manifestieren. Man erkennt, dass sich zwischen der physischen Ebene und dem höchsten göttlichen Sein eine Vielzahl von subtileren Welten befindet, die von mannigfaltigen Wesenheiten bevölkert werden. Man erfährt die Wirklichkeit des Seins und wird von tiefer Ehrfurcht und Demut erfüllt.

Bei Blockaden fehlt der Gesamtüberblick. Der Mensch ist kopflastig und versucht, alles nur mit seinem rationalen Verstand zu erfassen. Er besitzt zwar einen scharfen Intellekt, aber ihm fehlt die Fähigkeit, die großen kosmischen Zusammenhänge zu erkennen. Er lässt nur die Wahrheiten zu, die er durch sein rationales Denken erfahren kann.

Beginnt das Stirn-Chakra, sich bei einem Menschen zu öffnen und zu weiten, so erhält er dadurch den Weitblick, die großen kosmischen Zusammenhänge zu erkennen. Es ist für ihn enorm schwer, über diese Erkenntnisse zu sprechen, denn bei anderen Menschen, deren Stirn-Chakra blockiert ist, macht sich trotz hervorragendem Verstand Engstirnigkeit bemerkbar. Gespräche oder Diskussionen zwischen diesen Menschen sind von Anfang an zum Scheitern verurteilt, weil es zwischen ihnen noch keine Verständigungsebene gibt.

Darin wurzelt auch die intellektuellen Überheblichkeit, weil man nur das gelten lässt, was der Verstand erfasst und was man mit wissenschaftlichen Methoden nachweisen kann. Jede höhere geistige Erkenntnis wird als unwissenschaftlich und irreal abgetan.

Weiterhin findet man oft Menschen mit gestörtem Stirn-Chakra, die ihren Intellekt und geschulten Verstand dazu benutzen, andere Menschen zu unterdrücken und zu beherrschen, um ihre eigene Macht zu demonstrieren. Wenn in einem solchen Fall dann auch noch das Herz-Chakra blockiert ist, findet man jene Menschen, die rücksichtslos nur ihre Ziele verfolgen. Hier hört man dann oft den Satz: »Dieser Mensch geht über Leichen.«

Kommt es einmal vor, dass das siebte Chakra blockiert ist und die geistige Kontrolle über die unteren Chakren noch fehlt, weil die übrigen Chakren noch nicht harmonisch funktionieren, tritt dann eine weitere gravierende Störung auf. Dann kann es in Ausnahmefällen geschehen, dass man Zugang zu höheren Wahrnehmungsebenen findet. Weil die unteren Chakren aber in Disharmonie schwingen, können empfangene Bilder und Informationen aus der Region des Stirn-Chakras nicht richtig erkannt und eingeordnet werden.

In diesem Fall besteht die Gefahr, dass sich diese höheren Informationen mit den Fantasien und Vorstellungen, die aus den eigenen unverarbeiteten emotionellen Mustern stammen, vermengen. Diese subjektiv geprägten Bilder können so stark sein, dass sie nur noch als einzige Wirklichkeit betrachtet werden. Durch ihre Projektion auf die Außenwelt verliert der Mensch jeglichen Realitätsbezug. Im Extremfall werden die Gedanken unklar und verworren, nichts ergibt mehr einen Sinn. Da Wahngebilde zur Wirklichkeit werden, kann sich in diesem Gefühls- und Gedankenchaos im schlimmsten Fall Schizophrenie entwickeln, eine Alternative dazu ist das Herausbilden eines spirituellen Größenwahns, in dem man sich allmächtig glaubt.

Harmonisierend auf das Stirn-Chakra wirkt die Betrachtung eines tiefblauen klaren Sternenhimmels, der die Weite des Kosmos erkennbar werden lässt.

In der Musik entsprechen jene Stücke dem Stirn-Chakra, die Empfindungen von kosmischer Weite hervorrufen, z. B. wäre hier ganz besonders Musik von Bach zu empfehlen.

Bei der körperlichen Zuordnung finden wir alle Sinnesorgane sowie das Kleinhirn und das Zentralnervensystem. Die zugeordnete Drüse ist die Hypophyse, die zentral die gesamte innersekretorische Tätigkeit der anderen Drüsen steuert. Sie ist sozusagen der Dirigent des gesamten hormonalen Orchesters.

Das Prinzip ist das Durchschauen und Überwinden der Polarität. Alles Geschehene hat seinen Sinn. Über die Hingabe erhält man Zugang zu inneren Wahrheiten. Kosmische Töne werden als Frequenzen wahrgenommen (tonlose Töne), die sich normalerweise unserer sinnlichen Wahrnehmung entziehen.

Der Mensch lebt, um die Wahrheit zu manifestieren. Er erfährt in sich das Gefühl, nie von Gott getrennt gewesen zu sein. Die Idee des Sündenfalls verliert ihre Bedeutung, denn man erkennt, dass alles in der Schöpfung seinen Sinn hat, dass jedes Atom, jedes Mineral, jede Pflanze, jedes Tier und jeder Mensch seine von Gott bestimmte Rolle zugewiesen bekam. Das göttliche Sein erkennt sich in der Differenzierung und Ausweitung seiner Schöpfung. Jetzt kann der Mensch seine eigene Göttlichkeit erkennen und sagen »Ich bin«.

Ist dieses Chakra blockiert, erlebt man das Krankheitsbild der Schizophrenie, d. h., man kann in nichts mehr einen Sinn erkennen oder man misst seiner falsch verstandenen Spiritualität einen übergeordneten Sinn zu.

Der Mensch benötigt nun nur noch zwei Stunden Schlaf. Die ersten sechs Chakren manifestieren sich im Ätherkörper des Menschen und gehören somit zu den persönlichen Chakren. Das siebte Chakra ist unpersönlich und gehört nicht mehr dem Menschen an. Es befindet sich über seinem Kopf, wenn er es erweckt hat. Dann wird er zur »Krone der Schöpfung«.

Siebtes Chakra = tausendblättriger Lotos = Scheitel-Chakra

(Kronen-Chakra, Sahasrara-Chakra)

Dieses Chakra gehört nicht mehr dem Körper an. Es befindet sich über der höchsten Stelle des Kopfes und ist nach oben hin geöffnet. Es leuchtet in einem strahlenden Weiß mit goldenem Schimmer oder bei tiefen Meditationen in einem violettfarbenen Licht. Dieses Chakra ist Repräsentant des höchsten göttlichen Seins, des unmanifestierten Gottes. Mit diesem Entwicklungsschritt hat der Mensch seine höchste Vollendung erreicht. Er erfährt jetzt in sich die absolute Freiheit und die Einheit, und verwirklicht die Idee der Schöpfung.

Hierin liegt die Befreiung von allen Aspekten der Polarität, es gibt weder Tod noch Leben. Man kann die Todesstunde selbst festsetzen, wie wir es von einigen großen Heiligen kennen, z. B. von Paramahansa Yogananda[43] oder von Babaji. Jene Menschen haben sich von allen materiellen Anbindungen befreit und können ihren physischen Körper bewusst verlassen. Seit Paramahansa Yogananda auf diese Weise sein irdisches Leben beendete, trat bis heute keine Verwesung und Zersetzung des Leibes ein. Darüber liegen wissenschaftlich beglaubigte Berichte vor.

Die auf diese Weise befreite Seele kann nun aus dem Rad der Wiedergeburt heraustreten. Sie kann aber auch

---

43 Yogananda und Babaji waren indische Meister aus dem zwanzigsten Jahrhundert.

freiwillig noch einmal als Lehrer für die Menschheit eine erneute Inkarnation antreten – wie es die oben genannten Meister taten.

Man verwickelt sich auf dieser Welt in nichts mehr. Aus der Einheit sind wir einst in unser Leben hinausgetreten. Jetzt kehren wir wieder dorthin zurück. Man lebt und erlebt sich in Gott, man ist wieder eins geworden mit dem göttlichen Ursprung. Hier erfährt man die höchste Weisheit und nimmt am Wirken Gottes in seiner Schöpfung teil. Während wir auf die unteren Chakren noch bewusst einwirken können, müssen wir uns jetzt nur noch öffnen und zum empfangenden Gefäß werden.

Als Christus seinen Jüngern nach seiner Auferstehung erschien, sagte er: »Nur wenn ihr in euren Herzen leer seid, kann mein Vater darin wohnen.« Er meinte damit nicht frei von Sünde, wie es später falsch interpretiert wurde, sondern frei von Wünschen, Begierden und Gedanken. Dieses Loslassen von allen materiellen Wünschen macht den Menschen frei. Nur so wird er zum Gefäß, in das sich das Gottesbewusstsein ergießen kann.

Durch die Öffnung dieses siebten Chakras lösen sich auch alle Blockaden der unteren Chakren. Die göttliche Energie fließt ungehindert durch sie hindurch, und jedes Chakra schwingt auf seiner Ebene in der höchstmöglichen Frequenz. Es wird zum Spiegel des göttlichen Seins in seinem speziellen Bereich.

Das individuelle Ich hat sich nun zum universellen Ich gewandelt und verwirklicht in all seinen Handlungen die Absicht des Schöpfers. Nun heißt es nicht mehr »ich will«, sondern »dein Wille geschehe«, und in echter Hingabe erkennt man endlich, dass nur Gott allein des Menschen »Arbeitgeber« ist.

Der Mensch ist jetzt ein befreites Wesen. Er ist in das Urvertrauen eingetaucht, und so haben sich sämtliche Ängste, Unsicherheiten und Blockaden gelöst, die er allmählich in seinem Leben aufgebaut hat. Der vollkommen Befreite wirkt auf seine Umwelt normaler als derjenige, der in den höheren Chakren fünf und sechs angesiedelt ist, denn er ist mit allem einverstanden. Er lebt unter den Menschen ohne sein elitäres Sein zu betonen, denn für ihn ist alles gleich – im Gegensatz zu dem unerlösten Menschen mit geschlossenem Chakra, dem das Wohlergehen anderer gleichgültig ist.

Der im sechsten Chakra Geöffnete fällt auf, weil er anders sein will als die anderen Menschen. Er will bewusst nur gut sein und vergisst darüber, dass es in der Schöpfung Gut und Böse, Positiv und Negativ, Plus und Minus gibt. Nur wenn beide Kräfte in uns ausgeglichen sind, können wir mit allen Ereignissen einverstanden sein. Solange sich jedoch dieser innere Vorgang noch nicht ganz vollzogen hat, lebt der Mensch betont nur in einem Pol und hat somit seinen inneren Ruhepunkt noch nicht erreicht.

Bei geschlossenem Scheitel-Chakra fühlt sich der Mensch noch von Gott und der Fülle des Seins getrennt. In seinem Herzen wohnen noch Angst und Unsicherheit. Dies hält die Blockaden in den unteren Chakren aufrecht, sodass sie nicht harmonisch schwingen. Sein Leben erscheint ihm oft sinnlos, und die Angst vor dem

Tod macht sich noch bemerkbar. So flüchtet er sich in übertriebene Aktivitäten, anstatt den Weg nach innen in der Stille zu finden.

Die Nähe und Unbegrenztheit des Himmels und die Weite der Landschaft, die man auf dem Gipfel eines hohen Berges erleben kann, unterstützen die Öffnung des Scheitel-Chakras, denn auf diese Weise wird die innere Stille erfahren, in der wir wach und aufmerksam dem göttlichen Klang lauschen können, der durch die ganze Schöpfung tönt.

In der körperlichen Zuordnung finden wir das Großhirn, und die zugeordnete Drüse ist die Zirbeldrüse.

Das Lebensprinzip dieses Chakras bringt nun die Erfahrung des reinen Seins und die Auflösung aller Grenzen. Der bis hierhin entwickelte Mensch erlebt nun endlich die Einswerdung mit Gott.

Die Abhandlung über die Chakren vertieft noch einmal den Inhalt der vorhergehenden Kapitel aus einer anderen Sichtweise. Die Entwicklung der Chakren läuft völlig parallel zu der Entwicklung unserer Feinstoffkörper und der Entwicklung des Kosmos. Auch hier finden wir wieder die göttliche Dreiheit und die sterbliche Vierheit. Die Chakren müssen nach und nach erweckt werden, genauso wie sich der Mensch Schritt für Schritt entwickeln muss. Glauben Sie mir, dass es keinen faulen Trick gibt, um Entwicklungsschritte zu überspringen. Ablassbriefe waren nie die richtigen Eintrittskarten ins Himmelreich. Wir müssen alle Etappen selbst passieren, und dabei ist es entscheidend, das Loslassen zu erlernen: auf der materiellen Ebene, im Gefühlsbereich, der Begierden und Wünsche beinhaltet, und schließlich auf der Ebene der Gedanken. Es ist sinnlos, an etwas zu haften, weil nichts unser Eigentum ist. Im Laufe der Weltgeschichte wurde noch nie bestätigt, dass ein Verstorbener seine aufgehäuften Schätze ins Jenseits hinüberretten konnte. Alles ist eine Leihgabe Gottes, denn auf allen Ebenen wird die göttliche Energie in ihrer Manifestation sichtbar und so können wir die Materie als Illusion enttarnen. Ist unser Bewusstsein in dieses Stadium der Erkenntnis vorgedrungen, gehen die Entwicklungsschritte immer schneller, und bald können wir dann sagen, dass auch wir befreite Menschen sind.

Das Vaterunser in Verbindung mit den Chakren

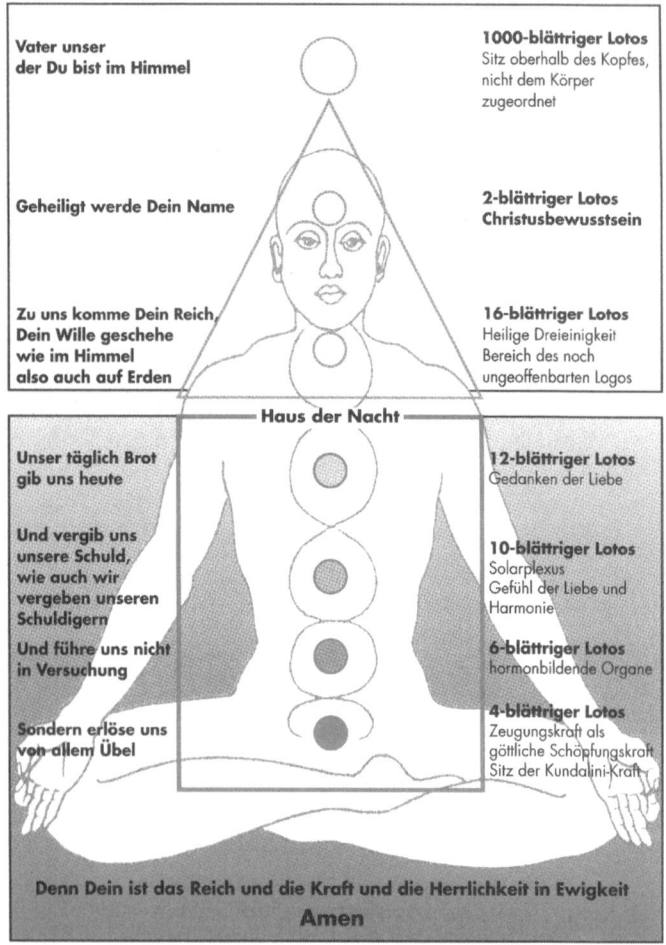

Vater unser
der Du bist im Himmel

1000-blättriger Lotos
Sitz oberhalb des Kopfes,
nicht dem Körper
zugeordnet

Geheiligt werde Dein Name

2-blättriger Lotos
Christusbewusstsein

Zu uns komme Dein Reich,
Dein Wille geschehe
wie im Himmel
also auch auf Erden

16-blättriger Lotos
Heilige Dreieinigkeit
Bereich des noch
ungeoffenbarten Logos

━━ Haus der Nacht ━━

Unser täglich Brot
gib uns heute

12-blättriger Lotos
Gedanken der Liebe

Und vergib uns
unsere Schuld,
wie auch wir
vergeben unseren
Schuldigern

10-blättriger Lotos
Solarplexus
Gefühl der Liebe und
Harmonie

Und führe uns nicht
in Versuchung

6-blättriger Lotos
hormonbildende Organe

Sondern erlöse uns
von allem Übel

4-blättriger Lotos
Zeugungskraft als
göttliche Schöpfungskraft
Sitz der Kundalini-Kraft

Denn Dein ist das Reich und die Kraft und die Herrlichkeit in Ewigkeit
Amen

Das Vaterunser:

An dieser Stelle möchte ich Ihnen eine sehr schöne und positive Übung anbieten, um die Chakren zu harmonisieren. Führt man diese Übung zweimal täglich durch, wird sich im Laufe der Zeit eine sehr starke Wirkung bemerkbar machen. Im Gegensatz zu Techniken, die sich gezielt nur einem Chakra widmen, spricht diese Meditation alle Energiezentren gleich stark an und führt zu einem natürlichen Wachstum. Der Mensch wird dadurch harmonisiert und agiert immer mehr aus seiner Mitte heraus.

Das »Vaterunser« wird während einer Meditation so gesprochen, dass die einzelnen Sätze jeweils einem Chakra zugeordnet werden. Dieses wundervolle alte Gebet ist folgendermaßen zu sprechen:

Wir stehen mit erhobenen Händen und verbinden uns im Geist mit der göttlichen Kraft, die das Scheitel-Chakra durchströmt und sprechen die Worte:

VATER UNSER, DER DU BIST IM HIMMEL

Jetzt legen wir beide Hände vor unsere Stirn und verbinden uns mit der Energie des Stirn-Chakras, dem sogenannten Christusbewusstsein, und sprechen weiter:

GEHEILIGT WERDE DEIN NAME.

Nun legen wir beide Hände vor unsere Kehle und empfangen so die Energie des Kehlkopf-Chakras. Wir sind
jetzt mit der Energie der Heiligen Dreieinigkeit verbunden. Hier ist die Schöpfung noch nicht in der Materie
erstarrt, sondern noch in ihrer Vollkommenheit im göttlichen Geist vorhanden. Wir sprechen weiter:

ZU UNS KOMME DEIN REICH,
DEIN WILLE GESCHEHE
WIE IM HIMMEL ALSO AUCH AUF ERDEN.

Nun haben wir die drei höheren Chakren durchwandert
und kommen zu den vier weltlichen, die man auch mit
der Formulierung »die vier Chakren aus dem Haus der
Nacht« zusammenfasst.
Wir legen jetzt unsere Hände in Höhe des Herzens auf
die Mitte der Brust, denn dort befindet sich das Herz-
Chakra. In katholischen Kirchen finden wir oft Herz-
Jesu-Darstellungen, Figuren und Bilder, bei denen in der
Mitte der Brust ein flammendes Herz dargestellt ist. Wie
man sieht, ist hier kulturübergreifend das alte Wissen
der Chakren überliefert. Ob man allerdings heute noch
weiß, welcher Sinn hinter diesen Darstellungen steckt,
wage ich zu bezweifeln. Wir legen also unsere Hände
auf die Mitte der Brust und beten weiter:

UNSER TÄGLICHES BROT GIB UNS HEUTE.

Hier soll jedoch nicht für unser leibliches Wohl gebetet werden, sondern die Worte Christi, das göttliche Wort, sollen unser tägliches Brot sein, die Nahrung für unsere unsterbliche Seele. Über das Herz-Chakra wirkt die Christusliebe.

Nun legen wir die Hände über den Bauchnabel und stellen so Kontakt zu den Energien des zehnblättrigen Lotos her, zum Solarplexus-Chakra. Dieser Bereich entspricht der Gefühlsebene, aus der heraus wir andere Menschen emotional am meisten verletzen und aus der wir unsererseits auch am stärksten verletzt werden. Daher ist es besonders wichtig, dass dieses Chakra in Harmonie schwingt. Wir beten weiter:

UND VERGIB UNS UNSERE SCHULD,
WIE AUCH WIR VERGEBEN UNSEREN
SCHULDIGERN.

Nun legen wir die Hände handbreit unterhalb des Nabels auf den Bauch. Nun sind wir im Bereich des Steißbein-Chakras und der Region der hormonbildenden Organe, und wir sprechen weiter:

UND FÜHRE UNS NICHT IN VERSUCHUNG.

D. h. natürlich, mögen wir uns nicht durch unsere Begierden und Süchte in der stofflichen Welt verwickeln, sodass wir den Weg vergessen, der zurück zu Gott führt. Daher heißen die letzten Worte:

SONDERN ERLÖSE UNS VON ALLEM ÜBEL.

Bei diesen Worten lassen wir die Hände fallen und spüren die Energie des Sakral-Chakras, das die Verbindung zur Erde herstellt.

Nun öffnen wir die Arme weit und beschreiben mit ihnen einen großen Kreis, bis sich die Hände über dem Kopf wieder berühren. Während der Aufwärtsbewegung der Arme sprechen wir dann die Worte:

DENN DEIN IST DAS REICH UND DIE KRAFT
UND DIE HERRLICHKEIT IN EWIGKEIT.
AMEN!

Die sieben Prinzipien des Hermes Trismegistos

Wer war Hermes Trismegistos?

Viele Götter waren ursprünglich erleuchtete, zum kosmischen Bewusstsein erwachte Menschen. Ihre Leben und ihr Wirken wurden im Laufe der Zeit legendär, bis sie den Menschen als Götter galten. Dies gilt auch für den ägyptischen Mondgott Thoth oder Theut, den die Griechen später Hermes Trismegistos nannten – den »Dreimalgroßen«. Er war der Vater der Künste und der Wissenschaften, der Begründer der ägyptischen Kultur und der größte Eingeweihte und Prophet der Völkerschaften des Nillandes. Man nannte ihn »Schriftgelehrten der Götter«. Er soll als Weiser bereits zu Beginn der Menschheitsgeschichte gelebt haben. Platon sagte von ihm, er habe Zahl und Maß entwickelt, Wort und Schrift, sowie die Wissenschaft der Geometrie und Mathematik, die astronomischen Berechnungen und die Bestimmung der Jahreszeiten und die Astrologie und die Alchemie.

Einer Legende nach soll er ein Zeitgenosse Abrahams gewesen sein, der von seinem allumfassenden Wissen vieles aufgenommen haben soll. Er war der erhabene Vater der okkulten Weisheit, der größte unter den Adepten[44] und Meistern des frühen Menschengeschlechts. Er war einer der größten Eingeweihten aller Zeiten, und seine Weisheitslehren beeinflussten alle großen Weltreligionen maßgeblich. Er war die personifizierte Quelle der hermetischen Lehren. Kein Teil der okkulten Lehren, die die Welt besitzt, ist so behütet worden wie die Bruchstücke der hermetischen Lehren.

In der berühmten Bibliothek von Alexandria, die man das »Wunder der Zeitalter« nannte, lagen die ältesten chaldäischen, phönizischen und persischen Texte, die sorgfältig auf Pergament kopiert worden waren und die ca. 100 000 Rollen umfassten. Es existiert noch ein weiteres Zeugnis darüber, denn Klemens von Alexandria verbürgte das Vorhandensein von weiteren 30 000 Schriftrollen der Bücher des Thoth (Hermes Trismegistos), die in der Bibliothek vom Grabmal des Orymandias aufgestellt waren. Über dem Eingang standen die Worte geschrieben: »Eine Heilung für die Seele«.

Champollion, Figéac und Champollion der Jüngere[45] bestätigten, dass die Bücher des Hermes Trismegistos in Wirklichkeit eine Menge ägyptischer Überlieferungen enthielten. Dies wird durch die authentischen Aufzeichnungen und Denkmäler Ägyptens aus der grauesten Vorzeit fortwährend bestätigt.

Wenn wir heute an diese Vielzahl von Büchern und vor allem an das immense Wissen, das in ihnen stand, denken, muss uns Wehmut überfallen. Was ist aus die-

---

44 Adepten = die vollkommenen Meister = Weise, für die diese Lehren selbstverständlich waren und die sich bewusst ihrer Vervollkommnung näherten

45 drei berühmte Archäologen aus dem 19. Jahrhundert

sen Büchern geworden, und wer kennt die Schätze der Weisheit, die sie enthielten? Eines ist ganz gewiss: Unwissende Menschen, egal welchen Glaubens, benahmen sich wie die Vandalen, um solche literarischen Schätze zu vernichten.

Der römische Kaiser Alexander Severus hat ganz Ägypten durchsucht, um die heiligen Bücher über Mystizismus und Mythologie zu zerstören. Damit seine weltliche Macht nicht infrage gestellt wurde, ließ er sämtliche Tempel, die es in Ägypten gab, plündern.

Dieser Zerstörungswut fielen auch die meisten Bücher und Aufzeichnungen des Hermes Trismegistos zum Opfer. In seinen Schriften über die »ägyptischen Mysterien« schreibt Jamblichos Hermes Trismegistos 1100 Bücher zu, und Seleucos datiert nicht weniger als 20 000 Werke des Hermes in die Zeit vor der Herrschaft des Pharao Menes[46], also in eine vormosaische Zeit. Eusebius sah zu seinen Lebzeiten nur noch 42 Bücher. Er starb im Jahre 339 nach Christi.

Von Plato wissen wir, dass er in Ägypten mehr Geheimnisse über Magie, Alchemie und Medizin erfuhr als in anderen Ländern. Dieses Wissen gab er nur mündlich an seine initiierten Schüler[47] weiter.

Auch die alten Priester Ägyptens wussten mehr über die okkulten Naturkräfte als unsere heutigen Philosophen und Wissenschaftler.

Die Überlieferung erzählt, dass auf dem toten Körper

---

46 Menes war der erste historisch belegte Pharao Ägyptens
47 Schüler, die sich bereits auf einer hohen Bewusstseinsstufe befanden

des Hermes Trismegistos von Isarim, einem Initiierten, das als »Smaragdin« bekannte Täfelchen gefunden wurde. Es enthält in einigen Zeilen die Essenz der hermetischen Weisheit. Den Menschen, die nur mit dem physischen Auge lesen, werden sie nichts Besonderes sagen, denn sie beginnen mit den Worten, dass der Text nicht erdichtet sei, sondern nur die Wahrheit enthalte. Denjenigen aber, die bereits versucht haben, den Weg der Erkenntnis zu gehen und die das Gelesene intuitiv erfassen können, wird in diesen ganz kurz gefassten Sätzen die größte Wahrheit zuteil. So sagt Hermes Trismegistos:

»Erkenntnis ist sehr verschieden von sinnlicher Wahrnehmung, denn die sinnliche Wahrnehmung bezieht sich auf Dinge, welche sie überragen, aber die Erkenntnis ist das Ende der sinnlichen Wahrnehmung« – d. h. der Täuschung unseres körperlichen Gehirns und seines Intellekts. Er betont somit den Gegensatz zwischen der mühevoll erlangten Erkenntnis durch die Sinne und durch den Verstand mit der intuitiven Allwissenheit der geistigen göttlichen Seele.

Diese sieben hermetischen Prinzipien sagen, aus dem Buch Kybalion zitiert, Folgendes aus:

Das Prinzip der Geistigkeit

»Das All ist Geist, das Universum ist geistig.«

Hier spricht Hermes von dem höchsten göttlichen Sein, das die substanzielle Realität ist, die allen äußerlichen Manifestationen und Erscheinungsformen zugrunde liegt. Der reine Geist ist selbst unerkennbar und unerklärbar. Er kann aber als universaler, schöpferischer Geist angesehen und gedacht werden.

Da wir jedoch in einer polaren Welt leben, können wir die höchste Einheit nicht erkennen – eine Einheit, aus der alles Erschaffene entstand, ohne dass sich diese göttliche Einheit selbst je verändert hat. Dieses erklärt, dass die gesamte Erscheinungswelt, die grobstofflichen und die feinstofflichen Welten und alle erschaffenen Universen, eine rein geistige Schöpfung des höchsten göttlichen Seins sind. Das wiederum beweist, dass alles, was in die Manifestation getreten ist, seinen Ursprung in diesem göttlichen Sein hat, ob es sich nun um das ganze Universum handelt oder um die Feinstoffebenen. Alles lebt aus seinem Geist – ob Mineral, Pflanze, Tier oder Mensch – und die feinstofflichen, für uns nicht sichtbaren Wesenheiten, sowie alle Erscheinungsformen der polaren Welt, der nicht sichtbaren Energien und der sichtbaren stofflichen Materie, kurz gesagt, alles, was von unseren sieben Sinnen wahrnehmbar ist.[48] Jegliche Erscheinungsform beinhaltet ein Stück des

---

48 Die sieben Sinne des Menschen: Sehen, Hören, Schmecken, Riechen, Tasten, die Fähigkeit der Imagination und die Fähigkeit der Intuition.

göttlichen Seins und steht mit ihm immer in Verbindung. Daher ist der Weg des hermetischen Schülers im Grunde genommen der beschleunigte Weg jedes Menschen, um diesen göttlichen Funken in sich zu finden. Über diesen Funken findet er wieder den Zugang zu jenem höchsten göttlichen Sein und erlangt so die wahre Religio, die Rückbindung an Gott. Auf diese Weise wurde dem hermetischen Schüler der Weg gelehrt, auf dem er über das Verstehen dieser Erkenntnis und Wahrheit zum Mystiker und Meister wurde.

Das soll aber auch der Weg des Menschen sein, der sich langsam aus den Fesseln und der Verhaftung in der Materie herauslöst, um wieder den geistigen Weg zum Licht und zurück zu Gott zu gehen.

Hat man dieses erste Prinzip richtig verstanden, hat man den Hauptschlüssel gefunden, mit dem man die Tore des kosmischen Denkens und Wissens öffnen kann. Man wird als befreiter Mensch den Tempel der allumfassenden Weisheit betreten. Versteht der Mensch dieses große hermetische Prinzip der Geistigkeit, kann er auch die Gesetze des geistigen Universums erkennen.

Das Prinzip der Entsprechung

»Wie oben, so unten; wie unten, so oben.«

Dieses Prinzip besagt, dass es zwischen den Erscheinungsformen der verschiedenen Ebenen des Seins und Lebens ganz bestimmte Entsprechungen gibt. Wenn dieses Prinzip begriffen wird, gibt es dem Menschen das Mittel in die Hand, viele unerklärliche Erscheinungen und manch verborgenes Geheimnis der Natur zu verstehen. Dieses Prinzip ist eines der wichtigsten geistigen Werkzeuge, mit denen der Mensch die Hindernisse wegräumen kann, die das Unbekannte seinem Blick entzieht. So wird es uns also möglich, durch die Anwendung dieses Prinzips die Schöpfungstaten des höchsten göttlichen Seins aus sich heraus zu verstehen. Wir müssen nur einmal nachvollziehen, was geschieht, wenn der Mensch schöpferisch tätig wird.

Nehmen wir als Beispiel zur Verdeutlichung einmal einen Architekten, der ein Haus bauen will: Der erste Schritt ist doch, dass er in seinem Geist eine Idee und ein Bild formt, wie das zu erschaffende Haus aussehen soll. Durch diese Tätigkeit wird ein Gedankengebilde gewoben, das aber noch nicht in der Materie manifestiert und sichtbar ist.

Dieser erste Schritt wäre auch der erste Schritt des höchsten göttlichen Seins, bevor die Schöpfung in Erscheinung tritt. Dieses göttliche Sein erzeugt seine Schöpfung erst einmal als rein geistiges Bild oder als göttlichen Gedanken. So kann jetzt schon, nur aus der

Analogie heraus, die alte Streitfrage gelöst werden, nämlich die, ob Gott das Universum erschaffen hat, ohne sich selbst zu verändern.

Auch der Mensch verändert sich nicht oder verliert Substanz, wenn er ein geistiges Bild erschafft. So können wir also aus der Betrachtung des schöpferischen Menschen den universalen Satz verstehen: »Gott ist in sich unveränderlich, er war, er ist und wird immer sein in alle Ewigkeit.«

Den nächsten Schöpfungsschritt können wir nun auch nachvollziehen. Der Architekt will nun seine geistige Schöpfung, das Haus, zur Manifestation bringen. Er benötigt jetzt Material. Denn zu der rein geistigen Energie gehört jetzt eine passive empfangende Substanz, die formbar und beeindruckbar ist. Der Architekt nimmt nun Zeichenstift und Papier und entwirft einen Bauplan, der seinem inneren Bild entspricht.

Genauso können wir uns den ersten Schritt des höchsten göttlichen Seins vorstellen. Es erzeugte aus sich heraus aktive und passive Energien. In dem Augenblick, in dem eine Schöpfung in Erscheinung treten sollte, musste die Polarität gebildet werden. Es entstand eine Energie, die aktiv wirkte, und eine Energieform, die passiv, empfangend und beeindruckbar war. Der nächste Schritt der Schöpfung führte jetzt zur Erschaffung von Schöpfergottheiten, die bereits in dieser Polarität wirken konnten.

In der Bibel werden sie die Elohim genannt. Sie führten nach der Idee Gottes die aktive und passive Energie immer mehr in die Verdichtung. Sie ließen dann aus dieser göttlichen Ursubstanz im langsamen Verdichtungsprozess die Schöpfung der Universen entstehen. Diese Verdichtung ging von der feinstofflichsten Schwingung in die grobstofflichste Energieform über oder, anders ausgedrückt, von den kleinsten noch unsichtbaren Teilchen über größere chemische Verbindungen bis hin zur Entstehung der Elemente Feuer, Luft, Wasser und Erde.

Denselben Vorgang unternimmt auch der Architekt, der sich einen Bauleiter sucht, der das Material für den Hausbau bestimmt. Auch dieses Baumaterial entsteht aus den vier Elementen Feuer, Wasser, Luft und Erde. So entsteht auch hier nach langer Vorarbeit das Haus. Erst wenn es fertig ist, können Menschen darin wohnen.

Genauso wird es in der Schöpfungsgeschichte beschrieben. Im Schöpfungsbericht der Genesis, im zweiten Vers des 1. Buch Moses heißt es z. B.: »Und die Erde war noch wüst und leer, es gab noch kein Gesträuch des Feldes, denn Jehova-Gott hat noch nicht auf die Erde regnen lassen, und der Mensch war noch nicht da, um den Erdboden zu bebauen.« Erst in dieser Zeit entstanden die Körperformen.

Weiter heißt es in der Genesis: »Da stieg eine Flut von der Erde auf und tränkte die ganze Fläche des Erdbodens. Dann bildete Jehova-Gott den Menschen aus Staub von dem Erdboden und blies ihm in seine Nase einen Lebenshauch. So wurde der Mensch ein lebendes Wesen.«

Wir sehen hier wieder die Analogie: Der Architekt baut ein Haus für Menschen, die darin leben sollen. Er hat also auch die Idee vom Menschen in den Vordergrund gestellt. Durch dieses analoge Denken können wir ganz klar verstehen, dass sich im ersten Schöpfungsschritt der Mensch im Geist des höchsten göttlichen Seins als Gedanke entwickelt hat, bzw. dass bei diesem ersten Schritt alle unsterblichen Seelen erschaffen wurden. Erst im zweiten Schöpfungsschritt – bereits in der Polarität – wurden von den göttlichen Baumeistern nach langen Experimenten die Formen erschaffen. In ihnen nahm dann endlich der göttliche Funke oder die unsterbliche göttliche Seele ihren Platz ein. So wurde der Mensch zum lebendigen Wesen.

Die Kenntnis des zweiten hermetischen Prinzips befähigt den Menschen, verständnisvoll vom Bekannten auf das Unbekannte zu schließen. Beherrschen wir das Gesetz der Analogie, können wir das Geschehen im Mikrokosmos auf den Makrokosmos übertragen und umgekehrt.

Das Prinzip der Schwingung

> *»Nichts ist in Ruhe, alles bewegt sich,*
> *alles ist in Schwingung.«*

Dieses Gesetz erklärt uns, dass alle Unterschiede zwischen den verschiedenen Manifestationen des Stoffes, der Energie, der Gedanken und sogar des Geistes im weitesten Sinne von den verschiedenen Graden der Schwingung abhängen.

Vom reinen Geist bis herunter zur gröbsten Form der Materie ist alles Schwingung. Es schwingt von der höchsten bis zu der tiefsten Schwingung.

Der reine Geist hat die höchste und stärkste Schwingungszahl und pulsiert so schnell, dass er sich praktisch in Ruhe befindet. Die gröbste Form der Materie schwingt so langsam, dass auch sie in Ruhe zu sein scheint. Vom Elektron, Atom und Molekül bis hin zu den Welten und Galaxien ist alles in schwingender Bewegung. Das eine Ende des Poles besteht aus der Schwingung reinen Geistes, das andere Ende aus fester Materie. Zwischen diesen beiden Extremen liegen Millionen und Abermillionen von Frequenzen verschiedener Höhe und Art.

In der Wissenschaft des 20. Jahrhunderts hat man festgestellt, dass alle Teilchen der Materie vom Elektron bis zur Sonne Kreisbewegungen beschreiben. Die Planeten drehen sich um die Sonne, und viele von ihnen drehen sich noch um die eigene Achse. Die Sonnen drehen sich um größere Zentralsonnen, und diese sollen sich um noch größere Zentralpunkte drehen.

Die Wissenschaft lehrt weiter, dass Licht, Wärme, Elektrizität und Magnetismus nur verschiedene Zustände der Schwingung sind. Es ist ihr aber bisher weder gelungen, das Phänomen der Kohäsion (das Prinzip molekularer Anziehung), noch das Prinzip der chemischen Affinität und das Prinzip der Gravitation zu erklären. In der Fachliteratur vertritt man die Ansicht, dass auch sie einer Art Schwingungsenergie unterliegen. Hier wird der universelle Äther zwar beschrieben, seine Natur aber nicht klar verstanden. Die Existenz des Äthers ist eine Tatsache, die von den Hermetikern schon seit ewigen Zeiten gelehrt wird. Nach ihrer Lehre handelt es sich hier um die Erscheinungsform der Materie in einem höheren Schwingungszustand. Diese ätherische Substanz ist äußerst dünn und ausdehnbar. Sie durchdringt den ganzen Raum und wirkt als Medium für die Übertragung von Schwingungsenergien wie Wärme, Licht, Elektrizität und Magnetismus.

Dem Hermetiker war jedoch bekannt, dass alle Manifestationen, auch die von Gedanken, Gefühlen, Erregungen, Wünschen und Begierden, Vernunft und Willenskraft usw., also auch alle geistigen Zustände, ebenfalls Schwingungen der feinstofflichen Materie sind. Das ist der Grund, warum wir Phänomene wie Gedankenübertragung, geistiges Heilen, geistige Beeinflussung usw. hervorrufen können.

Dieses alte Wissen wurde früher nur in okkulten Einweihungsschulen gelehrt, und damit wurde jedem Missbrauch dieser geistigen Kräfte vorgebeugt. Heute wird sehr viel des alten Wissens freigegeben und kann so auch in die Hände von unreifen Menschen fallen, die es dann für ihr eigenes egoistisches Machtstreben ausnutzen, ohne sich allerdings der Gefahr bewusst zu sein, dass sie sich damit gegen den Kosmos vergehen und mit folgenschweren Konsequenzen rechnen müssen.

Anders war es bei den Hermetikern: Sie wussten, dass jeder Gedanke und jeder geistige Zustand seine entsprechende Schwingungszahl und Charakteristik besitzt. Durch Willensanstrengung konnten sie höhere geistige

Zustände hervorrufen, und sie vermochten durch lange Schulung, Belehrung und praktische Übungen, ihren Geist jeder beliebigen Schwingung anzupassen. Sie lernten, ihre eigenen geistigen Frequenzen zu beherrschen, zu entwickeln und zu verfeinern.

Das dritte hermetische Gesetz der Schwingung wurde zur Wissenschaft der geistigen Verwandlung –, einem wichtigen Zweig der hermetischen Alchemie.

Das Prinzip der Polarität

»Alles ist zwiefach, alles hat zwei Pole, alles hat sein Paar von Gegensätzlichkeiten; gleich und ungleich ist dasselbe: Gegensätze sind identisch in der Natur, nur verschieden im Grad. Extreme berühren sich; alle Wahrheiten sind nur halbe Wahrheiten; alle Widersprüche können miteinander in Einklang gebracht werden.«

Wir finden hier die wichtige Aussage, dass These und Antithese in ihrer eigentlichen Natur identisch sind. Gegensätze können in Einklang gebracht werden; Extreme berühren sich; alles ist und ist nicht zu gleicher Zeit. Alle Wahrheiten sind nur halbe Wahrheiten; jede Wahrheit ist zur Hälfte falsch, jedes Ding hat zwei Seiten.

Dieses Prinzip erklärt, dass in der geoffenbarten Welt die Polarität vorherrscht, dass zwei Pole oder gegensätzliche Aspekte in allem schlummern und dass Gegensätze lediglich die Extrempunkte ein und derselben Sache sind, zwischen denen viele Abstufungen liegen.

Hitze und Kälte sind in Wirklichkeit dasselbe und unterscheiden sich nur in ihren verschiedenen Wärmegraden. Das, was als Hitze und Kälte in Erscheinung tritt, ist nur eine bestimmte Schwingungsform. So sind »Hitze« und »Kälte« lediglich die beiden extremen Pole dessen, was wir als »Temperatur« bezeichnen, und die Erscheinungen, die sich daraus ergeben, sind nur Manifestationen des Prinzips der Polarität.

Wo hört die Dunkelheit auf und wo beginnt das Licht? Was ist der Unterschied zwischen »groß« und »klein«, zwischen »hart« und »weich«, zwischen »scharf« und »stumpf«, zwischen »laut« und »leise«, zwischen »positiv« und »negativ«? Alles ist relativ. Die Lehre der Polarität erklärt diese scheinbaren Widersprüche, und kein anderes Prinzip kann sie ersetzen.

Dasselbe Gesetz gilt genauso auf der geistigen Ebene. Um nur ein radikales und extremes Beispiel zu nennen, sind »Liebe« und »Hass« zwei geistige Zustände, die augenscheinlich völlig unterschiedlich sind. Und doch gibt es verschiedene Grade von »Liebe« und »Hass«, in deren Mitte wir die Ausdrücke »Zuneigung« und »Abneigung« gebrauchen, die so allmählich ineinander übergehen, dass wir nicht genau sagen können, ob wir etwas oder jemanden »gern mögen«, »nicht mögen« oder Gleichgültigkeit verspüren. Alle diese Definitionen sind lediglich unterschiedliche Grade derselben Sache. Man kann es gut erkennen, wenn man ein wenig darüber nachdenkt. Weil es sich hierbei um dasselbe Thema handelt, kann sich Liebe in Hass verwandeln und umgekehrt. Dies lässt sich auf alle Gefühlszustände, die polar zueinander sind, übertragen.

Der Hermetiker kann dies willentlich steuern, denn er kennt die hermetische Formel. »Gutes« und »Böses« sind nur die Pole derselben Sache. Er beherrscht die Fähigkeit, beide Pole in der Mitte in eine harmonische Gleichheit zu verwandeln, denn die »Kunst der Polarisation« ist als ein Teil der »geistigen Alchemie« bekannt und wird von den hermetischen Meistern angewandt. Sie ist der Weg der Mitte. In jenem Augenblick, in dem der Mensch gelernt hat, nicht nur in seiner Mitte zu sein, sondern in der Mitte der gesamten polaren Schöpfung, kann er alles wertfrei betrachten, und in seinem Leben stellt sich innere Harmonie ein. Erst in diesem Zustand ist er mit seinem Leben, der Schöpfung und dem Willen Gottes einverstanden.

Das Prinzip des Rhythmus

»Alles fließt aus und ein, alles hat seine Gezeiten, alle Dinge steigen und fallen, das Schwingen des Pendels zeigt sich in allem; das Maß des Schwunges nach rechts ist das Maß des Schwunges nach links; Rhythmus kompensiert.«

Dieses Prinzip besagt, dass sich in allem eine sich entsprechende Bewegung zeigt, ein Hin und Her, ein Hin- und Zurückfließen. Das Vorwärtsschreiten bedingt immer ein Zurückgehen, eine Aktion die Reaktion, ein Steigen das Fallen. Das ist auch in den großen Geschehnissen des Universums, der Sonnen, der Welten, der

Menschen, der Tiere, des Geistes, der Energien und der Materie zu beobachten. Dieses Gesetz offenbart sich im Entstehen und Vergehen der Welten; im Aufstieg und Untergang von Nationen und Kulturen.

In der hermetischen Alchemie findet dieses Gesetz bei den Meistern besondere Beachtung, denn darüber haben sie den Weg der »Neutralisation« gefunden. Diese Alchemie war ursprünglich mehr geistige als stoffliche Scheidekunst, wobei sich die Geheimnisse der Psychochemie allerdings nur denjenigen offenbarten, die den »Stein der Weisen«, den Schlüssel zum außersinnlichen Leben, gefunden hatten.

Im »Goldenen Traktat«[49] des Hermes über den »Stein der Weisen« wird dann auch im Wesentlichen der Weg nach innen, in den Gottesgrund der Seele, gewiesen, in deren Tiefen der leuchtende Edelstein gefunden wird. Dieser leuchtende Edelstein führt »aus dem Dunkel zum Licht, aus der wüsten Wildnis des flüchtigen Erdendaseins zur Heimat der Seele, aus Enge und Mangel zu Freiheit und Fülle«. Heute nennen wir den »Stein der Weisen« schlicht das »innere Licht«, den »inneren Helfer« oder den »Christus in uns«.

Der hermetische Meister polarisiert sich an jenem Punkt, an dem er zu ruhen wünscht. Er neutralisiert so den rhythmischen Schwung des Pendels, der ihn sonst zum anderen Pol hintragen würde. Alle Menschen, die ein bestimmtes Maß an Selbstbeherrschung erreicht haben, erleben dies bis zu einem gewissen Grad unbewusst.

---

49 Ein weiteres berühmtes Schriftstück des Hermes Trismegistos.

Der hermetische Meister kann das aber bewusst und unter Anwendung seines Willens vollbringen und erreicht dadurch Stabilität und geistige Festigkeit, die den Massen nahezu unmöglich erscheint, weil sie noch wie ein Pendel hin- und hergeschleudert werden. Der Weise, der dieses Gesetz beherrscht, lebt bewusst in einer inneren Harmonie. Er lebt in der Mitte und findet durch dieses Prinzip den direkten Weg zu Gott.

Das fünfte hermetische Prinzip sowie das der Polarität sind von den hermetischen Meistern besonders studiert worden. Die Methoden der Gegenwirkung und des Neutralisierens bildeten einen wichtigen Teil der hermetischen geistigen Alchemie.

Das Prinzip von Ursache und Wirkung

»Jede Ursache hat ihre Wirkung; jede Wirkung ihre Ursache: alles geschieht gesetzmäßig. Zufall ist nur der Name für ein unbekanntes Gesetz. Es gibt viele Ebenen der Ursächlichkeit, aber nichts entgeht dem Gesetz.«

Dieses Gesetz ist eines der grundlegendsten Gesetze unseres Daseins, denn es enthält nicht nur die Wahrheit, dass es für jede Wirkung eine Ursache gibt und dass jede Ursache eine Wirkung nach sich zieht, sondern in diesem Gesetz ist vor allem die göttliche Gerechtigkeit und deren Ausgleichsstreben enthalten. Es gibt keinen Zufall, sondern nur verschiedene Manifestationen von

Ursache und Wirkung. Die höheren Ebenen beherrschen die niederen, und nichts kann dem kosmischen Gesetz entgehen. Die Massen der Menschen werden in die Erfüllung ihres Schicksals getragen und sind ihrer Umgebung gesetzmäßig Untertan. Viele äußere Ursachen bewegen sie wie Figuren auf dem Schachbrett des Lebens. (Im Kapitel über das Leiden habe ich ausführlich über dieses Gesetz geschrieben.)

Der hermetische Meister beherrscht, indem er sich auf eine höhere Ebene erhebt, seine Stimmungen, seine Eigenschaften und seinen Charakter. So wird er Spieler statt Figur, spielt aus seinem höheren Bewusstsein heraus das Spiel des Lebens und lässt nicht zu, dass das Schicksal sein Spiel mit ihm treibt.

Das Prinzip des Geschlechts

»Geschlecht ist in allem, alles hat männliche und weibliche Prinzipien, Geschlecht offenbart sich auf allen Ebenen.«

Dieses Prinzip offenbart die Wahrheit, dass sich das Geschlecht in allem zeigt. Die männlichen und weiblichen Prinzipien sind immer am Werk. Dies ist nicht nur auf der physischen Ebene, sondern auch auf den geistigen und sogar den rein geistigen Ebenen wahr. Auf der physischen Ebene offenbart sich das Prinzip als Geschlechtlichkeit, auf den höheren Ebenen nimmt es feinere Formen an. Aber es ist immer dasselbe: Keine

Schöpfung, physischer, geistiger und rein geistiger Art, ist ohne diesen Vorgang möglich. Ganz deutlich stellen indische Götterbildnisse dieses Prinzip dar. Jeder Gottheit, die den männlichen schöpferischen Aspekt verkörpert, wird eine Göttin als Personifikation des weiblichen empfangenden und formerschaffenden Prinzips zur Seite gestellt. Nur so decken sie gemeinsam die Gesamtheit des durch sie verkörperten Themas ab.

Das siebte Gesetz des Hermes Trismegistos befasst sich mit der Zeugung, der Wiedererzeugung und der Schöpfung. Jede Form enthält in sich diese beiden Anteile. Alles Männliche besitzt auch das weibliche Element, jedes weibliche enthält auch das männliche Prinzip. Wenn man die Philosophie der geistigen und rein geistigen Zeugung, Wiedererzeugung und Schöpfung verstehen will, muss man dieses Gesetz kennen und studieren. Es enthält die Lösung vieler Mysterien des Lebens.

Zum Schluss möchte ich noch die Schilderung, wie Thoth-Hermes zum kosmischen Bewusstsein gelangte, hinzufügen. Nach langer Meditation über Wesen und Ursprung des Seins erhob sich sein Geist, während sein Körper wie betäubt dalag, ins Reich der Wirklichkeit:

»Es war mir, als riefe mich ein unendliches Wesen beim Namen. ›Wer bist du?‹, fragte ich. ›Ich bin der Weltengeist. Sage mir, was du wünschst.‹ – ‹Ich will den Ursprung des Seins schauen und Gott erkennen.‹ Und der göttliche Geist sprach: ›Ich will es dich lehren.‹

Bei diesen Worten tat sich mir das Auge des Geistes auf und siehe da: ein unbegrenztes Gesicht! Alles war von herrlichem Licht durchflutet. Ich war entzückt von dem Anblick.

Doch bald trat an die Stelle des Lichtes ein schreckliches Dunkel. Nach einer Weile brach aus der Tiefe der Finsternis ein Qualm hervor, und ich vernahm eine Stimme aus dem Abgrund. Und dann sprang aus der Tiefe ein Feuer auf, das steil zu den Höhen aufstieg. Und aus dem Feuer trat der Logos hervor, der mich mit sich emporriss und in die Reiche des Lichtes hinauftrug. Und die Stimme des Lichtes tönte durch das All und deutete mir, was ich gesehen hatte: ›das Licht als der Geist der Gottheit, der alle Dinge und Wesen in sich trägt, die Finsternis als die materielle Welt, in die der Geist sich eingesenkt hat, das Feuer als das göttliche Wort, den strahlenden Logos, den Sohn Gottes und den Lichtfunken in der Menschenseele.‹«

Nachdem ihm diese Schau zuteil geworden ist, fährt Thoth-Hermes mit den Worten fort:

»Danach begann ich, den Menschen die befreiende Botschaft von der Erkenntnis durch Gotthingabe zu künden. Und die Menschen vernahmen meine Stimme und kamen zuhauf. Und ich sprach zu ihnen: ›Ihr Erdgeborenen, was liefert ihr euch dem Tod aus, da ihr doch an der Unsterblichkeit teilhabt! Ändert euren Sinn, verlasst den Irrweg der Nichterkenntnis und erwacht aus der Finsternis eures Traumdaseins zum Licht der Wirklichkeit.‹

Einige von denen, die mich hörten, wandelten meine Worte in törichtes Geschwätz, fielen ab und gingen den Weg des Todes. Die anderen aber baten mich, sie zu belehren. So wurde ich der Wegweiser meines Geschlechts und lehrte die Menschen, wie sie gerettet würden. Ich säte unter sie die Worte der Weisheit, und sie nährten sich vom Wasser der Unsterblichkeit.«

Alle Berichte über Thoth-Hermes weisen ihn als einen Mystiker aus, der das erlangt hat, was wir »kosmisches Bewusstsein« nennen, dessen Merkmale in seinen Schriften deutlich erkennbar sind.

»Sehet mit den Augen des Herzens«, fordert er, »damit ihr den Weg findet zum Tor der Erkenntnis, allwo das hell leuchtende Licht ist. Dazu müsst ihr das Kleid zerreißen, das ihr tragt: das Kleid der Nichterkenntnis, das euch hindert, der Wirklichkeit gewahr zu werden und Gott und das göttliche Wesen zu schauen! Im Reich der Wirklichkeit gibt es keinen Tod. Die Unweisen nennen des Leibes Auflösung Tod, weil sie nicht sehen, wie das Leben aus dem Sichtbaren ins Unsichtbare, Verborgene eintritt. Doch wenn auch die Welt verändert wird, weil ständig ein Teil derselben ins Verborgene geht, so wird sie doch nicht aufgelöst. Was die Menschen Tod nennen, ist nur Erneuerung und Verwandlung des Lebens in sich selbst. Und ob im Sichtbaren oder im Unsichtbaren: Immer bleibt alles Leben in Gott – und Gott in ihm. Doch um das zu begreifen, müsst ihr eurer Gotteinheit bewusst werden, da Gleiches nur von Gleichem erkannt und verstanden werden kann. Ihr müsst eurer Unermesslichkeit inne werden, müsst Räumlichkeit, Leiblichkeit und Zeitlichkeit überspringen und zu eurer inneren Ewigkeit erwachen; dann werdet ihr Gott schauen und verstehen und der Ewigkeit des Lebens gewiss sein.«

Nachdem Sie nun mit dem Inhalt der »Tabula Smaragdina« vertraut sind, ist Ihnen bestimmt aufgefallen,
dass jedes der sieben Gesetze die Harmonisierung des
Menschen anstrebt. Dies ist keine Wiederholung aus
rhetorischen Gründen, sondern ein ausdrücklicher Hinweis darauf, dass der einzige Weg des Menschen zum
höchsten Sein über die Mitte, den Ausgleich der Polarität, führt.

Vielleicht mag folgender Gedanke neu für Sie sein: Es
ist nicht sinnvoll anzustreben, nur Gutes zu tun, wenn
man fühlt, dass die innewohnenden Aggressionen dabei verdrängt werden. Sie brauchen ein Ventil. Allerdings ist der erste Schritt zur Harmonisierung der, den
Aggressionen dort, wo sie niemanden verletzen, freien
Lauf zu lassen. Setzen Sie sich in Ihr Auto, und schrei-
en Sie Ihren Frust laut hinaus, oder machen Sie es wie
ein junger Freund von mir, der dann bei alten Nachbarn
Holz spaltet oder den Rasen mäht. Ein Abbau in solch
positiver Weise trifft natürlich auch für alle anderen un-
liebsamen Eigenschaften zu. Eine persönliche Anregung:
Versuchen Sie es einfach einmal, bei mir hat es funktioniert.

Schlussbetrachtung

Am Ende meines Buches wünsche ich mir von Herzen, dass sich bei Ihnen durch diese Darlegungen das Bewusstsein bildet, dass die Vervollkommnung oder Gottähnlichwerdung das höchste Ziel des menschlichen Lebens ist.

Weiterhin hoffe ich, dass sich die Erkenntnis immer mehr durchsetzt, dass der Mensch ein göttliches Wesen in einem materiellen Körper oder, anders ausgedrückt, eine göttliche unsterbliche Seele in einer sterblichen materiellen Persönlichkeit ist.

Diese göttliche Seele soll all ihre latenten göttlichen Kräfte zur Entfaltung und Entwicklung bringen. Sie ist unser höheres Selbst, stammt aus Gott und vervollkommnet sich im irdischen Leben durch die Überwindung der niederen Natur des materiellen stofflichen Körpers. So vollkommen und gänzlich bewusst geworden, kehren wir zu jenem höchsten göttlichen Sein zurück, das der Ursprung alles Seienden ist.

Im angebrochenen Wassermannzeitalter, also in den nächsten 2 000 Jahren, wird der Mensch weitere hohere Kräfte empfangen, um sein Daseinsziel schneller zu erreichen. Wir müssen uns dazu nur für diese feineren Kräfte empfänglicher machen. Selbst die Wissenschaft, an erster Stelle die Physik, hat bereits erkannt, dass der »feste Körper« des Menschen ein feines Netz von Energiefeldern ist. Somit ist Krankheit kein endgültiger

Zustand, sondern eine manifest gewordene Disharmonie im Zusammenspiel der Energien. Die Energie der selbstlosen Liebe wird der Weg aus Egoismus und Disharmonie sein.

Die Menschen werden endlich die Göttlichkeit in sich und in allen Lebewesen erkennen, und so wird der Weg frei, sich der göttlichen Intuition zu öffnen.

Tägliche Meditationen mit Ausrichtung unserer Gedanken auf Gott und Harmonisierung unseres ganzen Seins können zur Entwicklung unserer Ganzheit führen, aber nur wenn die körperlichen, seelischen und geistigen Kräfte gleichmäßig und gleichzeitig geschult und entwickelt werden.

Dadurch entsteht die Balance im Leben, die den Körper, die Seele und den Geist miteinander in Gleichklang bringt. Wenn wir die göttliche Harmonie erlangt haben, können wir rein aus der kosmischen Energie leben und benötigen keine materielle Nahrung mehr. Dies ist der Weg zur Meisterschaft und Vollkommenheit. Ein Meister ist eine Seele, die ihre niedere Natur »bemeistert«, also überwunden, umgewandelt, veredelt und vergöttlicht und die ihren Willen ganz unter den Willen des göttlichen Seins gestellt hat.

Aus diesem Grund möchte ich als Weisung für die Zukunft noch einmal K. H. Iranschähr zitieren, der in seinem Buch »Das Mysterium des Menschen« für die erwachte Seele im neuen Zeitalter folgendes Glaubensbekenntnis verfasst hat:

1. Ich glaube an die Existenz eines einzigen Schöpfers aller Welten, aus dem ich als Geist stamme und zu dem ich zurückkehren muss.
2. Ich glaube an meine Unsterblichkeit und bin mir bewusst, dass mein Körper nur mein Werkzeug ist.
3. Ich glaube an die heilige Bruderschaft und Einheit aller Menschen und Wesen.
4. Ich glaube an eine ausgleichende Allgerechtigkeit im Schoße der Ewigkeit.
5. Ich glaube an meine Wiederverkörperung, so lange, bis ich diese irdische Entwicklungsschule vollendet habe.
6. Ich glaube an das heilige Gesetz, dass ich selber die Saat, der Sämann und die Ernte meines Schicksals bin.
7. Ich glaube an die Existenz göttlicher Kräfte in mir, durch die ich das Ziel meines Daseins, die Vollkommenheit, erreichen werde.

Der Glaube[50] ist die Grundstufe, aus der das Wissen erwächst, und aus dem Wissen entsteht die Erleuchtung. Niemand kann diese Schritte für einen anderen tun. Niemand kann dir Wissen übergeben, denn das Wissen vollendet sich nach deinem eigenen Gesetz, das du in dir trägst. Die leitende und führende Kraft ist in dir eingebettet, du musst ihr nur Gelegenheit geben, sich in dir darzustellen. Niemand kann dein Meister sein, denn du bist dein eigener Meister und Vollender.
Alle großen Meister und Mystiker haben diese Stufen

---

50 nicht zu verwechseln mit naivem blinden Glauben; gemeint ist die Erkenntnis des tiefen Urvertrauens

durch unermüdliche Arbeit und Opferwilligkeit erreicht.
Sie waren mit ihrem Herzen immer bei Gott und haben
ihren Willen mit dem Willen Gottes in Einklang und Har-
monie gebracht, sodass durch all ihr Tun, Denken, Han-
deln und Fühlen nur der Wille Gottes zur Offenbarung
gekommen ist.

Jede erwachte Seele wird eines Tages ganz stark in sich
die Sehnsucht nach der Wahrheit fühlen, und sie sucht
sie gemäß dem Gesetz »Wer sucht, der findet, wer an-
klopft, dem wird aufgetan«, und so wird sie die Wahrheit
finden und zur Selbsterkenntnis gelangen.

Ringe nach der Gottesweisheit, denn sie ist der kürzeste
Weg zur Wahrheit, die dich sicher zu deinem Ziel führen
kann: deine Gottebenbildlichkeit in dir selbst offenbaren.

Die Entwicklung der Menschheit und ihre geistige Wie-
dergeburt hängen von der Vergeistigung der Natur jedes
einzelnen Menschen ab.

Göttliche Weisheit, göttliche Liebe und göttliche Harmo-
nie sind die Mittel und Wege dazu.

Mögen sich Liebe und Licht in allen Wesen offenbaren.

Literaturverzeichnis

AL RASCHID BEY, OMAR: Das hohe Ziel der Erkenntnis. R. Piper & Co, München 1922.

AREOPAGITA, DIONYSIUS: Ich schaute Gott im Schweigen. Mystische Texte der Gotteserfahrung. Herder Verlag, Freiburg 1985

BAILEY, ALICE: Gesammelte Werke. Lucis Verlag, Genf 1922.

BESANT, ANNIE: Der Mensch und seine Körper. Hirthammer Verlag, München 1981.

BESANT, ANNIE: Der Pfad der Jüngerschaft. Verlag Max Altmann, Leipzig 1895.

BESANT, ANNIE: Die uralte Weisheit. Hirthammer Verlag, München 1981.

BESANT, ANNIE: Leadbeater: Der Mensch woher, wie und wohin. E. Pieper-Ring-Verlag, Düsseldorf 1931.

BLAVATZKY, HELENA P.: Die Geheimlehre. Die Vereinigung von Wissenschaft, Religion und Philosophie. J. J. Couvreur-Verlag, Den Haag 1980.

BLAVATZKY, HELENA P.: Die entschleierte Isis. J. J. Couvreur-Verlag, Den Haag 1974.

BLÜHER, HANS: Traktat über die Heilkunde. Hesse und Becker, Dreieich 1985.

BLUM, ROBERT: Die vierte Dimension. 3 Bände. Max Altmann, Leipzig 1911.

BÖHME, JAKOB: Sämmtliche Werke. Barth, Leipzig 1847.

CHALLONER, H. K.: Das Rad der Wiedergeburt. Hirthammer Verlag, München 1981.

CHALLONER, H. K.: Regenten der sieben Sphären. Hirthammer Verlag, München 1980.

DAHLKE, RÜDIGER: Krankheit als Sprache der Seele. Be-Deutung und Chance der Krankheitsbilder. Bertelsmann, München 1992.

DAHLKE, RÜDIGER: Lebenskrisen als Entwicklungschancen. Zeiten des Umbruchs und ihre Krankheitsbilder. Bertelsmann, München 1995.

DETHLEFSEN, THORWALD: Krankheit als Weg. Bertelsmann, München 1983.

DETLEFSEN THORWALD: Schicksal als Chance. Esoterische Psychologie, das Urwissen zur Vollkommenheit des Menschen. Bertelsmann, München 1979.

DU PREHL, DR. CARL: Die Philosophie der Mystik. Max Altmann, Leipzig 1885.

GICHTEL, JOHANN GEORG: Theosophia Practica – Eine kurze Eröffnung und Anweisung der drei Prinzipien und Welten im Menschen. Ansata-Verlag 1979.

HAMER, REYKE GEERD: Krebs – Krankheit der Seele. Kurzschluss im Gehirn, dem Computer unseres Organismus. Amici Di Dirk, Bonn 1991.

HARTMANN, DR. FRANZ: Geheimschulen der Magie und okkulte Übungen. Theosophisches Verlagshaus, Leipzig 1921.

HARTMANN, DR. FRANZ: Ausgewählte Theosophische Werke. Schatzkammerverlag Buenos Aires, Calw 1954.

HARTMANN, DR. FRANZ (Hg.): Der Tod und was dann? Leipzig 1905.

HARTMANN, DR. FRANZ: Die Bhagavad Gita oder Das hohe Lied. Ullrich-Verlag, Calw 1991.

HEINDEL, MAX: Die Weltanschauung der Rosenkreuzer oder mystisches Christentum. Rosenkreuzer Gemeinschaft, Darmstadt 1997.

IRANSCHÄHR, HOSSEIN K.: Das Schicksal und seine Überwindung. Amadeo-Verlag, Olten 1949.

IRANSCHÄHR, HOSSEIN K.: Vom siebenfachen Leiden. Amadeo-Verlag, Olten o.J.

IRANSCHÄHR, HOSSEIN K.: Das Mysterium der Seele. Amadeo-Verlag, Olten 1949.

IRANSCHÄHR, HOSSEIN K.: Der Meister und sein Jünger. Amadeo-Verlag, Olten 1948.

IRANSCHÄHR, HOSSEIN K.: Die Lehre der mystisch-esoterischen Schule. Amadeo-Verlag, Olten o.J.

IRANSCHÄHR, HOSSEIN K.: Das Schicksal und seine Überwindung. Amadeo-Verlag, Olten 1949.

VON JANKOVICH, STEFAN: Ich war klinisch tot. Der Tod – Mein schönstes Erlebnis. Drei Eichen Verlag, München 1993.

JASMUHEEN: Die Nahrungsquelle für das kommende Jahrtausend. Koha-Verlag, Burgrain 1997.

JASMUHEEN: In Resonanz. Das Geheimnis der richtigen Schwingung. Koha-Verlag, Burgrain 1998.

KYBALION: Eine Studie über die hermetische Philosophie des alten Ägytens und Griechenlands. Akasha Verlagsgesellschaft, Heidelberg 1981.

KYBER, MANFRED: Einführung in das Gesamtgebiet des Okkultismus vom Altertum bis zur Gegenwart. Hesse und Becker, Dreieich 1985.

LEADBEATER, CHARLES W.: Die Lehre des Wachstums I. Astralebene, Mentalebene, Träume, Hellsehen. Hirthammer Verlag, München 1991.

LEADBEATER, CHARLES W.: Die Chakras. Hermann Bauer-Verlag, Freiburg im Breisgau 1983.

LEADBEATER, CHARLES W.: Der sichtbare und der unsichtbare Mensch. Hermann Bauer-Verlag, Freiburg im Breisgau 1964.

LEADBEATER, CHARLES W.: Das innere Leben. Aquamarin, Grafing 1990.

LEVI, ELIPHAS: Das große Mysterium. Hesse und Becker im Weiß-Verlag, Augsburg 1986.

LIBRA, C. A.: Astrologie, ihre Technik und Ethik. P. Dz. Veen, Amersfoort 1919.

MÜLLER, ERNST: Der Sohar und seine Lehre. Einführung in die Kabbalah. Origo Verlag, Zürich 1959.

MUKTANANDA, PARAMAHAMSA: Spiel des Bewusstseins. Die geheime Kundalini-Praxis. Aurum-Verlag, Freiburg im Breisgau 1986.

MUKTANANDA, PARAMAHAMSA: Kundalini. Die Erweckung der kosmischen Energie im Menschen Aurum-Verlag. Freiburg im Breisgau 1982.

MUKTANANDA, PARAMAHAMSA: Von der Natur Gottes. Der Siddha-Yoga-Weg zum höchsten Ziel. Aurum-Verlag, Freiburg im Breisgau 1979.

OPPEL, ADOLF MARTIN: Das Adeptenbuch. Theosophisches Verlagshaus, Leipzig 1922.

OPPEL, ADOLF, MARTIN: Der Mystische Mensch. Vollrath.Leipzig 1919.

PAPUS: Die Kabbala. Einführung in die jüdische Geheimlehre. Fourier Verlag, Wiesbaden 1995.

PARACELSUS THEOPHRASTUS: Sämtliche Werke (Reprint). Anger-Verlag, Anger 1993

VON REICHENBACH, KARL: Der sensitive Mensch und sein Verhalten zum Ode. Max Altmann, Leipzig 1910.

RUDOLPH, HERMANN: Theosophie. Gesammelte theosophische Vorträge über die Einheit von Religion, Wissenschaft, Philosophie u. Ethik, Band 1 und 2. Theosophischer Kultur-Verlag, Leipzig 1923.

SCHMIDT, KARL OTTO: In Dir ist das Licht. vom Ich-Bewusstsein zum Kosmischen Bewusstsein. Drei Eichen Verlag. Ergolding 1995

SCHMIDT, KARL OTTO: Gesammelte Werke.

SHALILA SHARAMON, BODO J. BAGINSKI: Das Chakra-Handbuch, Vom grundlegenden Verständnis zur praktischen Anwendung. Windpferd Verlag, Aitrang 1991.

SINETT, ALFRED PERCY: Das Wachstum der Seele. Theosophisches Verlagshaus, Leipzig 1910.

TANIGUCHI, DR. MASAHARU: Die geistige Heilkraft in uns. Baum-Verlag, Pfullingen 1965.

TIETZE, HENRY G.: Entschlüsselte Organsprache. Krankheit als SOS der Seele. Ariston-Verlag, München 1998.

UNGNAD, ARTHUR: Die Religion der Babylonier und Assyrer. E. Diederichs, Jena 1921.

UXKULL, WOLDEMAR: Die Einweihung im alten Ägypten nach dem Buch Thoth. Avalun-Verlag, Büdingen 1957.

WEINFURTER, KARL: Mystische Fibel. Freiburg im Breisgau 1981,

YOGANANDA, PARAMAHANSA: Autobiographie eines Yogi. Droemer Knaur, München 1992.